Nathan Thrall • Ein Tag im Leben von Abed Salama

Nathan Thrall

EIN TAG IM LEBEN VON ABED SALAMA

Die Geschichte einer Jerusalemer Tragödie

Übersetzt von Lucien Deprijck

PENDRAGON

Wir sehen uns nicht verantwortlich für den Gang der Dinge, deshalb bezeichnen wir gewisse Ereignisse, die sich zwangsläufig aus unserem Handeln ergeben, als tragische Missgeschicke und nennen andere Ereignisse unausweichlich, bloß weil wir es nicht anders wahrhaben wollen.

Stanley Cavell

Inhalt

Personenverzeichnis 9

Prolog 13
Erster Teil: Drei Hochzeiten 23
Zweiter Teil: Zwei Feuer 105
Dritter Teil: Massenanfall von Verletzten 151
Vierter Teil: Die Mauer 185
Fünfter Teil: Drei Bestattungen 231
Epilog 281

Anmerkungen 295
Kommentar des Autors und Danksagung 297
Quellen 301
Index 327
Über den Autor 333

Personenverzeichnis

Prolog

Milad Salama, Sohn von Abed und Haifa
Abed Salama, Vater von Milad
Haifa, Frau von Abed und Mutter von Milad
Adam, Bruder von Milad
Ameen, Cousin von Abed

Erster Teil | Drei Hochzeiten

Ghazl Hamdan, Abeds erste Liebe
Naheel, Schwester von Abed und Frau von Abu Wisaam
Abu Wisaam, Schwager von Abed
Ahmad Salama, Cousin von Abed und Bruder von Ameen
Na'el, Bruder von Abed
Abu Hassan, Vater von Ghazl und Hassan
Hassan, Bruder von Ghazl und Sohn von Abu Hassan
Layla, Schwägerin von Abed und Frau von Wa'el
Wa'el, ältester Bruder von Abed
Asmahan, erste Frau von Abed
Lulu, älteste Tochter von Abed und Asmahan
Jameela, Verlobte von Abed aus Kufr Kanna
Wafaa, Schwester von Haifa
Abu Awni, Vater von Haifa

Zweiter Teil | Zwei Feuer

Huda Dahbour, UNRWA-Ärztin und Mutter von Hadi
Abu Faraj, UNRWA-Fahrer

Nidaa, UNRWA-Pharmazeutin
Salem, Ersthelfer
Ula Joulani, Lehrerin an der Nour al-Houda-Schule
Mustafa, Vater von Huda
Kamel, Onkel von Huda
Ahmad Dahbour, Onkel von Huda und Dichter
Ismail, Mann von Huda
Hadi, Sohn von Huda

Dritter Teil | Massenanfall von Verletzten

Radwan Tawam, Busfahrer
Sami, Onkel von Radwan
Nader Morrar, Sanitäter des Roten Halbmonds
Eldad Benshtein, Sanitäter der Mada
Dubi Weissenstern, ZAKA-Mitarbeiter
Bentzi Oiring, ZAKA-Mitarbeiter
Saar Tzur, Oberst der IDF
Tala Bahri, Vorschülerin an der Nour al-Houda-Schule
Ibrahim Salama, Cousin von Abed und ein PA-Funktionär
Abu Muhammad Bahri, Großvater von Tala
Ashraf Qayqas, Sattelschlepperfahrer

Vierter Teil | Die Mauer

Dany Tirza, Leiter der „Regenbogenbehörde" der IDF und Architekt der Sperranlage
Beber Vanunu, Gründer der Siedlung Adam
Adi Shpeter, Bewohner von Anatot

Fünfter Teil | Drei Bestattungen

Abu Jihad, Cousin von Abed
Bashir, jüngerer Bruder von Abed
Ruba al-Najjar, Frau von Bashir
Nansy Qawasme, Mutter von Salaah und Frau von Azzam
Azzam Dweik, Vater von Salaah
Salaah, Sohn von Nansy und Azzam
Sadine, Tochter von Nansy und Azzam
Fadi, Bruder von Nansy
Osama, Bruder von Nansy
Faisal, Bruder von Nansy
Livnat Wieder, Sozialarbeiterin im Hadassah-Krankenhaus
Huda Ibrahim, Sozialarbeiterin im Hadassah-Krankenhaus
Khalil Khoury, Krankenpfleger im Hadassah-Krankenhaus
Haya al-Hindi, Mutter von Abdullah
Abdullah al-Hindi, Sohn von Haya und Hafez
Hafez, Mann von Haya und Vater von Abdullah
Ahmad, Bruder von Abdullah

Epilog

Arik Weiss, Channel 10 Reporter
Arik Vaknish, Bewohner von Adam
Duli Yariv, Bewohner von Anatot

Prolog

Am Abend vor dem Unfall konnte Milad Salama die Vorfreude auf den Klassenausflug kaum noch im Zaum halten. „Baba", sagte er und zerrte am Arm seines Vaters Abed, „ich möchte für morgen was zu essen kaufen, für das Picknick." Sie waren in der Wohnung von Abeds Schwiegereltern, die ganz in der Nähe einen kleinen Gemischtwarenladen besaßen. Abed ging mit seinem fünfjährigen Sohn durch eine der engen Gassen von Dahiyat a-Salaam, einem Viertel ihrer Heimat Anata.

Auf einer Straße ohne Bürgersteige bahnten sie sich ihren Weg durch geparkte Autos und stockenden Verkehr. Über ihnen hing ein Geflecht aus Kabeln, Drähten und Lichterketten, weit überragt von den sich auftürmenden Hochhäusern, vier-, fünf- oder sogar sechsmal höher als die Sperranlage, die acht Meter hohe Betonmauer rund um Anata. Abed erinnerte sich an eine Zeit, gar nicht lange her, da war Dahiyat a-Salaam noch ländlich und überschaubar gewesen und konnte sich noch ausdehnen, nicht nur in die Höhe. Im Laden kaufte Abed für Milad eine Flasche des israelischen Orangengetränks Tapuzina, eine Packung Pringles und ein Überraschungsei, seine Lieblingsschokolade.

Früh am nächsten Morgen half Abeds Frau Haifa, schlank und hellhäutig wie Milad, dem Jungen in seine Uniform: ein weißes Kragenhemd, ein grauer Pulli mit dem Emblem der privaten Grundschule Nour al-Houda und eine graue Hose, die er wegen seiner schmalen Taille immer wieder hochziehen musste. Milads neunjähriger Bruder Adam war bereits fort. An der Straße machte sich ein weißer Schultransporter durch Hupen bemerkbar. Milad beeilte sich mit seinem üblichen Frühstück aus Olivenöl, Zatar und Labneh, die er mit einem Stück Fladenbrot auftunkte. Breit lächelnd packte er sein Mittagessen und die Süßigkeiten ein, küsste seine Mutter zum Abschied und huschte durch die Tür. Abed schlief noch.

Als er aufstand, war der Himmel grau und es schüttete, dazu kamen so starke Windböen, dass manche Leute sichtlich Mühe hatten, geradeaus zu gehen. Haifa blickte mit finsterer Miene aus dem Fenster. „Kein schönes Wetter."

„Bedrückt dich irgendwas?", fragte Abed, eine Hand auf ihrer Schulter.

„Ich weiß nicht. Bloß so ein Gefühl."

Abed arbeitete bei der israelischen Telefongesellschaft Bezeq, hatte aber den Tag frei. Er und sein Cousin Hilmi fuhren gemeinsam nach Dahiyat a-Salaam, um bei seinem Freund Atef, der dort eine Metzgerei hatte, Fleisch zu kaufen. Atef war nicht anzutreffen, was selten vorkam. Abed bat einen der Angestellten, nachzufragen.

Atef lebte in einem anderen Teil Jerusalems, Kufr Aqab, einem dicht besiedelten Stadtviertel mit hoch aufragenden, uneinheitlichen und planlos hingesetzten Hochhäusern, das ebenso wie Dahiyat a-Salaam durch einen Checkpoint und die Mauer vom Rest der Stadt abgegrenzt war. Um sich den täglichen Verkehrsstau und die Wartezeit am Checkpoint zu ersparen, die Stunden dauern konnte, nahm er zur Arbeit einen Umweg in Kauf.

Atef erklärte, er stecke in einem fürchterlichen Stau.

Vor ihm hatte es anscheinend eine Kollision gegeben, auf dem Weg zwischen zwei Checkpoints, der eine am Qalandia-Flüchtlingslager und der andere bei der Siedlung Jaba. Kurz darauf bekam Abed einen Anruf von einem seiner Neffen. „Ist Milad heute auf seinem Ausflug? Es gab einen Unfall mit einem Schulbus, nicht weit von Jaba."

Abed drehte sich der Magen um. Er verließ mit seinem Cousin Hilmi die Metzgerei und stieg in dessen silbernen Jeep. Sie fuhren den Hügel hinunter durch den morgendlichen Verkehr, vorbei an den Autolackierereien mit hebräischer Beschriftung für jüdische Kunden, in denen gerade die Jugendlichen an die Arbeit gingen, vorbei an Milads Schule und dann an der Mauer entlang. Die Straße machte eine Biegung um die Wohnbebauung der Neve Yaakov-Siedlung und führte dann den steilen Hügel hinauf nach Geva Binyamin, eine jüdische Siedlung, auch Adam genannt – genau wie Milads älterer Bruder.

An der Kreuzung in Adam hielten Soldaten alle Wagen an, die sich dem Unfallort näherten, und brachten den Verkehr zum Erliegen. Abed sprang aus dem Jeep. In der Annahme, der Unfall sei nicht so schlimm, verabschiedete sich Hilmi und machte kehrt.

Noch am Tag zuvor hätte Abed Milads Teilnahme an dem Ausflug beinahe verhindert. Allerdings keineswegs aus Weitsicht, sondern bloß aus Unachtsamkeit.

Er war mit Hilmi in Jericho gewesen und hatte auf dem flachen, staubigen Grund der tiefstgelegenen Stadt der Welt gestanden, 250 Meter unter dem Meeresspiegel, als Haifa ihn anrief und fragte, ob er die 100 Schekel für Milads Ausflug bezahlt habe. Das hatte er tatsächlich vergessen. Haifa war es eigentlich nicht recht gewesen, dass Milad mitfuhr, doch sie hatte eingelenkt, als sie sah, wie wichtig es ihm war, dabei zu sein. Tagelang hatte Milad fast nur von dem Ausflug gesprochen. Während Haifa nun telefonierte, schwirrte er durch das Haus ihrer Eltern und erwartete aufgeregt die Rückkehr seines Vaters, mit dem er Süßigkeiten kaufen gehen wollte. Es war schon spät. Erreichte Abed die Schule nicht mehr, bevor sie geschlossen wurde, würden sie Milad am nächsten Morgen nicht in den Bus lassen.

Es war mitten am Nachmittag, aber kühl und bedeckt, der Sturm des folgenden Tages zog bereits auf. In der Ferne rauschte es in den Dattelpalmen. Abed drängte Hilmi, sich auf dem Rückweg zu beeilen.

Hilmi hatte in Jericho zu tun. Er hatte vor Kurzem 70 000 Dollar geerbt und wollte das Geld in Land investieren. In Anata, wo die Salamas lebten, gab es kaum noch etwas zu erwerben. Früher war sie eine der ausgedehntesten Städte im Westjordanland gewesen, die sich ostwärts der baumbestandenen Berge von Jerusalem bis hinunter zu den blassgelben Hügeln und Wüstentälern der Außenbezirke Jerichos hinzog. Doch Israel hatte fast alles Land in der Gegend konfisziert oder es für Abed und Hilmi und die Menschen von Anata unzugänglich gemacht. Eine Stadt von einunddreißig Quadratkilometern begrenzte sich nun auf ein Restgebiet von nur zweieinhalb Quadratkilometern. Darum Jericho.

Um noch rechtzeitig Milads Schule zu erreichen, nahmen Abed und Hilmi Israels größte Ost-West-Verkehrsader, den Highway 1. Es ging hinauf bis zum Kamm der Höhen, dann vorbei an drei geschlossenen jüdischen Siedlungen auf dem Stadtgebiet von Anata und der beduinischen Barackenstadt Khan al-Ahmar, welche sich über eine Parzelle aus dem Besitz von Abeds Großvater erstreckte. Als sie auf die Abu-George-Straße abbogen, sahen sie die Olivenhaine, die Abed und seinen Brüdern gehörten, nun aber von Siedlern in Beschlag genommen waren. Als Nächstes verlief der Weg unweit der berüchtigten Zone E1, wo Israel die Errichtung einiger Tausend neuer Wohneinheiten und Hotelunterkünfte sowie eines Industriegebiets plante. Schließlich überwanden sie die letzte Anhöhe und passierten die Siedlung und angrenzende Militärbasis von Anatot, ebenfalls auf dem Land der Familie Salama.

Als sie Anata erreichten, steuerten Abed und Hilmi das Schulgebäude an, das sich am äußersten Ende der Stadt befand, direkt an der Mauer. Auf dem Gelände herrschte Stille, es war fast menschenleer. Abed rannte durch das Eisentor und über den Kunstrasen zur Eingangshalle und sagte der Sekretärin, er wolle für den Ausflug bezahlen.

„Zu spät. Wir haben geschlossen."

Abed hastete die Treppe hinauf und fand eine ihm bekannte Lehrerin, Mufida. Sie rief beim Direktor an und dieser bei der Sekretärin, und Abed ging zurück nach unten, um zu bezahlen. Er atmete auf. Nun konnte Milad seinen Ausflug machen.

Es regnete, als Abed in Adam an der Kreuzung aus Hilmis SUV stieg. Er trug den langen schwarzen Mantel, denn es war stürmisches Wetter vorausgesagt worden. Je näher er dem Unfallort kam, desto beklommener wurde ihm zumute. Sein Gang beschleunigte sich, bis er einen grünen Armeejeep heranfahren sah. Er hielt die Soldaten an und erzählte ihnen auf Hebräisch von seiner Befürchtung, sein Sohn sei in dem Bus gewesen. Er fragte, ob er mitfahren dürfe. Sie lehnten ab. Also rannte Abed los. Er konnte den Bus zunächst nicht sehen, denn ein großer Sattelschlepper blockierte zwei Fahrspuren und versperrte ihm die Sicht. Dutzende von Leuten standen dicht gedrängt, darunter auch ihm bekannte Eltern, die herbeigeeilt waren.

„Wo ist der Bus?“, fragte Abed. „Wo sind die Kinder?“ Kurz darauf konnte er ihn sehen, auf die Seite gekippt, ein leeres, ausgebranntes Gerippe. Abed sah keine Kinder, keine Lehrerinnen, keinen Rettungswagen. Inmitten der Menge entdeckte er Ameen, einen Cousin, den er nicht besonders mochte. Vor Jahren waren die beiden übel aneinandergeraten und Abed war im Krankenhaus gelandet. Ameen arbeitete inzwischen für den Sicherheitsdienst der Palästinensischen Autonomiebehörde, die in den Ballungsgebieten des Westjordanlandes als Israels Vollstrecker auftrat. Er war als korrupter Beamter bekannt, der die Menschen ausnahm.

„Was ist passiert?“, fragte Abed.

„Furchtbares Unglück“, antwortete Ameen. „Man hat die verbrannten Körper aus dem Bus geholt und sie draußen hingelegt.“

Abed ließ Ameen stehen und rannte los, mit klopfendem Herzen. Wie konnte jemand so was einem Vater erzählen? Von Todesopfern hatte Abed noch gar nichts gehört. Unmöglich, dieses schreckliche Bild wieder loszuwerden. Abed begab sich weiter in die Menge, während Ameens Worte in seinem Kopf widerhallten.

Gerüchte machten die Runde, von einem Schaulustigen zum nächsten: Man habe die Vorschüler in eine Klinik in a-Ram gebracht, nur zwei Minuten die Straße runter; sie seien in Rama, der israelischen Militärbasis an der Einfahrt nach a-Ram; sie seien in der Klinik von Ramallah; sie seien von Ramallah ins Hadassah-Krankenhaus auf dem Skopusberg gebracht worden. Abed musste sich entscheiden. Mit seinem grünen Ausweis des Westjordanlandes war ihm der Zugang nach Jerusalem verwehrt, das Hadassah konnte er also nicht überprüfen. Die Gerüchte über a-Ram waren fragwürdig, weil es dort kein Krankenhaus gab. Die Klinik in Ramallah erschien ihm am plausibelsten. Er sprach zwei Fremde an, ob sie ihn mitnehmen könnten. Sie waren gerade zweieinhalb Stunden von Dschenin aus hergefahren und wollten in die entgegengesetzte Richtung. Trotzdem zeigten sie sich ohne Zögern einverstanden.

Es dauerte lange, aus dem Stop-and-go-Verkehr am Unfallort herauszukommen. Auf der Straße von Jerusalem nach Ramallah ging es vorbei am „Kids Land", dem Indoorspielplatz, in dem die Vorschulklasse längst hätte sein sollen. Auf dem Dach stand ein riesiger SpongeBob, einer von Milads liebsten Cartoon-Helden.

Als Abed und die hilfsbereiten Fremden Ramallah erreichten und vor dem Krankenhaus hielten, erwartete sie das absolute Chaos: Martinshörner heulten, Sanitäter schoben Transportliegen mit verletzten Kindern vor sich her, panische Eltern schrien und weinten, Fernsehteams befragten das Krankenhauspersonal. Als er sich einen Weg durch diesen Wahnsinn bahnte, kurzatmig und mit einem beklemmenden Gefühl in der Brust, versuchte Abed die aufkeimende Angst zu unterdrücken. Doch sein Kopf machte nicht mit. Stattdessen versteifte er sich auf immer denselben Gedanken: Ist dies die Strafe für das, was ich Asmahan angetan habe?

Erster Teil

Drei Hochzeiten

1

Wer Abed in seiner Jugend gekannt hatte, war davon überzeugt, dass für ihn letztendlich nur eine Einzige infrage kam. Aber diese Einzige war nicht Haifa oder Asmahan. Es war ein Mädchen namens Ghazl.

Sie begegneten sich Mitte der 1980er, als Anata noch ruhig und ländlich war, mehr Dorf als Stadt. Ghazl war mit ihren vierzehn Jahren ganz neu an der Mädchenschule von Anata. Abed war in der Oberstufe an der Schule für Jungen auf der anderen Straßenseite. Damals kannte in Anata jeder jeden. Mehr als der halbe Ort entstammte einer der drei großen Familien, die alle auf denselben Vorfahren zurückgingen, einen Mann namens Alawi. Abeds Familie, die Salamas, war die größte. Ghazls, die Hamdans, die zweitgrößte. Alawi selbst konnte seine Linie auf den Mann zurückführen, der Anata gegründet hatte, Abdel Salaam Rifai, ein Nachfahre des Begründers des Sufismus im zwölften Jahrhundert. Er war aus dem Irak angereist, um die al-Aqsa-Moschee in Jerusalem zu besuchen, und hatte sich in Anata niedergelassen, das entweder nach der kanaanitischen Gottheit Anat oder der biblischen Stadt Anatot benannt war. Als Kinder waren Abed und seine Geschwister oft zu dem alten steinernen Schrein für Abdel Salaam Rifai hinübergegangen, um in dem überkuppelten Heiligtum Kerzen anzuzünden, an einem Ort, der später von israelischen Soldaten zum Rastplatz erkoren wurde und wo sie ihren Müll in Form von Zigarettenkippen und Bierflaschen hinterließen.

Abed lebte nur ein Stück bergab von der Mädchenschule, in der oberen Etage eines zweistöckigen Kalksteinbaus. Das Erdgeschoss diente als Stall für Ziegen, Hühner und Schafe. Abeds Vater liebte die Tiere, besonders die Ziegen. Er hatte allen Namen gegeben und lockte sie mit Körnern, Nüssen oder Süßem. Als Teenager führte Abed die Ziegen gerne zum Grasen in das kleine Tal zwischen Anata und Pisgat Ze'ev, einer neuen jüdischen Siedlung.

In Abeds Jugend war die Landschaft um Anata übersät mit Oliven- und Feigenbäumen und offenen Feldern, wo Weizen und Linsen wuchsen. Ganze Familien schliefen gemeinsam in einem Raum, der mit dünnen Matratzen ausgelegt war. Die Häuser hatten Plumpsklos und die Frauen holten in großen Krügen, die sie auf dem Kopf balancierten, Wasser von nahen Quellen. Kinder badeten in riesigen Kübeln, die einmal die Woche, an Freitagen, in die Wohnräume geholt wurden, und reihten sich anschließend mit nassem Haar und sauberen Kleidern auf, um ihren Vätern mit einem Handkuss zu danken, wofür sie wiederum einen Kuss auf die Stirn und einen Segen für Wohlergehen und Glück erhielten, *na'eeman*.

Anata begann sich zu verändern, nachdem Israel die Stadt und das ganze Westjordanland im Krieg von 1967 erobert hatte. Bis dahin war das Gebiet von Jordanien regiert worden. Im Laufe der darauffolgenden Jahrzehnte sahen sich die besetzten Territorien durch Israel demografisch und geografisch einem Wandel ausgesetzt, im Zuge einer Reihe von Maßnahmen der Judaisierung. In Anata beschlagnahmte die Regierung Stück für Stück das Land, erließ Hunderte von Abrissverfügungen, annektierte einen Teil der Stadt für Jerusalem, baute eine Mauer um ihr Zentrum und konfiszierte den Rest zur Errichtung von vier Siedlungen, einigen Außenposten, einer Militärbasis und einer Schnellstraße mitten hindurch, abgegrenzt durch eine weitere Mauer, um den Siedlern die Sicht auf den palästinensischen Verkehr zu ersparen. Die natürliche Quelle und der Teich wurden zum israelischen Naturschutzgebiet, frei zugänglich für die Siedler von Anatot, aber gebührenpflichtig für die Einwohner von Anata. Die Straße zur Quelle führte durch die Siedlung, die für Palästinenser nicht ohne Genehmigung zu betreten war, weshalb sie ausweichen und einen langen Umweg über eine unsichere, unbefestigte Straße in Kauf nehmen mussten.

Jahr für Jahr sahen sich die Palästinenser aus Anata zunehmend eingeflochten in das städtische Gewebe eines stetig wachsenden Jerusalems, das die Altstadt und den Rest von Ostjerusalem ebenso geschluckt hatte wie mehr als ein Dutzend umliegende Dörfer, alle von Israel annektiert. Man fuhr auf Israels mehrspurigen Schnellstraßen, kaufte bei israelischen Supermarktketten ein und in Bürohochhäusern, Einkaufszentren und Kinos wurde nur Hebräisch verwendet. Doch Anatas traditionelle Lebensweise blieb unverändert. Voreheliche Beziehungen waren verboten, Hochzeiten waren häufig arrangiert und Cousins und Cousinen heirateten, um Geld- und Landbesitz in der Familie zu halten. Verfeindete Parteien gingen betont höflich miteinander um, die Lebensverhältnisse wurden nachhaltig vom Ansehen der Familie bestimmt – eine abtrünnige Tochter konnte die Heiratsaussichten all ihrer Schwestern ruinieren – und das ganze Drama wurde mit feierlich-gefälliger Rede kaschiert.

Betrachtete man Anata als vorindustriell dörflich, dann gehörte Abed von Geburt an zum Adel. Beide Großväter – als Brüder – waren zu unterschiedlichen Zeiten *mukhtar*, Ortsvorsteher, gewesen und hatten einen großen Teil des Landes besessen. Doch genau so, wie unter israelischer Herrschaft ihr Besitz schrumpfte, so auch der Stellenwert eines *mukhtar*. In den frühen 1980er-Jahren, als Abeds Vater an der Reihe war, lehnte er dieses Amt mit der Begründung ab, es bestehe mittlerweile hauptsächlich darin, Besatzungssoldaten auf Verhaftungsmission den Weg zu weisen.

Abeds Vater war ein stolzer Mann, der erlittene Verluste selten beklagte, weder materielle noch seelische. Seine erste Liebe war eine Frau aus der Hamdan-Familie gewesen, doch Vater und Onkel hatten eine Heirat mit einer Cousine im Sinn, um die Aufteilung des Landes im Familienbesitz zu vermeiden. Auch die Eltern der Angebeteten waren bemüht, die beiden auseinanderzuhalten, aufgrund der Rivalität zwischen den Salamas und den Hamdans. Sobald sie von den Neigungen des jungen Salama Wind bekamen, verheirateten sie das Mädchen mit einem Cousin. Abeds Vater war nichts anderes übrig geblieben, als die Wünsche seiner Familie zu respektieren und sich mit der arrangierten Hochzeit einverstanden zu erklären.

Als Abed sich in eine Hamdan verliebte, kam ihm das fast so vor wie eine Wiedergutmachung für seinen Vater.

Abends schrieb er Ghazl heimlich Briefe. Am nächsten Morgen sorgte er dafür, dass sie diese auf Umwegen erhielt; über Nachbarinnen oder Klassenkameradinnen in der Schule. Oft barg das Geschriebene Hinweise für Ghazl, zu bestimmten Zeiten ans Telefon zu gehen. Weil die Gegend, in der sie wohnte, Dahiyat a-Salaam (damals auch Neu-Anata genannt), von Israel annektiert und Jerusalem einverleibt worden war, gab es in ihrem Haus einen Telefonanschluss. Was im restlichen Anata nicht der Fall war. Nach der Schule nahm Abed den Bus zum Damaskus-Tor in Ostjerusalem, ging zum Postamt an der Saladinstraße, dem großen Einkaufsboulevard, und warf zur vereinbarten Zeit eine Münze in das öffentliche Telefon. Sie sprachen dann so lange miteinander wie möglich, was oft alles andere als lange war. Wenn Ghazls Eltern hereinkamen, tat sie so, als redete sie mit einem Mädchen, bevor sie abrupt das Gespräch beendete. Es gab Tage, da hatten sie kaum hallo gesagt, bevor Abed mitten im Satz vom eintönigen Summen der toten Leitung unterbrochen wurde.

Sie waren ein hübsches Paar. Abed war sonnengebräunt, groß und schlank, mit einer kräftigen Kinnpartie, einem versonnenen Blick und einem sanften, lockeren Auftreten. Er hatte dichtes Haar, an den Seiten kurz geschnitten, und – was ihm später peinlich war – einen Schnurrbart. Mit seinem weit aufgeknöpften Hemd glich er einem palästinensischen James Dean. Ghazl hatte große mandelförmige Augen und ein Grübchen in der rechten Wange. Sie sah aus wie ihr Vater. So wie sein Gesicht strahlte auch ihres Güte aus.

Abeds Lieblingsschwester Naheel, die älteste, lebte mit ihrem Mann Abu Wisaam in Dahiyat a-Salaam, nicht weit von Ghazl entfernt. Von ihrem Haus aus gelang es Abed manchmal, Ghazl auf dem Dach oder dem Balkon zu beobachten, die einzigen Orte, wo sie sich unverschleiert mit offenem Haar zeigte.

Abed hatte eine säkulare Einstellung und war gegen den Hijab. Keine seiner Schwestern hatte ihn vor ihrer Hochzeit getragen und Naheel nicht einmal danach. Besonders in gehobenen Kreisen war der Hijab nicht häufig zu sehen. Als Abed 1986 die Highschool abschloss, bedeckten weniger als die Hälfte der Mädchen in Anata ihr Haar. Dass Ghazl den Hijab trug, machte ihm aber nichts aus. Er wusste, sie tat es aus Respekt ihrem religiösen Vater gegenüber, und dass sie ansonsten weniger rücksichtsvoll war als andere ihres Alters. Sie genoss auch mehr Freiheiten. Ihr Vater war freundlich und zugänglich und ihre Mutter, die aus Silwan kam – dem Teil von Jerusalem in unmittelbarer Nähe der al-Aqsa-Moschee – war vom modernen Stadtleben geprägt. Dank ihrer Nachsicht konnten sich Ghazl und Abed relativ oft sehen. Zumindest anfänglich, bevor ihre geheime Verliebtheit im Zuge des gemeinsamen politischen Ringens richtig aufblühte.

Die erste Intifada begann im Dezember 1987, anderthalb Jahre nachdem Abed die Highschool abgeschlossen hatte. Es ging los mit einer Reihe spontaner Proteste, die aufkamen, nachdem ein Armeelaster der israelischen Verteidigungskräfte in Gaza mit einem Kombi kollidiert war, wobei vier palästinensische Arbeiter getötet wurden. Diese Proteste weiteten sich aus, befeuert von jahrelangem Unmut über die vom israelischen Verteidigungsminister so benannte „Politik der eisernen Faust". Schnell wurden sie zum ersten organisierten Massenaufstand gegen die Besatzung, mit tausenden Straßenkämpfen, bei denen steinewerfende junge Palästinenser den mit Panzerfahrzeugen und Sturmgewehren bewaffneten israelischen Truppen gegenüberstanden. Es war eine Zeit schmerzlicher Verluste für alle Palästinenser, ob arm oder wohlhabend, säkular oder religiös, christlich oder muslimisch, flüchtig oder beheimatet, inhaftiert oder vertrieben. Unter Israels Entschlossenheit, den Aufstand zu zerschlagen, hatten alle gleichermaßen zu leiden. Die Zeichen von Wohlstand und die Klassenunterschiede verwischten – entschiedene Säkularisten übernahmen sogar den Hijab als Zeichen nationaler Solidarität.

Städte wurden belagert, Ausgangssperren verhängt, Nahrungsmittel verknappt, Stellen gekürzt, Schulen geschlossen, Kinder inhaftiert, Ehemänner gefoltert, Väter getötet und Söhne verstümmelt – nach so vielen Knochenbrüchen splitterten selbst die Knüppel der Soldaten. „Mehrmals wurden die Schlagstöcke ausgetauscht", berichtete die israelische Wochenzeitung *Kol Hazman,* „weil sie nicht stabil genug waren und zerbrachen. Sie wurden dann irgendwann durch Schläger aus Metall ersetzt, und als auch diese verbogen, wurden welche aus elastischem Kunststoff verwendet." Mehr als 1 100 Palästinenser wurden während des sechsjährigen Aufstands von israelischen Soldaten oder

Zivilisten getötet. Weitere 130 000 wurden verwundet und etwa 120 000 inhaftiert. In diesen Jahren verzeichnete Israel die höchste Pro-Kopf-Zahl an Strafgefangenen weltweit.

Das israelische Militär schloss alle palästinensischen Universitäten, womit Abed ein Studienabschluss unmöglich gemacht wurde. Nach dem Ende seiner Schullaufbahn hätte er am liebsten im Ausland studiert. Ein enger Freund, Osama Rajabi, schlug vor, er solle sich an sowjetischen Universitäten bewerben. Die Palästinensische Befreiungsorganisation[1] bot Stipendien in befreundeten sozialistischen Ländern an. Abed wollte es Osama gleichtun, aber dazu brauchte er einen Pass und dafür benötigte er die Hilfe seines Vaters. Israel vergab keine Pässe an Personen in besetzten Gebieten. Abeds Vater hatte einen jordanischen Pass aus der Zeit, als das Westjordanland vom haschemitischen Königshaus kontrolliert wurde, also konnte Abed es in Jordanien versuchen. Aber sein Vater verweigerte ihm die Hilfe – er wollte seinem Sohn nicht erlauben, Palästina zu verlassen und Kommunist zu werden. Osama ging schließlich ohne Abed.

In Anata, wie überall im Westjordanland, stand die Demokratische Front zur Befreiung Palästinas[2], eine marxistisch-leninistische Fraktion der PLO, an der Spitze der gewerkschaftlichen und politischen Organisationen, welche die Intifada ins Leben gerufen hatten. Der örtliche Anführer der DFLP war niemand anderer als Abu Wisaam, Abeds Schwager. Er war ein Intellektueller, zierlich, geistreich, redselig, der der Gruppe im Jahr 1970 beigetreten war. Er hatte in Beirut studiert, sich dort auf Spionage,

Sprengstoffe und Partei-Ideologie spezialisiert und viel mit Weltrevolutionen und der zionistischen Bewegung beschäftigt.

Er war in Anata, um seine Eltern zu besuchen, als er wegen Mitgliedschaft in der DFLP festgenommen wurde – wie alle PLO-Fraktionen eine illegale Organisation. Während seiner fünfzehnmonatigen Haft hatte er die wichtigsten marxistischen Texte gelesen. Kurz danach hatte er sich mit Naheel verlobt, als sie sechzehn und Abed zwölf war. Von da an wollte Abu Wisaam Abed für die Revolution gewinnen. Sobald die Intifada begann, holte er ihn in die Partei.

Dabei ging es nicht nur darum, die Fraktion zu vergrößern. Abed in die DFLP zu holen, war für Abu Wisaam eine Möglichkeit, ihn zu schützen. Mit den vielen Kollaborateuren musste Palästina wohl eine der am meisten unterwanderten Gesellschaften in der Geschichte von Fremdbestimmung und Kolonialherrschaft sein. In der Demokratischen Front wusste Abu Wisaam wenigstens, wem man trauen konnte. Einmal hatte ein junges Mitglied der rivalisierenden Fatah-Fraktion Geld verteilt und behauptet, es stamme von einem Onkel aus Amerika. Der Onkel wolle damit die Intifada unterstützen und die Gelder seien für den Kauf von Sportschuhen für die *shabaab*, die Jugend, vorgesehen. Auf diese Weise versuchte der junge Mann, sich selbst als Anführer zu etablieren.

Er gab jedem jungen Aktivisten fünf jordanische Dinar, genug für ein neues Paar weiße Nikes, mit denen es sich im israelischen Kugelhagel gut laufen ließ. Abed nahm das

Geld, aber als Abu Wisaam davon erfuhr, zwang er ihn, es sofort zurückzugeben. Er wusste, dass eine List dahintersteckte: Das Geld kam von den Israelis, die auf diese Weise herausfinden wollten, wer von der *shabaab* an den Protesten beteiligt und wer käuflich war. Alle Jungen, die das Geld genommen hatten, wurden später verhaftet. Israelische Soldaten holten sie mitten in der Nacht aus ihren Häusern. Dank Abu Wisaam blieb Abed verschont.

Obwohl die meisten Männer aus Abeds Familie zur Fatah gehörten, Jassir Arafats Partei, lernte Abed, ihr zu misstrauen. Die Fatah machte nach seinem Empfinden immer nur leere Versprechungen, ein Eindruck, der sich im Lauf der Jahre noch verstärkte, als er beobachtete, dass ihre Führer bei jedem Grundsatz Zugeständnisse machten und dann Zugeständnisse auf die Zugeständnisse, bis sie sich schließlich nach der Intifada als Israels Vollstrecker wiederfanden. Für die Demokratische Front sprach seines Erachtens, dass es der Gruppe in Anata, Jerusalem und dem Rest des Westjordanlandes damit ernst war, eine lokale Bewegung zur Befreiung Palästinas auf die Beine zu stellen.

Die DFLP unterstützte Abeds Wunsch, gemeinsam mit Osama in der Sowjetunion Jura zu studieren. Ghazl ebenso. Abed wollte für die stetig mehr werdenden palästinensischen politischen Gefangenen eintreten. Seit Osama fort war, hatte Abed jedes Jahr darum gebeten, mit ihm studieren zu dürfen, und jedes Jahr hatte sein Vater nein gesagt. So saß Abed also in Anata fest, arbeitete auf dem Bau und engagierte sich in der Demokratischen Front und ihrer Gewerkschaft, dem Block der Vereinigten Arbeiter.

Er organisierte Proteste, warb neue Mitglieder und sorgte für die Verbreitung von *Bayanaat*, dem regelmäßig erscheinenden Kommuniqué der Intifada zur Koordination der Aktionen von Apothekern, Ärzten, Anwälten, Lehrern, Ladenbesitzern, Vermietern und lokalen Ausschüssen. Es enthielt Anweisungen, wann gestreikt und was boykottiert werden sollte, welche öffentlich Angestellten zu kündigen hatten, welche israelischen Anordnungen zu ignorieren waren und wo man Transporte zu den Siedlungen blockieren wollte. Der Besitz der *Bayanaat* oder jedes anderen „Propagandamaterials" der PLO galt als Straftat, ebenso das Drucken oder Verbreiten „jeglicher Publikation in Form von Bekanntmachungen, Plakaten, Fotos, Pamphleten oder anderen Dokumenten von politischer Tragweite".

Die *Bayanaat* musste im Geheimen hergestellt und verbreitet werden. Die Voraussetzungen änderten sich laufend, denn Israel konfiszierte nicht nur Flugblätter, sondern manchmal auch die Pressen, mit denen sie gedruckt wurden. Einmal erhielt Abed die *Bayanaat* von einer jungen Europäerin, der es gelungen war, die Flugschriften unter der Verkleidung des Kofferraumes ihres Autos durch den Checkpoint zu bringen. Mit den Flyern unter dem Hemd ging Abed in Anata in den Supermarkt und verstreute sie in einem unbeobachteten Moment auf dem Boden. Nachts sprühten er und andere *shabaab* die Texte der *Bayanaat* auf Anatas Wände.

Eines Nachmittags, einige Wochen nach Beginn des Aufstands, ging Naheel zu einer Demonstration der DFLP am Damaskus-Tor. Zuvor hatte sie für ein Alibi gesorgt.

Sie und Abu Wisaam waren entschlossen, ein Kind zu bekommen, und Naheel musste einen Schwangerschaftstest machen. Sie rief bei einer Klinik in der Saladinstraße an und legte ihren Termin auf einen Zeitpunkt kurz vor den Protesten. Mit dem Testergebnis gesellte sie sich zu ihren Freunden außerhalb der Altstadtmauer, wo sie die verbotene palästinensische Fahne schwenkte. Die israelischen Sicherheitskräfte wollten sich auf sie stürzen, doch bevor sie Naheel zu fassen bekamen, riss ihr Freund ihr die Fahne aus der Hand und entkam über die Straße. Naheel brachte man nach Westjerusalem in ein Untersuchungsgefängnis im Russischen Viertel, unter Palästinensern bekannt als Moscobiya. Für das Zeigen einer palästinensischen Fahne hätte Naheel eine Gefängnisstrafe von mehreren Monaten oder mehr gedroht. Man hatte sie aber nicht mit der Fahne erwischt und sie konnte auf Zeit und Datum ihres Schwangerschaftstestes verweisen und behaupten, sie sei lediglich zur falschen Zeit am falschen Ort gewesen. So verbrachte sie nur zehn Tage im Gefängnis.

Naheels Test war negativ, doch kurz darauf, während des ersten Ramadans der Intifada, wurde sie schwanger. Ihr Sohn wurde im Januar 1989 geboren, ein Jahr nach Beginn des Aufstands. Als das Baby zwei Wochen alt war, wurde Abu Wisaam wegen seines Engagements in der DFLP verhaftet. Es war sein dritter Aufenthalt in einem israelischen Gefängnis und sein zweiter seit der Hochzeit mit Naheel. Diesmal wurde er für fast ein Jahr eingesperrt. Da die DFLP in Anata nun führerlos war, übernahm Abed die Rolle.

In dieser Zeit verbrachte er viel Zeit bei Naheel, um ihr und ihrem kleinen Sohn zu helfen. Er schlief in ihrem Haus nahe bei Ghazl, die auf der High School kurz vor dem Abschluss stand. Abed hatte Ghazl für die Demokratische Front gewonnen und übertrug ihr die Verantwortung dafür, mehr junge Frauen anzuwerben und einzuweisen. Ghazl machte ihre Sache gut. Als Abu Wisaam ins Gefängnis ging, waren fünfundzwanzig Frauen in der Gruppe aktiv. Als er zurückkam, hatte Ghazl die Zahl verdoppelt.

Naheels Haus, fast ganz auf der Höhe der Hügel in Dahiyat a-Salaam, bot Abed und seinen Freunden die Möglichkeit, schon von Weitem zu sehen, wenn israelische Soldaten von Anata aus heraufkamen oder sich vom weiter oben gelegenen Shuafat-Flüchtlingslager her näherten. Das Lager von Shuafat war immer wieder ein beliebter Ort für Demonstrationen und einer der ersten nahe Jerusalem, über den bei Ausbruch des Aufstands eine Ausgangssperre verhängt worden war.

Die Bewohner von Shuafat wurden von Abed und den Menschen in Anata Thawaala genannt, die Leute von Beit Thul, ein Dorf nicht weit von Jerusalem, weil einige der größten im Lager lebenden Familien 1948 von dort vertrieben worden waren, als zionistische Truppen Israel gründeten. Das auszusprechen war tabu, denn Flüchtlinge waren das Herzstück der Palästinensischen Nationalbewegung – ihre Begründer, ihre Anführer im Exil, ihr stärkstes Symbol und die Verkörperung der palästinensischen Forderung nach Heimkehr –, aber Abed hielt von einigen der Thawaala nicht allzu viel. Er verübelte ihnen, dass sie als die alleinigen Verteidiger Palästinas auftraten und sich für etwas Besseres hielten als diejenigen, die auf ihrem Land geblieben waren. Seiner Ansicht nach zeichneten die Flüchtlinge im Lager ein falsches Bild der Palästinenser, nämlich als Bettler, die von Almosen der Vereinten Nationen lebten, und außerdem machten sie allen das Leben schwer, weil sie für jeden Zwist unter Familien Straßen blockierten.

Das Lager von Shuafat war auch Anlaufpunkt für Drogensüchtige und Dealer, und Abed hatte dort schon israelische Soldaten Haschisch und mehr kaufen sehen. Woanders wäre das wohl nur ein gesellschaftliches Problem gewesen, aber im palästinensischen Kontext erhielt es eine nationale Dimension. Israel heuerte oft Kollaborateure an unter der Androhung, sie bei ihren konservativen Familien und Nachbarn bloßzustellen, und zwar anhand echter oder bearbeiteter Fotobeweise ihrer Vergehen, insbesondere Sexualdelikte. Dealer und Süchtige dienten als willkommene Opfer, also stellten sie für den Aufstand ein Risiko dar. Nachts trugen Abed und die anderen *shabaab* Masken und gingen gegen die Dealer vor, um potenzielle Kollaborateure aus dem Weg zu räumen.

Interne Machtkämpfe unter Palästinensern gehörten zu den schlimmsten Begleiterscheinungen der Intifada, und sie waren weiter verbreitet, als man zuzugeben bereit war. Hunderte wurden getötet und zahllose andere verletzt, so auch Abed.

Ola Ja'uni, Ghazls Mentorin bei der Demokratischen Front, war Collegestudentin, zuständig für Anwerbung und Einweisung von Frauen in Jerusalem und benachbarten Dörfern im Norden. Sie war bei allen Protesten dabei und erstattete der Führungsspitze exklusiv Bericht. Abed bewunderte Ola. Sie war stark, klug und unabhängig. Weil sie auch schön war und nicht aus Anata stammte, wo die Leute sie auf der Straße anstarrten, fiel sie den *shabaab* der lokalen Fatah ins Auge. Die machten ihr das Leben schwer, wenn sie in die Stadt kam, um Ghazl und die anderen DFLP-Aktivisten zu treffen.

Eines der Fatah-Mitglieder zeichnete sich darin besonders aus. Das war Ahmad Salama, einer von Abeds Cousins ersten Grades. Er tauchte in der Mädchenschule von Anata auf und machte Ola vor den Schülerinnen schlecht, dann ging er zu den Mädchen der Demokratischen Front nach Hause, so auch zu Ghazl, und erzählte ihren Eltern, Ola habe einen schlechten Ruf und ihre Töchter sollten sich besser von ihr fernhalten. Ghazls Vater verteidigte Ola, die manchmal bei der Familie zu Besuch war, und warf Ahmad aus dem Haus.

Als Ola eines Tages die Saladinstraße entlangging, belästigten Ahmad und einige seiner Fatah-Freunde sie mit plumpen sexuellen Anspielungen. „He, Ola, wie wär's mit einer Runde im Auto, so richtig zum Genießen!" Der Demütigung zum Trotz ging Ola erhobenen Kopfes weiter, tadelte sie zunächst und ignorierte sie dann, als sie ihr folgten. Zu Hause angekommen, erzählte sie ihren beiden Brüdern davon. Noch am selben Abend fuhren diese nach Anata, auf der Suche nach Ahmad. Ohne sich vorzustellen, verlangten sie, mit ihm in einer wichtigen Intifada-Angelegenheit zu sprechen, und Ahmad erklärte sich einverstanden, sie zu begleiten. Sie fuhren nur ein kurzes Stück bis ins Dorf Hizma, wo Olas Brüder sich zu erkennen gaben, ihm eine Tracht Prügel verpassten und ihn dort zurückließen.

Ahmad war nicht schwer verletzt, aber er sann auf Rache. Sie bestand darin, dass er Freunden und Familie erzählte, die DFLP habe ihn entführt und in die Mangel genommen, wobei er weder die Belästigung Olas noch die Vergeltung ihrer Brüder erwähnte. Daraufhin ging die halbe Familie Salama aus Anata auf Abed los, den örtlichen Führer der DFLP, und wollte wissen, warum er eine Attacke auf ein Mitglied ihrer Familie angeordnet habe. Abed hatte keine Ahnung, wovon sie überhaupt sprachen, und versicherte, die DFLP habe nichts damit zu tun. Die Sache war daraufhin erledigt – jedenfalls ließ man Abed in diesem Glauben.

Einige Monate später erhielt er Besuch von drei DFLP-Vertretern aus Jerusalem, die kamen, um sich mit ihm über anstehende Aktionen für die Intifada abzustimmen. Nach dem Treffen wollten sie zurück nach Jerusalem. Abed begleitete sie zur Bushaltestelle, als Ahmad und sein um einiges größerer Bruder Ameen wie aus dem Nichts auftauchten.

Ahmad griff sich einen von Abeds Besuchern und beschuldigte ihn, einer seiner Entführer zu sein. Abed zerrte an Ahmads Arm. „Lass meine Gäste in Ruhe“, sagte er.

„Wenn du ein Problem hast, halte dich an mich.“ Es hatte sich bereits eine Menschenmenge gebildet. Abed drängte seine Besucher, rasch in den Bus zu steigen. „Hier gibt es gleich einen Kampf“, sagte er, „und ihr habt damit nichts zu tun.“

Als er sich umwandte, zogen Ahmad und Ameen beide ein Messer. Die drei wurden handgreiflich und Leute aus der Menge gingen dazwischen, um das Schlimmste zu verhindern. Da entdeckte Abed seinen älteren Bruder Na'el, den Zweitgeborenen, das schwarze Schaf der Familie. Na'el hatte sich mit Drogendealern aus dem Shuafat-Lager eingelassen, war süchtig geworden und konsumierte alles von Haschisch bis hin zu Heroin. Er war ein Dieb und ein Lügner, ständig ohne Arbeit und auf Schlägereien aus, wobei er mit anderen Familien aneinandergeriet. Er ließ Dealer und Süchtige in das Haus der Salamas, darunter auch Israelis, was ihnen Razzien der Polizei und der Drogenfahndung einhandelte.

So brachte Na'el seine Eltern arg in Bedrängnis. Nachdem sie alles versucht hatten, wurde er von Abeds Vater verstoßen. Na'el sei nicht länger sein Sohn, sagte er, weigerte sich mit ihm zu sprechen und verbot ihm, mit der Familie an einem Tisch zu sitzen. Abeds Mutter brachte ihm das Essen aufs Zimmer. Sie sagte, er sei krank und brauche Hilfe, doch Abed dachte, sie liebte ihn einfach am meisten. Wie sein Vater hatte auch Abed jeglichen Respekt vor Na'el verloren. Er betrachtete ihn nicht einmal mehr als seinen älteren Bruder. Seit Na'el ausgestoßen worden war und weil Wa'el, der Älteste, schon seit Jahren in Jordanien lebte, war Abed in die Position des führenden Sohnes gerückt.

Na'el löste sich aus der Menge an der Bushaltestelle und trat Ameen gegenüber, als Abed und Ahmad sich bereits gegenseitig angriffen. Während Umherstehende nach ihren Hemden langten, traf Abed Ahmad heftig im Gesicht und schlug ihn zu Boden. Er prallte mit dem Schädel aufs Pflaster.

Inzwischen stand Ameen drohend über Na'el und stach nach ihm. Abed, der nun frei war, kam heran, gerade als Ameen herumschwenkte und Abed zuerst den Brustkorb aufschlitzte und ihm dann einen Stich in den Unterarm verpasste. Die Schnitte begannen sofort zu bluten. Als er das Blut sah, rannte Ameen davon, und Na'el hinter ihm her. Jemand rief zwei Rettungswagen, die aus Jerusalem kamen und sowohl Abed mitnahmen als auch Ahmad, dessen Kopf von dem erlittenen Schlag blutete.

Im Makassed-Krankenhaus erschien Na'el an Abeds Bett. „Ich habe versucht, dich zu schützen", sagte Abed. Na'el lächelte. „Sehe ich aus, als wäre ich verletzt?" Er zog sein Hemd hoch, das lauter Löcher von Ameens Messer aufwies, zum Beweis, dass er unversehrt geblieben war. Na'el sah sich kopfschüttelnd Abeds Wunden an und murmelte vor sich hin. Dann wandte er sich zum Gehen und sagte zu Abed: „Das haben wir gleich." Kurz darauf hörte Abed einen Aufschrei, gefolgt von lauten Stimmen auf dem Flur. Na'el war in Ahmads Zimmer gegangen und hatte sich an dem Arzt und den Schwestern vorbeigedrängt. „Entschuldigung", sagte er, nahm sich ein Skalpell, setzte es dort an, wo Ahmads Ohr und Kiefer zusammenkamen, und machte einen Schnitt bis hinab zum Kinn. Für den Rest seines Lebens sollte Ahmad eine tiefe, sensenförmige Narbe im Gesicht behalten. Unter Ahmads Schmerzgeheul und dem Geschrei des Personals ließ Na'el das Skalpell fallen und verließ in aller Ruhe den Raum.

Nach dem Kampf arrangierten die Ältesten der Familie Salama eine *sulha*, den traditionellen Ritus der Versöhnung, zwischen den Familien von Abed und Ahmad. Beide Seiten hatten einen verletzten Sohn, deshalb bedurfte es keiner Wiedergutmachung. Abed lehnte es ab, dem beizuwohnen – er hatte nichts Schlimmes getan, während Ahmad Ola belästigt, die DFLP fälschlich eines Übergriffs beschuldigt und Abed grundlos angegriffen hatte. Indem er sich von der *sulha* ausschloss, bewahrte sich Abed das Recht, Rache zu üben. Doch seine Vorgesetzten in der Demokratischen Front wiesen ihn an, es gut sein zu lassen: Palästinenser sollten Israelis bekämpfen, nicht einander. Ahmads Familie erhielt eine Entschädigung für die erlittenen Prügel durch Olas Brüder und die Demokratische Front übernahm Abeds Arztkosten.

Als Abed aus dem Krankenhaus nach Hause kam, stattete Ghazl ihm einen Besuch ab. Sie schwänzte eine Stunde und ging zu ihm hinunter. Abeds Eltern begrüßten sie und ließen die beiden dann allein. Doch Abeds Vater war darüber nicht glücklich und machte Abed später Vorwürfe. „Was, wenn Ameen oder sonst jemand sie dabei gesehen hat, wie sie allein hierherkam? Was, wenn er es ihrem Vater erzählt?

Was sollen ihre Eltern dann sagen?“ Ghazl hätte vielleicht eine Strafe zu erwarten oder sogar Schläge. Ihr Vater könnte sich gegen Abed wenden und ein solches Risiko würde am Ende bedeuten, sich nicht mehr treffen zu können oder sogar eine glückliche Hochzeit zu gefährden.

Abed lag zurückgelehnt auf einem Bett, das seine Eltern ins Wohnzimmer gestellt hatten. Dabei belastete er nur eine Seite, damit es nicht so sehr auf seine Rippen drückte. Ghazl saß nah bei ihm auf einem Diwan. Sie fragte, wie es ihm gehe und zeigte dann auf seine Brust. „Wo ist deine Halskette?“, fragte sie. Abed tastete vergeblich danach. „Tut mir leid“, sagte er, „ich muss sie im Kampf verloren haben. Ich kaufe mir eine neue.“ Ghazl und Abed trugen schon seit Jahren die gleiche silberne Halskette. Beide hatten Medaillons mit den Initialen ihrer Namen in englischer Transkription. Ghazl hatte ein A für das *ayn* in Abeds Namen, Abed hatte ein GH für das *ghayn* in Ghazl. Im Arabischen waren beide Buchstaben nahezu identisch und unterschieden sich nur durch einen Punkt.

Ghazl hatte Neuigkeiten für Abed. Nach dem Kampf hatte sie auf ihrer Veranda gesessen und sich mit ihren vier Schwestern und einem Cousin unterhalten. Da hatte sie noch nicht gewusst, wie schlimm Abeds Verletzungen waren und war besorgt gewesen. Zufällig erschien eine ihrer Tanten und sagte, sie habe eine Halskette gefunden. Die Mädchen, alle ungefähr im gleichen Alter, meldeten lautstark ihre Ansprüche an. „Ich will sie!“ – „Nein, ich!“ – „Ich!“ Aber Ghazls Tante hatte darüber bereits entschieden. „Die ist für Ghazl“, sagte sie und reichte sie ihr. Von den gleichen Halsketten wusste sie nichts und hatte keine Ahnung, dass die gefundene Abed gehörte. Sie dachte bloß, eine GH-Halskette sei wie gemacht für Ghazl.

„Wo hast du sie gefunden?", fragte Ghazl ihre Tante.

„Auf der Straße vor meinem Haus."

Ghazl wusste, wem sie gehörte.

Und nun holte Ghazl die Halskette aus ihrer Tasche, ließ sie in Abeds geöffnete Hand gleiten und legte ihre eigene zarte Hand für einen kostbaren Moment in die seine. Es war das einzige Mal, dass sie sich berührten.

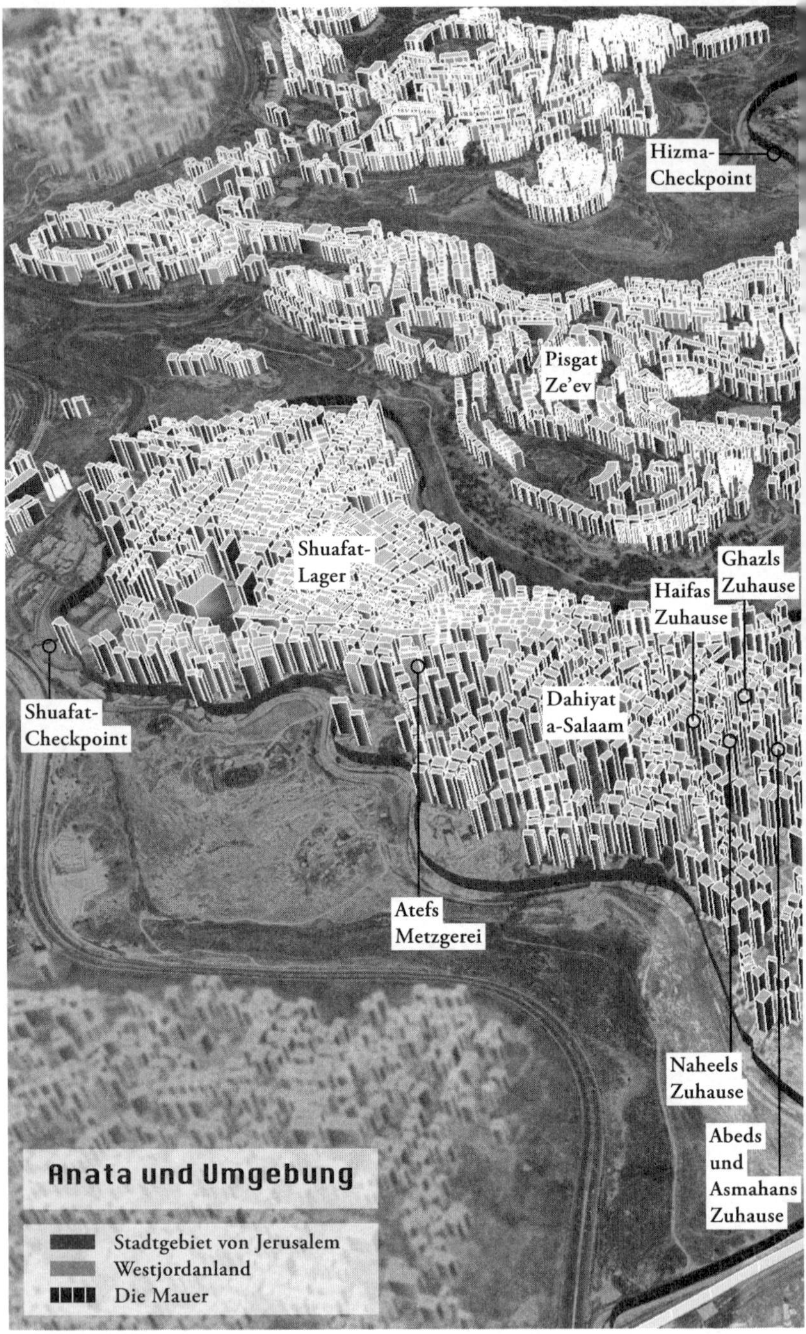

Hizma-Checkpoint
Pisgat Ze'ev
Shuafat-Lager
Ghazls Zuhause
Haifas Zuhause
Shuafat-Checkpoint
Dahiyat a-Salaam
Atefs Metzgerei
Naheels Zuhause
Abeds und Asmahans Zuhause
Anata und Umgebung
Stadtgebiet von Jerusalem
Westjordanland
Die Mauer

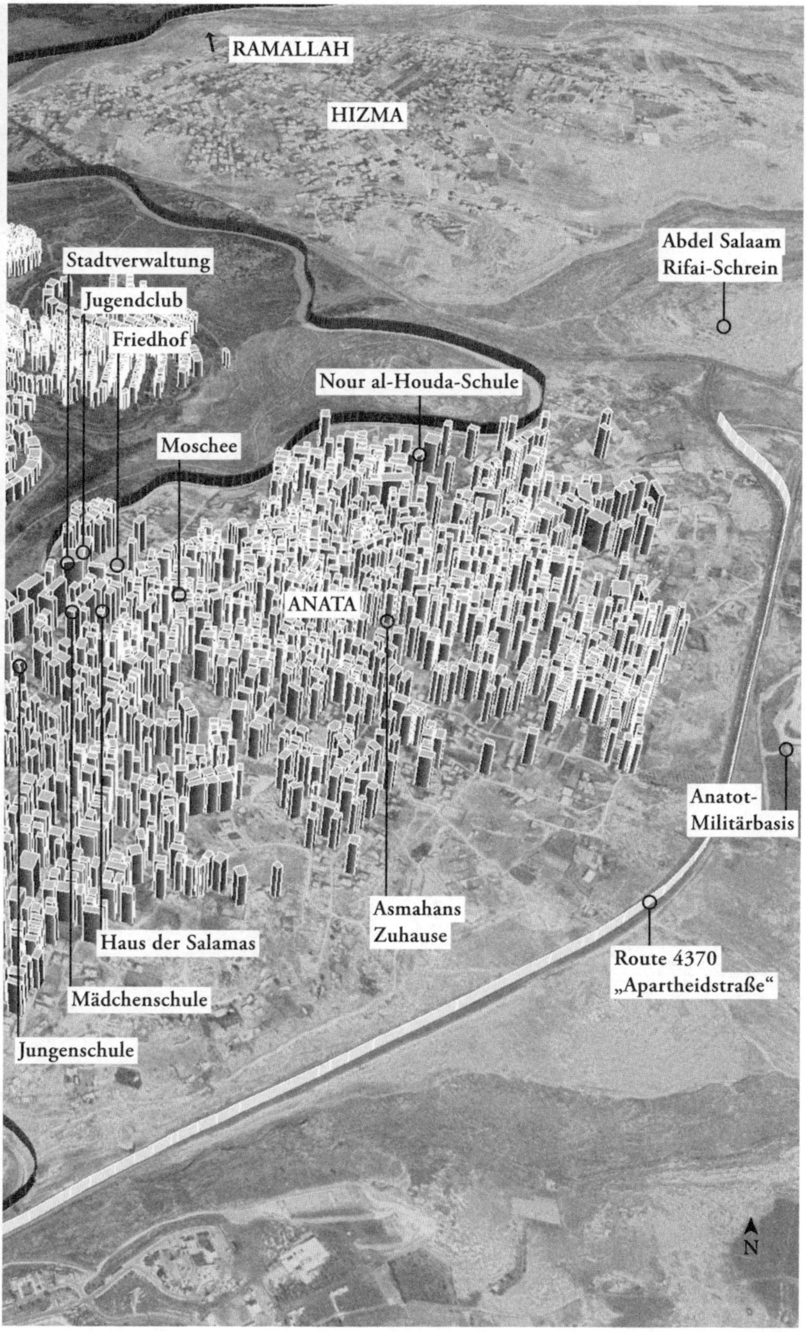
RAMALLAH
HIZMA
Abdel Salaam
Rifai-Schrein
Stadtverwaltung
Jugendclub
Friedhof
Nour al-Houda-Schule
Moschee
ANATA
Anatot-
Militärbasis
Asmahans
Zuhause
Haus der Salamas
Route 4370
„Apartheidstraße“
Mädchenschule
Jungenschule
N

2

Abeds Arbeit für die DFLP konnte den Israelis auf Dauer natürlich nicht verborgen bleiben. Im Herbst 1989, fast zwei Jahre nach Beginn der Intifada und neun Monate nach Abu Wisaams Haftantritt, kamen eines Nachts Soldaten in sein Haus. Die Augen verbunden und die Hände hinter dem Rücken mit Kabelbindern gefesselt, wurde er ins Heck eines Armeelasters verfrachtet, wo er sich mit einem halben Dutzend anderer Verhafteter wiederfand, die alle vornübergebeugt im Schneidersitz auf der kalten, harten Ladefläche des Fahrzeugs saßen. Die Augenbinde wurde ihm abgenommen. Abed erkannte die anderen jungen Männer: Drei waren von der DFLP und drei von der Fatah. Auf dem Weg zum Untersuchungsgefängnis von Ramallah schlugen und beschimpften zwei der Soldaten Abed und die anderen gefesselten Häftlinge und erteilten ihnen abwechselnd Hiebe auf den Kopf.

Abed und seine Genossen landeten in einem großen Zelt unweit des Gefängnisses von Ramallah, eines alten Tegart-Forts, die man von 1936–39 während der arabischen Revolten gegen das Britische Mandat errichtet hatte. Sie waren nach ihrem Konstrukteur Sir Charles Tegart benannt, einem kolonialen Polizeioffizier, und wurden später von Israel als Gefängnisse und Polizeistationen genutzt. Sobald die Soldaten verschwunden waren, befragten die Fatah-Häftlinge den Gefangenen, den sie verdächtigten, sie ausgeliefert zu haben. Es war derselbe Fatah-Aktivist, der den *shabaab* fünf jordanische Dinar gegeben hatte, bevor man sie gefasst hatte. Israel verhaftete oft seine Informanten, um keinen Verdacht zu erregen und auch aus den Gefängnissen nützliche Information zu beziehen. Nachdem die anderen ihm zugesetzt hatten, gestand der Fatah-Aktivist, ihre Namen für 35 Schekel, etwa 40 Dollar, an Israel verkauft zu haben.

Von dem Zelt in Ramallah brachte man Abed nach Dhahiriya, eine schmutzige Einrichtung südlich von Hebron, wo er vernommen wurde. Der zivile Offizier des israelischen Inlandsgeheimdienstes, der Schabak, folterte ihn auf die bewährte Art, bekannt als *shabih*, in Bezug auf die Methode, die Arme der Gefangenen zu strecken. Ein schäbiger, verdreckter Sack wurde ihm übergestülpt und seine Hände wurden an ein Rohr hoch über seinem Kopf gekettet, sodass nur noch seine Zehen den Boden berührten und seine Glieder gezerrt wurden wie auf einer vertikalen Streckbank. Es gab Gefangene, die *shabih* einen ganz Tag lang ertragen konnten, doch Abeds Folter endete nach einer Stunde. Die Israelis benötigten sein Geständnis nicht, wie sie sagten, denn zwei seiner Genossen hatten ihn bereits als ihren Anführer identifiziert.

Abed engagierte Lea Tsemel, eine der prominentesten jüdischen Verteidigerinnen, die auch Palästinenser vertrat. Die scharfsinnige Vierundvierzigjährige glich einer Elfe, mit leuchtend grünen Augen und kurzem braunen Haar, und hatte annähernd zwei Jahrzehnte damit verbracht, einen donquichottischen Kampf gegen Gesetze und Militärverordnungen zu führen, welche Palästinensern ihre Grundrechte verweigerten. Sie erklärte Abed, dass er nach der Tamir-Klausel – benannt nach einem israelischen Justizminister, der 1944 die Bombardierung der britischen Steuerbehörde in Jerusalem befehligt hatte – allein schon aufgrund der Aussage eines Dritten verurteilt werden konnte, ohne das Recht, diese Person ins Kreuzverhör zu nehmen oder sie auch nur vor Gericht zu laden.

Nach dem Verhör wurde Abed ins Ofer-Gefängnis unweit von Ramallah geschickt, dann in eine Haftanstalt der Militärbasis von Anatot, die sich, wie der Zufall es wollte, auf dem beschlagnahmten Landbesitz seiner Familie befand. Dort dienten den Inhaftierten Eimer als Toiletten. Während der zwei Monate, die Abed an diesem Ort verbrachte, wurde ihm nur zweimal eine Dusche gewährt. Dann ging es zurück nach Ofer, wo sein Fall vor einem Militärgericht verhandelt und er zu sechs Monaten verurteilt wurde, danach wieder nach Dhahiriya und schließlich in Israels größtes Gefängnis Ketziot, außerhalb des Westjordanlandes in der Negev-Wüste. Es war gebaut worden als Sammelbecken für tausende von Palästinensern aus dem Westjordanland und Gaza, die man im Zuge der Intifada festgenommen hatte. Zeitweise war dort jeder fünfzigste Palästinenser inhaftiert. Politisch bewanderte Insassen nannten es Ansar III, nach dem Gefängnis nahe der Stadt Ansar, das Israel bei der Besetzung des Südlibanons errichtet hatte. Aber die meisten verwendeten den arabischen Namen des Gebiets vor der israelischen Besiedlung, Naqab.

Abeds Ankunft im Naqab erfolgte im Winter, als die nächtlichen Wüstentemperaturen unter den Gefrierpunkt sanken. Die Anlage bestand aus über einhundert überfüllten Zelten mit jeweils Dutzenden von Gefangenen. Jede Gruppe von zwei bis vier Zelten war umrundet von einem schmutzigen Erdwall und mit Stacheldraht umzäunt. Um die Insassen in Schach zu halten, war es für Israel leichter, jeder Splittergruppe ein gewisses Maß an Selbstbestimmung einzuräumen, was die Organisation ihres Zeltes betraf. In Abeds Gruppe gab es ein Zelt für die DFLP, eines für die Fatah und eines für die Islamisten. Wurden neue Gefangene eingeliefert, reihten sie sich vor den Anführern der Fraktionen auf und erklärten ihre Zugehörigkeit. Waren sie unschlüssig, mussten sie sich für eine Gruppe entscheiden.

Abed wurde Zeuge, wie ein Gefangener vortrat und erklärte: „Ich gehöre zur PLO." Das sorgte für allgemeines Gelächter. „Wir gehören alle zur PLO!", sagte einer der Anführer, denn die PLO war keine Fraktion, sondern die Dachorganisation für alle nicht-islamistischen Gruppen. „Okay, ich folge Abu Ammar", verbesserte sich der Mann und benutzte dabei die *kunya*, die Ehrenbezeichnung für Jassir Arafat. Er wurde der Fatah zugeteilt. Zwei Monate später war dieser Mann, der nicht einmal den Namen seiner Fraktion hatte nennen können, maßgeblich dafür verantwortlich, das Gedankengut der Fatah weiterzugeben. So, dachte Abed, wählen sie also ihre Führer.

Zu jener Zeit befand sich die Hälfte der 13 000 in Israel inhaftierten Palästinenser im Naqab. Zu den Insassen gehörten die meisten der mehr als 2 000 Palästinenser in Administrativhaft, also ohne Anklage und Prozess und mit dem Risiko, dass sich ihr Strafmaß auf unbestimmte Zeit verlängerte. Darunter waren Journalisten, Anwälte, Ärzte, Professoren, Studenten, Gewerkschafter, zivilgesellschaftliche Führungskräfte, Verfechter der Gewaltfreiheit und Mitglieder von Dialoggruppen der israelischen PLO, die illegal waren. Im Gegensatz zu Abed erfuhren die meisten nicht einmal den Grund für ihre Inhaftierung.

Jedes Zelt stellte seinen eigenen Tagesplan auf. Abeds DFLP-Zelt erteilte verpflichtend Lehrstunden in Parteipolitik, Strategie und Ideologie und gab Anweisungen, wie man den Verhören der Schabak trotzen konnte. Einige Insassen lasen und übersetzten Zeitungsartikel, die ihre Anwälte mitgebracht hatten. Fernsehen und Radio waren nicht erlaubt, es gab eine lange Liste verbotener Bücher – von Shakespeare über Tolkien und Tolstoi bis zu Solschenizyn und dem *Verfassungsrecht des Staates Israel* – und keinem der Gefangenen wurde Familienbesuch gewährt.

Die Zelte hatten weder Tische noch Stühle und standen bei Regen unter Wasser. Selbst bei Staub- oder Sandstürmen mussten die Zeltklappen offenbleiben. Die Abfalltonnen quollen jeden Tag über und sorgten für einen entsetzlichen Gestank und den Einzug von Moskitos und Ratten. Viele Gefangene entwickelten Hautkrankheiten. Doch die größte Qual kam erst bei Sonnenuntergang. Jeden Abend drehten die Israelis die Lautsprecher auf und spielten eine herzzerreißende Ballade von Umm Kulthum. Sie war – neben dem Sänger Abdel Halim Hafez – Abeds Lieblingsinterpretin. Er mochte keine Popmusik und hörte sich nur Klassiker an. Die Israelis spielten jeden Abend ein anderes dramatisches Lied von Umm Kulthum. Ihre Lieder waren lang, das bekannteste, „Enta Omri“ (Du bist mein Leben) dauerte fast eine Stunde. Die ergriffenen Gefangenen lagen auf ihren Betten und lauschten von Heimweh gepackt, manche weinten, andere schrieben an dem einen Brief, den sie pro Monat verschicken durften. Abed wagte nicht, an Ghazl zu schreiben. Die Israelis lasen alles, und wer konnte wissen, inwiefern sie die Information gegen ihn verwendeten? Oder gegen sie. Stattdessen stand er draußen vor dem Zelt und sah hinauf zum Mond und fragte sich, ob Ghazl es jetzt gerade ebenso machte.

3

Bei seiner Entlassung erhielt Abed einen neuen Ausweis, grün gefärbt, um ihn als ehemaligen Häftling kenntlich zu machen. Die Ausweise des Westjordanlandes waren orangefarben, doch Ex-Häftlinge bekamen grüne mit unterschiedlicher Gültigkeitsdauer, je nachdem, wie lange sie abgesessen hatten und wofür. Abeds galt für sechs Monate. Es war eine probate Maßnahme der Beschränkung, auch wenn er seine Strafe verbüßt hatte. Wann immer er diesen grünen Ausweis an Checkpoints vorzeigte, wurde er abgewiesen. Er gab jeden Versuch auf, Anata zu verlassen, und überließ sich einem weiteren sechsmonatigen Arrest.

Die verschiedenfarbigen Ausweise waren eine recht neue Maßnahme, die Bewegungsfreiheit von Palästinensern auf Besatzungsgebiet zu reglementieren. Seit den frühen Jahren der Regierung durch Israel hatte eine allgemeingültige Militärverfügung ermöglicht, sich im Westjordanland, in Gaza, Ostjerusalem und dem Israel vor dem 6-Tage-Krieg 1967 relativ frei zu bewegen. Wenn keine allgemeine Sperrung der Gebiete bestand, konnte man als Palästinenser in Ramallah frühstücken, in Jerusalem zu Mittag und in Haifa zu Abend essen, solange man bis ein Uhr nachts wieder zu Hause war.

Das änderte sich während der Intifada, mit dem Entstehen eines zunehmend labyrinthischen Systems von Einschränkungen. Israel errichtete in den besetzten Gebieten Checkpoints entlang der Grünen Linie und zwischen Ostjerusalem und dem Westjordanland. Ob man diese passieren durfte, hing ab von den Ausweisfarben, dem Geburtsort in den besetzten Gebieten, von Alter, Geschlecht, eventuellen Festnahmen oder Inhaftierungen.

Der grüne Ausweis erhielt nach einigen Jahren eine andere Bedeutung. Die Kosten der Intifada hatten Israel zu der Überzeugung gebracht, die besetzten Gebiete besser durch einen Vermittler regieren zu lassen. Zu diesem Zweck erlaubte Israel den exilierten Führern der PLO, nach Palästina zurückzukehren, um in den besetzten Ballungsgebieten eine beschränkte Selbstregierung zu etablieren. Israel behielt die Kontrolle über das Melderegister und die Entscheidungsgewalt darüber, wer in welchem Teil des Gebiets das Recht zum Betreten, Verlassen oder zum Verbleib hatte, überließ jedoch der neu geschaffenen Palästinensischen Autonomiebehörde die symbolische Aufgabe, die von Israel anerkannten Ausweise zu erstellen. Die PA entschied, für Bewohner des Westjordanlandes die orangefarbenen Ausweise in grüne umzutauschen, die alte Farbe für Ex-Häftlinge. Abed erschien das passend: Jeder Palästinenser war im Grunde ein Gefangener, vom Kleinkind bis zum Präsidenten der PA, der auch nicht kommen und gehen konnte, wie er wollte.

Diese Beschränkung auf Anata nach der Haftzeit hatte immerhin einen Vorteil. Abed nahm seine führende Position bei der Demokratischen Front wieder ein. Die Intifada war noch in vollem Gange. Sobald er seinen orangefarbenen Ausweis zurückbekam, mit dem der Weg nach Jerusalem frei war, nahm Abed eine Anstellung bei Ghazls Vater an. Abu Hassan war ein erfolgreicher Bauunternehmer, der vor allem israelische Projekte in der Stadt ausführte, wo die Bezahlung um einiges höher ausfiel als in Anata. Abed arbeitete täglich mit Ghazls Vater und Hassan zusammen, ihrem älteren Bruder. Sie wurden miteinander vertraut. Abed nannte Abu Hassan „Onkel“, eine Gunst- und Respektbezeugung. Zu einem von Ghazls jüngeren Brüdern, der hin und wieder mit ihnen zusammenarbeitete und den seine Schwester für die DFLP gewonnen hatte, entwickelte sich eine tiefe und lebenslange Freundschaft.

Abed arbeitete nicht gern für die Israelis, besonderes nicht in deren Siedlungen, aber er nahm es zugunsten seiner Beziehung zu Abu Hassan in Kauf. Sie bauten Häuser in der ganzen Stadt: in der Siedlung Pisgat Ze'ev in Ostjerusalem, im vornehmen Qatamon, dem aufstrebenden vormals christlich-palästinensischen Viertel, aus dem so mancher Flüchtling im Lager von Shuafat stammte, und im ultra-orthodoxen Viertel Bucharim, wo sie eine Synagoge für einen der bekanntesten israelischen Rabbis bauten: Jitzchak Kadouri, ein in Bagdad geborener Kabbalist, der Amulette verteilte, die seinen Anhängern Gesundheit und Wohlergehen versprachen.

Seine Hoffnung auf ein Jura-Studium in der UdSSR hatte Abed nicht ganz aufgegeben. Nach einigen vergeblichen Versuchen, seinen Vater zu überzeugen, entschloss er sich zu einer neuen Taktik. Er ging auf Freunde seines Vaters zu und bat sie, sich für ihn einzusetzen. „Er hat keinen Grund mehr, es mir abzuschlagen. Ich bin ja schon längst Kommunist.“ Abeds Vater lenkte ein. Doch noch während die Formalitäten im Gange waren, brach die

Sowjetunion zusammen. Abeds Abschluss rückte damit in weite Ferne.

In seiner Freizeit arbeitete er an dem eingeschossigen Haus, das er kurz vor seiner Verhaftung zu bauen begonnen hatte und in dem er mit Ghazl eine Familie gründen wollte. Es lag von ihrem Elternhaus nur ein kurzes Stück die Straße rauf, auf dem Land seines Großvaters am höchsten Punkt von Dahiyat a-Salaam, wo man Richtung Osten bis zum Toten Meer sehen konnte. In diesem neuen Zuhause erträumten er und Ghazl sich ein gemeinsames Leben. Jahrelang hatten sie sich heimlich getroffen, über den Plänen gesessen, ihre Zukunft entworfen und beratschlagt, wo Küche, Wohnzimmer und Schlafzimmer sein sollten.

Mittlerweile waren sie schon sieben Jahre zusammen. Abed war dreiundzwanzig und Ghazl einundzwanzig, nun eine Krankenpflegeschülerin. Ihre Beziehung war nach wie vor geheim, zumindest was Ghazls Familie anging. Doch sie waren so oft beieinander, so offensichtlich verliebt, dass viele davon wussten. Abeds Eltern drückten meist ein Auge zu, auch als das Paar schon für Aufsehen sorgte. Es war nur eine Frage der Zeit, bis Ghazls Eltern die Wahrheit erfuhren. Ihr Bruder Hassan hatte bereits Verdacht geschöpft. Eines Tages wollte er wissen, warum sie eine Halskette mit einem A trug und Abed eine mit GH. Ghazl sagte, sie wisse nicht, was Abed trage, und dass ihre Halskette für Abeer gedacht sei, ihre ältere Schwester. Schließlich befand Abeds Vater es für inakzeptabel, so mit einer Frau umzugehen, mit der er nicht verheiratet war. „Das gehört sich nicht“, sagte er. „Wenn du sie heiraten willst, dann hast du meine Zustimmung."

Abed entschied sich für einen Heiratsantrag. Er sagte es Naheel und nur Minuten später gingen beide hinüber zu Ghazls Haus. Abed setzte sich mit Hassan zusammen und bat um ihre Hand, während Naheel in einem anderen Zimmer mit Ghazls Mutter sprach. Hassan und Ghazls Mutter dankten ihnen und sagten, sie bräuchten zwei oder drei Tage, um sich mit der Familie zu beraten.

Gleich frühmorgens auf der Baustelle fragte Abed Hassan, wie es stehe. Hassan sagte, er habe mit seinem Vater gesprochen, der nun wiederum mit Ghazls Großvater sprechen müsse. Er vertröstete Abed auf den folgenden Tag.

Zufällig traf Abed am selben Nachmittag Abu Hassan. Abed hatte sich verpflichtet, seiner Schwägerin Layla beim Bau ihres Hauses zu helfen. Layla war mit Wa'el verheiratet, Abeds älterem Bruder. Sie war in Anata aufgewachsen und erst kürzlich aus Jordanien zurückgekehrt, wo sie und Wa'el mit ihren zwei kleinen Töchtern einige Jahre gelebt hatten. Wochen nach Abeds Haftentlassung war Wa'el festgenommen worden, als er die Allenby-Brücke von Jordanien ins Westjordanland überquerte. Layla hatte er erzählt, er mache einen Besuch in seiner Heimat. Als sie nichts von ihm hörte, wandte sie sich an ihre Familie in Anata. Niemand wusste, wo Wa'el war, bis Abeds Eltern das Internationale Komitee vom Roten Kreuz kontaktierten und von seiner Verhaftung an der Grenze erfuhren.

Kurz bevor Wa'el zu seiner Fahrt aufgebrochen war, war ein ehemaliger israelischer Soldat namens Ami Popper früh aufgestanden, hatte die IDF[3]-Hose seines Bruders angezogen, sich dessen Galil-Sturmgewehr geschnappt und sich zu einer Bushaltestelle in der Stadt Rishon Letzion begeben. Arbeiter aus Gaza warteten dort darauf, von ihren israelischen Arbeitgebern abgeholt zu werden. Popper gab sich als Offizier aus, fragte die Arbeiter nach ihren Ausweisen und forderte sie auf, sich aufzureihen und niederzuknien. Als sich ein Auto mit Kennzeichen aus Gaza näherte, befahl er dem Fahrer anzuhalten und mit seinen Passagieren auszusteigen. Dann eröffnete er das Feuer, schlachtete sieben von ihnen ab und verletzte elf weitere.

Wa'el war außer sich. Er traf einen Mittelsmann der Fatah und kündigte an, die Morde durch einen Anschlag im annektierten Ostjerusalem zu rächen. Ziel war das Nationale Polizeihauptquartier im israelischen Regierungsbezirk in Scheich Dscharrah. Sein Plan bestand darin, die Grenze zu überqueren, nach Anata zurückzukehren und Sprengstoff aus einem Versteck zu holen. Er sollte eine Sprengladung in einem Auto platzieren, dieses dann vor dem Polizeihauptquartier parken und die Ladung aus der Ferne zünden. Als er neun Tage nach dem Massaker die Allenby-Brücke erreichte, wurde Wa'el ohne jede Anklage verhaftet.

Man ließ ihn einige Stunden lang in einem kleinen Raum warten und brachte ihn dann ins Untersuchungsgefängnis von Moscobiya, von wo aus er am nächsten Tag nach Ramallah transferiert wurde. Schließlich wurde er einem

Beamten vorgeführt. „Ah, da kommt der Mann, der Israel zur Strecke bringen wollte“, sagte der Beamte auf Arabisch. „Es ist uns eine besondere Ehre.“ Elf Tage lang versuchten die Agenten der Schabak im Verhör herauszufinden, warum Wa'el versucht hatte, nach Anata zurückzukehren. Er blieb bei seiner Geschichte: Er sei gekommen, um seine Mutter und seinen Vater zum bevorstehenden Haddsch abzuholen, der jährlichen Pilgerfahrt nach Mekka. Die Verhörenden schleuderten ihn gegen die Wand, schüttelten ihn gewaltsam und drohten damit, seine Frau zu verhaften, doch machten weiterhin keinerlei Angaben, weshalb er angeklagt war. Wenn er nicht gestehe, sagten sie, blühen ihm fünfzehn bis zwanzig Jahre Gefängnis.

Nach den elf Tagen wurde er mit einem anderen Gefangenen in eine neue Zelle gebracht. Dort gehörten alle Insassen zur Fatah. Sie begrüßten Wa'el und seinen Mithäftling, gaben ihnen zu essen und zeigten ihnen die Duschen. Wa'el hatte sich seit seiner Festnahme nicht mehr waschen können. In der Zelle gab es viele Bücher über die palästinensische Revolution und für ihn war es eine Wohltat, unter Kameraden zu sein. Nach dem Gebet zum Sonnenuntergang sagte ein langbärtiger Gefangener, sie seien alle Brüder und man werde ihn mit dem Nötigen versorgen. Am Besuchstag, sagte er, könnten sie für Wa'el Briefe hinausschmuggeln.

Seit seiner Festnahme war Wa'el in Sorge gewesen, jemand könne den verborgenen Sprengstoff finden und zu Schaden kommen. Also schrieb er einen Brief an die Militärführer der Fatah, um sie zu warnen, und gab ihn dem bärtigen Mithäftling. Als Wa'el am nächsten Morgen erneut zum Verhör geführt wurde, begriff er, dass man ihn reingelegt hatte. Jeder in dieser Zelle war ein *asfour*, ein Singvogel, der Ausdruck für einen Kollaborateur. Nun hatte Israel die benötigten Anklagepunkte.

Wa'el wurde zu acht Jahren verurteilt. Layla zog mit ihren beiden Töchtern zurück nach Anata und lebte bei ihren Eltern, nicht weit von Abeds Haus. Abeds Familie half mit, die Kinder großzuziehen, von denen das älteste gerade einmal drei Jahre zählte, als Wa'el ins Gefängnis kam. Abed liebte seine kleinen Nichten sehr, kaufte ihnen Geschenke und nahm sie dann und wann mit zu Spielplätzen nach Jerusalem und in die Altstadt. Er und seine Brüder machten Pläne, für Wa'el und seine Familie ein Haus zu bauen, sobald er aus der Haft entlassen war. Um die Zeit, als Abed um Ghazls Hand anhielt, hatten die Pläne Gestalt angenommen und die Salamas waren bereit, eine Baufirma zu beauftragen. Layla und Abed hatten vereinbart, Ghazls Onkel anzusprechen. Er hatte in der Stadt schon eine Reihe von Häusern gebaut. Anders als Abu Hassan arbeitete er vorwiegend für Palästinenser.

Layla fuhr Abed in ihrem winzigen roten Fiat bergauf zu Ghazls Onkel, der von der Familie getrennt im Nachbarhaus lebte. Als sie das Haus erreichten, entdeckte Abed Ghazl auf ihrem Balkon im zweiten Stock. Dieser Anblick ließ ihn strahlen. Beim Aussteigen sagte Layla, sie könne Abu Hassan, der ihr Cousin ersten Grades war, ja mal fragen, wie er auf Abeds Heiratsantrag zu reagieren gedenke. Sie stehe der Familie nahe und könne für Abed ein gutes

Wort einlegen. Layla war als Wichtigtuerin bekannt, deshalb lehnte er das Angebot ab und bat sie, sich herauszuhalten – sie würden ihm in den kommenden Tagen ohnehin eine Antwort geben. Layla war einverstanden.

Im Haus trafen sie auf Ghazls Onkel, einen Nachbarn und Abu Hassan. Layla gesellte sich zu den Frauen in einem anderen Zimmer. Die Männer besprachen das Bauprojekt und Ghazls Onkel versprach Abed, sich mit einem Kostenvoranschlag bei ihm zu melden. Dann ging Abu Hassan für eine Weile aus dem Zimmer, um *wudu* zu machen, die rituellen Waschungen von Gesicht, Armen, Kopf und Füßen vor dem Gebet, und bald darauf verließ Abed mit Layla das Haus.

Auf dem Weg zum Auto, als Ghazl vom Balkon auf sie herabsah, gestand Layla, dass sie doch mit Abu Hassan gesprochen habe, als er sich für sein *wudu* zurückgezogen hatte. Erbost erinnerte Abed sie an ihr Versprechen, sich nicht einzumischen. Sie sagte, es sei nicht ihre Schuld, Abu Hassan habe das Gespräch angefangen.

„Und", fragte Abed gereizt, „was hat er gesagt?"

Mit scheinbar großer Betroffenheit, die nicht ganz überzeugte, rekapitulierte Layla das Gespräch. „Abed ist ein guter Junge", hatte Ghazls Vater demnach gesagt, „ein harter Arbeiter. Er ist stark, umgänglich, witzig. Ich kenne ihn ganz gut. Aber da ist eine Sache, die ich nicht akzeptieren kann: Er ist ein Salama." Das war schockierend und schmerzte, Layla konnte es in Abeds Gesicht lesen.

„Wirklich? Das hat er gesagt?"

„Ja", sagte Layla äußerst mitfühlend. „Hat er."

Für Abed war diese Schmach kaum zu ertragen. Obwohl er sich im Grunde bewusst war, dass er damit Laylas Erwartungen entsprach, konnte er seinen Zorn nicht unterdrücken.

„Sag ihm, dass ich meinen Antrag widerrufe!" Dann wandte er sich Ghazl zu, die immer noch auf dem Balkon stand, und fügte hinzu: „Ghazl ist für mich wie eine Schwester, ich könnte sie niemals heiraten." Er war sich nicht sicher, ob Ghazl es gehört hatte.

Am nächsten Tag auf der Baustelle ging er Hassan und Abu Hassan aus dem Weg. Die ganze Zeit über war ihm bewusst, wie sie ihn beobachteten, um ihn herumschlichen, auf eine Gelegenheit lauerten, ihn anzusprechen. Aber er mied ihre Blicke und wich aus, wenn einer von beiden näherkam. Kein Wort fiel über den Antrag. Nach der Arbeit hielt Abed auch zu Ghazl Abstand. Kein Anruf, kein Besuch, keinerlei Nachricht. Ghazl war es gewohnt, ihn nachmittags zu sehen, doch Tage vergingen ohne jeden Kontakt. Über Freunde und Verwandte erfuhr er, dass sie bestürzt war. Schließlich ließ ihre Schwester über Abeds Bruder etwas ausrichten: dass Ghazl ihn treffen wolle, so bald wie möglich.

Sie verabredeten sich in Ghazls Schwesternschule nahe Kufr Aqab. Er hatte sich vorgestellt, sie würden irgendwo auf dem Campus miteinander sprechen, doch Ghazl bestand darauf, mit dem Bus nach Ostjerusalem zu fahren, wo sie mehr für sich waren. An diesem Tag herrschte Streik – wie so oft in dieser Phase der Intifada, in ihrem fünften Jahr – und alle Cafés und Restaurants blieben geschlossen.

Sie stiegen unweit des Damaskus-Tors aus dem Bus und gingen zum Ostjerusalemer YMCA, gleich neben einem imposanten alten Steinbau, der zum Amerikanischen Konsulat gehörte. Sie saßen draußen auf den Stufen des YMCA und blickten in den Garten.

„Was hast du gemacht? Was ist passiert?“, fragte Ghazl. „Eigentlich sollte jemand, der einen Antrag gemacht hat, noch mal wiederkommen und nachfragen.“

„Es tut mir leid, aber es wird nichts daraus“, sagte Abed. „Dein Vater mag die Salamas nicht. Er schämt sich, mit uns in Verbindung gebracht zu werden“, stieß er hervor. „Ich schäme mich nicht. Ich bin stolz, ein Salama zu sein.“ Er hielt inne und blickte über den gewundenen, von Palmen und Zypressen gesäumten Pfad, dachte an das Zuhause, das sie sich hatten bauen wollen und dann an Abu Hassans Beleidigung. „Ghazl, du bist wie eine Schwester für mich. Ich kann dich nicht heiraten.“

Ghazl brach zunächst in Tränen aus und wurde dann wütend. „Ich verstehe das nicht“, sagte sie und suchte seinen Blick. „Ich verstehe das nicht.“

Im Bus zurück nach Anata saßen sie getrennt. Es gab zu viele Leute, die sie kannten. Abed sah sie den ganzen Weg vom Damaskus-Tor zu ihrer Haltestelle in Dahiyat a-Salaam weinen.

4

Abed war in einer desolaten Verfassung. Seine Zukunftspläne lagen in Scherben. Er stieg aus dem Bus und wandelte durch die Straßen, aufgewühlt und völlig durcheinander. Ghazls Tränen und ihre Bestürzung hatten ihn tief erschüttert. In solchen Momenten war es Naheel, die er am liebsten sehen wollte. Er ging zu ihrem Haus und setzte sich auf die Stufen davor. Ghazl stand draußen auf dem Balkon, über das Geländer gebeugt, den Kopf auf die Unterarme gesenkt. Sie beachteten einander nicht.

Naheel und Abu Wisaam setzten sich zu Abed. Sie hatten ihn noch nie so verzweifelt gesehen. In dem Versuch, ihn zu trösten, sagte Naheel, er werde eine andere finden, eine bessere. Sie ging hinein, um Wasser aufzusetzen, und kam mit dem Foto einer jungen Frau wieder heraus, die etwa in Abeds Alter war. Sie gab es ihm und fragte, ob er sie wiedererkenne. Er sagte, er habe sie nie zuvor gesehen.

„Das ist deine Cousine", sagte Naheel.

„Wessen Cousine?"

„Deine! Die Tochter von Abu Wisaams Bruder. Erkennst du sie nicht?"

Abed sah sich die Aufnahme genauer an, wenn auch ohne großes Interesse. Ihm war zu elend zumute, sich darauf zu konzentrieren oder auch nur zu bemerken, dass die junge Frau hübsch war, zierlich, mit karamellfarbener Haut und großen Augen. Er erkannte sie kaum als eine Salama. Tatsächlich war sie mütterlicherseits auch Ghazls Cousine ersten Grades. Naheel sagte, sie sei nett, pflichtbewusst, ein gutes Mädchen. Ihr Name war Asmahan. „Wenn du willst, können wir sofort eine Verlobung arrangieren."

Abed war aufgebracht wegen Abu Hassan und wütend auf sich selbst, weil er dumm genug gewesen war, sich in eine Hamdan zu verlieben, deren Vater die Salamas verachtete. Sein Vater hatte denselben Fehler gemacht. Abed wollte Abu Hassan bestrafen, wollte Ghazl bestrafen und auch sich selbst. In seinem Schmerz war er nicht in der Lage, sich zu beruhigen oder klar zu denken. Er wollte die junge Frau auf dem Balkon aus seinem Gedächtnis tilgen, seinen Kummer auslöschen, alles hinter sich lassen. Seine Schwester bot ihm einen Ausweg. Dieser Vorschlag konnte auf einen Schlag sein ganzes Leben verändern und er dachte kaum einen Augenblick darüber nach. Er sagte ja.

Abu Wisaam zeigte sich bereit, sofort zu seinem Bruder zu gehen und ihm Abeds Heiratsantrag anzukündigen. Naheel begleitete inzwischen Abed zum Haus ihrer Eltern. Abeds Vater nahm ungerührt die Neuigkeiten zur Kenntnis und machte keinerlei Anstalten zu gratulieren. „Was ist mit Ghazl?", fragte er. Abed wollte nicht, dass es zwischen seinem Vater und Abu Hassan zum Streit käme, deshalb verschwieg er, warum er seine Meinung geändert hatte. Er begehre Ghazl nicht länger, sagte er.

Sein Vater hakte nach: „Du bist in ihr Haus gegangen und hast mit der Familie gesprochen." Mehr als jeder andere kam er damit dem Vorschlag nahe, dass Abed seine Liebe von sieben Jahren nicht einfach aufgeben sollte. Keiner sagte ihm, er handele übereilt. Keiner gab ihm den Rat, ein paar Tage zu warten.

„Es ist vorbei, *khalas*“, erledigt, sagte Abed. „Ich will sie nicht.“

Sein Vater schwieg. Erst nach einer Weile sagte er: „Es ist deine Entscheidung, dein Leben.“

Gemeinsam gingen Abed, Naheel und ihre Eltern zu Asmahans Familie in Anata. Abu Wisaam war vorausgegangen und hatte mit ihrem Vater gesprochen, der sein Einverständnis gegeben hatte. Im Wohnzimmer saß Abed dann mit seinen Eltern, Abu Wisaam und Asmahans Vater, ihren Brüdern, ihrem Onkel und einem Nachbarn, der der Familie nahestand. Die Frauen – Asmahan, ihre Mutter, ihre Schwestern und Naheel – waren im Nebenraum.

Gemäß dem traditionellen Ablauf machte Abeds Vater den Antrag und Asmahans Vater nahm ihn würdevoll an. In beiden Zimmern flüsterten die Anwesenden die Fatiha, das siebenstrophige Gebet zu Beginn des Korans. Seit Naheel Abed das Foto gezeigt hatte, waren keine zwei Stunden vergangen.

Am folgenden Tag ging Abed mit seinem Vater und Asmahans Mutter auf den Markt der Goldschmiede, nicht weit von der Grabeskirche in der Altstadt, und kaufte einen Silberring für sich und einen Goldring und weiteren Schmuck für Asmahan.

Bald darauf gaben die Familien eine Verlobungsfeier in Asmahans Elternhaus mit mehr als einhundert Gästen. Die Frauen tanzten im Wohnzimmer, die Männer saßen draußen auf der vorderen Terrasse auf Plastikstühlen und plauschten. Als alle Gäste eingetroffen waren, erhob sich Abeds Vater und verkündete im Namen der Familie die

Verlobung. „Wir sind hierhergekommen mit der Bitte an eure Tochter, unseren Sohn zu heiraten." Asmahans Vater gab seine Zustimmung und die Männer hielten ihre hohlen Hände vors Gesicht, den Blick nach unten gerichtet, und rezitierten die Fatiha. Dann gratulierten sie Abed und die Frauen brachen im Wohnzimmer in Freudengesänge und Jubelrufe aus. Abed schüttelte jedem der Männer die Hand, während Baklava und Gläser mit Cola herumgereicht wurden.

Asmahans Vater nahm Abed mit ins Haus. Sie gingen an den Frauen und Mädchen vorüber – es waren an die fünfzig: Schwestern, Cousinen, Mütter, Tanten, Großmütter und Nachbarinnen – und weiter bis zu einem Tisch mit zwei Stühlen darauf. Asmahan stand in einem rosafarbenen Kleid auf dem Tisch, mit aufwendig frisiertem Haar. Abed, in einem schwarzen Anzug, stieg zu ihr hinauf. Eine von Abeds Schwestern reichte eine Schachtel mit dem Goldring, der Halskette, den Ohrringen, der Uhr und dem Armband, die Abed seiner Verlobten anlegen sollte. Sie würde im Austausch Abed den silbernen Ring anstecken und dann würden sie auf den erhöhten Stühlen sitzen, während die Frauen um sie herumtanzten.

Als er Asmahan den goldenen Ring an den Finger steckte, entstand hörbar Unruhe. Da die gespannten Blicke dutzender Frauen auf ihm ruhten, wagte er nicht zu schauen, wer den Lärm verursachte. Es war Ghazl. Sie war mit Tränen in den Augen aus dem Zimmer gestürzt und zwei Cousins liefen ihr nach. Die Tür eines der Schlafzimmer knallte. Abed hatte sie nicht hinausrennen sehen – er hatte nicht einmal gewusst, dass sie da war. Wenn doch, wäre er ihr vielleicht nachgelaufen.

Wäre Ghazl zu Hause geblieben, hätten ihre Verwandten wohl vermutet, sie hinge immer noch an Abed. So sah sie sich gezwungen, der Verlobung beizuwohnen und eine stoische Ruhe und Gleichgültigkeit vorzutäuschen. Stattdessen verlor sie die Fassung, als Abed ins Zimmer kam, und machte vor all den Frauen eine Szene. Als er auf dem Tisch stand, hatten ihre Cousinen ihr noch zugeflüstert, sie dürfe niemanden ihren Kummer sehen lassen. Im nächsten Augenblick steckte Abed Asmahan den Ring an und Ghazl floh von der Zeremonie.

Nur wenige Wochen später fand ihre eigene Verlobung statt. Sie willigte ein, einen jungen Mann von nebenan zu heiraten, der zur Fatah gehörte. In einem ihrer alten Briefe an Abed hatte sie geschrieben, dass sie diesen Mann von allen Menschen in Anata am meisten hasste. Ihr Freund Khulood riet ihr, Abed noch eine Chance zu geben. Es sei noch nicht zu spät. Abed sei noch nicht verheiratet, nur verlobt. Er könne immer noch zu ihr zurückkehren. Sie seien so lange zusammen gewesen, Ghazl solle die Hoffnung nicht verlieren. Der Mann, der ihr den Antrag gemacht hatte, sei – wenn auch intelligent und gebildet, ein Mathematiklehrer – nicht derjenige, den sie wollte, keine geeignete Partie.

Khuloods Bruder, ein Freund von Abed, überbrachte Ghazls Antwort. Sie habe den Antrag nicht wegen des Charakters ihres Nachbarn angenommen, sondern wegen seiner Gesinnung. Und überhaupt, Abed sei nun verlobt und sie könne nicht zu ihm zurück. Er habe gesagt, sie sei für ihn wie eine Schwester. *Khalas*, erledigt.

Im Laufe der Jahre dachte Abed so manches Mal daran, wie alles hätte sein können. Wenn Ghazl nur auf Khulood gehört hätte. Wenn nur jemand ihm den gleichen Rat erteilt hätte. Eine Verlobung aufzulösen war nicht gerade ein Skandal. Das passierte andauernd. Wenn er und Ghazl wieder zusammengekommen wären, hätte das jeder verstanden. Selbst Asmahan und ihre Eltern, die von ihrer Beziehung wussten. Er gab auch Naheel die Schuld. Sie hätte ihm das Bild von Asmahan nicht zeigen, hätte nicht von anderen Frauen anfangen sollen. In diesem Moment wäre er bereit gewesen, jede zu heiraten. Ja, sie hatte seine Verletzlichkeit ausgenutzt.

Erst zwei Jahrzehnte später, als Ghazl Kinder hatte und auch Abed und Haifa ihre Jungs hatten, sollte Abed herausfinden, wer eigentlich die Schuld trug. Er war gerade mit Abu Hassan in der Stahlfabrik von Anata, draußen beim Kaffee, und hörte einer seiner alten Geschichten zu. Als Abu Hassan zur Pointe kam, grinste er breit. Abed liebte dieses Lächeln.

„Onkel“, sagte er, „Ich möchte dich gern etwas fragen, was mir keine Ruhe lässt. Weißt du noch, als ich Ghazl einen Antrag gemacht habe?“

„Ja – und nicht zurückgekommen bist.“

„Ich möchte erklären, warum.“ Abed wiederholte, was Layla ihm gesagt hatte.

Abu Hassan fuhr wütend von seinem Stuhl auf. „Ich soll das gesagt haben? Niemals! Ich gehe sofort zu Layla!“

Abed war nicht überrascht. Er hatte bereits vermutet, dass Layla ihn belogen hatte. Als Abu Hassan es nun bestätigte, empfand er einen Anflug von Bedauern. Er hatte seinem Stolz erlaubt, seines und Ghazls Leben auf den Kopf zu stellen. Wenn er doch bloß zu ihrem Vater gegangen wäre, dann wären Ghazl und er zusammengekommen. Abed beruhigte Abu Hassan und sagte, es spiele keine Rolle mehr. Es habe eben nicht sein sollen.

Abed und Asmahan heirateten ein Jahr nach der Verlobung. Obwohl Abed sich als Erster verlobt hatte, fand Ghazls Hochzeit vorher statt. In Anata kreuzten sich oft ihre Wege, doch sie sprachen beide kein Wort. Ghazl errötete im Vorübergehen, ihre Wangen färbten sich so heftig, dass er es selbst im Vorbeifahren sehen konnte. Wenn sie ihn direkt anblickte, sah Abed den Vorwurf in ihren traurigen Augen. Lange nach ihrer Trennung, lange nachdem sie bereits Familien hatten, stand die Anklage immer noch im Raum. Es war wegen ihm, dass sie nun dieses Leben führen musste, weil er ihr gemeinsames für immer ruiniert hatte.

5

Sowohl Abed als auch Ghazl heirateten 1993, das Jahr, in dem Israel und die PLO die Osloer Verträge unterzeichneten, welche der Intifada ein Ende bereiteten und die Palästinensische Autonomiebehörde, die *sulta*, ins Leben riefen, die in den dicht besiedelten Ballungsräumen von Gaza und dem Westjordanland über eine begrenzte Selbstverwaltung verfügte.

Ghazl und ihr Mann waren im Bildungsministerium der *sulta* in Ramallah angestellt. Es kam ein Jahr, da betrat Abed gegen Ende des zweiten Semesters ihr Büro. Sein Neffe bereitete sich auf den Abschluss der höheren Schule und die Abschlussprüfungen vor, das *tawjihi.* Vor Kurzem hatte er sich in Jordanien wegen eines Hirntumors einem Eingriff unterzogen. Die Operation war gut gegangen, aber er hatte heftige Sehstörungen zurückbehalten, die laut ärztlichem Befund vermutlich mit der Zeit nachlassen würden. Noch konnte er jedoch nicht gut genug sehen, um das *tawjihi* abzuschließen. Abeds Schwester hatte ihn gebeten, nachzuforschen, ob ein spezielles Prüfverfahren infrage käme.

Er fuhr nach Ramallah und hielt an einer Telefonzelle am Uhrenturm-Platz, um beim Ministerium anzurufen. Eine Sekretärin gab ihm die Nummer der Abteilung für schulische Gesundheit. Als er durchkam, hörte er eine bekannte Stimme.

„Hallo, *marhaba*“, sagte eine Frau.

Abed antwortete nicht.

„*Ahlan,* hallo“, wiederholte die Frau.

„Einen Augenblick“, antwortete Abed. „Ich kenne dich.“

„Wer ist da?“, fragte sie.

Abed zögerte. „Ist da Ghazl?“

„Ja“, sagte sie gedehnt und erkannte seine Stimme dann ebenfalls. „Ah, Abed.“ Sie hatten seit dem Tag auf den Stufen zum YMCA nicht mehr miteinander geredet.

„Ich muss mit dir sprechen, es geht um meinen Neffen. Wo ist dein Büro?“

Ein paar Minuten später war Abed vor Ort. An der Rezeption wies man ihm den Weg zu Ghazls Abteilung. Ein Zimmer war leer, im zweiten saß ein Mann. Ghazl sei auf der Toilette, sagte er, und käme gleich zurück. Abed solle warten.

Als Ghazl erschien, waren ihre Augen verschwollen und rot. Es war klar, dass sie geweint hatte. Ein weiterer Angestellter betrat das Büro, was die Anspannung und die peinliche Förmlichkeit nur forcierte. Abed entschuldigte sich bei Ghazl für die Störung und beschrieb dann die Situation seines Neffen. Er konnte sehen, wie sehr sie unter seiner Anwesenheit litt, zuerst ins Stottern kam und dann sichtlich Mühe hatte, ruhig zu reden. Doch sie versprach, ihr Bestes zu tun, um dem Jungen zu helfen. Ihr so zuzusetzen, das hatte Abed nicht gewollt. Auch hatte er unterschätzt, wie schwer die Begegnung für ihn selbst sein würde. Um sie schnell zu beenden, dankte er Ghazl und sagte, es sei ihm nicht möglich, selbst noch einmal ins Ministerium zu kommen. Sie solle sich doch bitte mit den Eltern des Jungen in Verbindung setzen.

Danach musste Abed ständig an sie denken. Seine Gedankenverlorenheit konnte niemandem verborgen bleiben, Asmahan eingeschlossen. Es war nicht so, dass er seine Frau nicht liebte. Sie war schön, liebenswürdig, fürsorglich, eine gute Köchin und eine hingebungsvolle Mutter für ihre Tochter Manolia, genannt Lulu, die anderthalb Jahre nach der Hochzeit zur Welt gekommen war. Auch seine Mutter und seine Schwestern liebten Asmahan. Aus ihrer Sicht war sie die perfekte Ehefrau. Doch so sehr seine Familie sie auch schätzte, das reichte nicht. Er wollte mehr als eine gute Mutter, eine gute Köchin. Und auch mehr als Schönheit. Asmahan war Ehefrau und Gefährtin. Aber keine Geliebte und Partnerin.

Abed kam es so vor, als sei das Versagen seines Vaters erblich, der ebenfalls seine Angebetete verloren hatte und bei einer Frau gelandet war, die er nicht auf dieselbe Art lieben konnte. Auch sein Vater war in seiner Ehe zufrieden, aber nicht erfüllt. Abed hatte seine Eltern stets als gegensätzlich wahrgenommen, charakterlich war sein Vater so stark, wie seine Mutter schwach war. Bei seiner Beziehung zu Asmahan war es das Gleiche. Sie konnte sich bei den einfachsten Dingen nicht entscheiden. Was auch immer Abed sagte, die Antwort lief sinngemäß stets auf ein „Wie du willst" hinaus. Mit Ghazl wäre das ganz anders gewesen.

Der Fehler lag nicht bei Asmahan, das musste er sich vor Augen halten. Er hatte sich für sie entschieden, nicht umgekehrt. Sie war unschuldig und zeigte für Abeds Neigung zu Ghazl sogar Verständnis. Sie sprachen ganz offen darüber. Fiel irgendwo Ghazls Name, wurde Abed sofort hellhörig. Wenn seine Eltern und Geschwister eine Liebesgeschichte erzählten oder sie miteinander einen romantischen Film anschauten, beäugten sie ihn mit prüfenden Blicken. Und ebenso Asmahan. „Ich hoffe auf den Tag, an dem du mir sagst, du liebst mich mehr als Ghazl", sagte sie einmal. Sie sagte das nicht verbittert, sondern ganz ernst.

Abed wurde von Gewissensbissen gequält. So behandelt zu werden, von ihrem Ehemann permanent gemieden zu werden, das hatte sie nicht verdient. Er war so wenig daheim wie möglich. Die Arbeit auf dem Bau hatte er aufgegeben und stattdessen zwei Jobs angenommen, einen bei der israelischen Telefongesellschaft Bezeq und einen als Koch im Askadinya, einem Restaurant in Scheich Dscharrah, das nach dem Loquatbaum in seinem Speisesaal benannt war. Abed arbeitete bis nachmittags bei Bezeq, wo er eine Monteurkolonne beaufsichtigte, die in ganz Ostjerusalem Telefonleitungen reparierte, von Dahiyat a-Salaam und dem Shuafat-Lager bis hin zum Ölberg und in die Altstadt. Dann fuhr er nach Hause, um sich abzuduschen und die Kleider zu wechseln, und schon ging es weiter ins Restaurant.

Er kehrte nicht vor Mitternacht heim. Nach dem Ende seiner Schicht zog er mit seinem Freund Midhat los, dem Koch des Askadinya. Midhat hatte Abed das Kochen beigebracht und ihn binnen weniger Monate vom Tellerwäscher zum Sous-Chef gemacht. Sie gingen die Tayelet entlang, die Promenade, die Israel auf besetztem Land im Stadtteil Jabal Mukaber angelegt hatte, genossen die kühle Nachtluft und den grandiosen Anblick der Altstadt mit dem angestrahlten goldenen Felsendom im Zentrum. Oder sie gingen nach Musrara, das Viertel am Damaskus-Tor, und kauften frisch gebackene Jerusalemer Ka'ek, Sesambrotringe, die sie für die Belegschaft des Askadinya mitnahmen. Egal wie lange Abed fortblieb, Asmahan wartete stets mit dem Abendessen. Es war die einzige Gelegenheit, mit ihm Zeit zu verbringen. Sogar das ruinierte er manchmal, indem er Midhat mit nach Hause brachte, aber auch dann servierte Asmahan ihnen gefällig ihr Makluba, Musakhan oder Mansaf. Dieses Leben, dachte Abed, muss für sie schrecklich sein. Sie ertrug es still, beklagte sich nur selten.

Nach der Geburt ihrer zweiten Tochter Fatima, genannt Fufu, dachte Abed manchmal darüber nach, sich eine weitere Frau zu nehmen. Nach jordanischem Recht, das in den Familiengerichten von Ostjerusalem nach wie vor galt, durfte er vier haben. Kein Mann seiner oder der Generation seines Vaters hatte mehr als eine Ehefrau, und in Anata würde ihm mit Sicherheit heftiger Widerstand, wenn nicht Ächtung blühen, vonseiten der Frauen, denen wenig daran gelegen war, dass ihre Ehemänner und Söhne einem solchen Beispiel folgten. Doch diesen Preis war er bereit zu zahlen. Es musste unbedingt etwas passieren. Die Heirat mit Asmahan hatte ihrer beider Leben und selbst das von Ghazl ruiniert. Er mochte es verdienen, für seinen Fehler bestraft zu werden, aber doch nicht gleich lebenslänglich.

An Scheidung dachte er nie. Er wollte sich Asmahan gegenüber anständig verhalten, so anständig wie nur möglich, und Scheidung hätte für sie bedeutet, zu ihren Eltern zurückzukehren und unter deren Kontrolle zu leben oder, falls sie erneut heiratete, von ihren Kindern getrennt zu sein. Er hatte vor, sie weiterhin zu unterstützen. Sie sollte mit den Töchtern in seinem Elternhaus leben und seine neue Frau in seinem Haus in Dahiyat a-Salaam. Dann könnte er drei Nächte die Woche mit Asmahan verbringen und vier mit seiner zweiten Frau. Asmahan wäre darüber nicht glücklich, doch das war sie ohnehin nicht. Sie beide nicht.

Abed machte keinen Hehl aus seinem Plan, erneut zu heiraten. Er erwähnte es vor Asmahans Eltern, die es für einen Scherz hielten. Er brachte es vor Asmahan zur Sprache, die der Maxime der alten Frauen von Anata anzuhängen schien: Schenke einem Ehemann viele Kinder und er wird dich nie verlassen. Sie hatte im Zeitraum von dreieinhalb Jahren drei Töchter geboren, die jüngste erst kürzlich. Abed meinte, es sei Zeit für eine Pause. Er hatte zwei Jobs und zu Hause ein Neugeborenes, ein Baby und ein Kleinkind. Doch nur ein Jahr später rief sie ihn aus der Arztpraxis an und teilte ihm mit, sie sei wieder schwanger. Er legte im Askadinya den Hörer auf und stürmte durch die Küche an Midhat vorbei, der fragte, was los sei. „Es ist unglaublich“, sagte Abed. „Du brauchst nur zu niesen und diese Frau wird schwanger.“

Etwa zu dieser Zeit fingen für Abed auf der Arbeit die Probleme an. Bezeq feuerte viele Palästinenser aus dem Westjordanland mit grünen Ausweisen. Obwohl Abed gute Arbeit leistete und seine Vorgesetzten ihn schätzten, war sein Job nicht mehr sicher. Er war nicht nur ein Unerwünschter, der Besitzer eines grünen Ausweises, sondern vom Standpunkt einer staatlich-israelischen Gesellschaft, die von einem pensionierten Kommandeur des Westjordanlands geführt wurde, außerdem alles andere als ein vorbildlicher Angestellter. Unter palästinensischen Kollegen bezeichnete er Givat Shaul, wo sich die Bezeq-Zentrale in Jerusalem befand, als Deir Yassin – der Name des palästinensischen Dorfes, auf dessen Grund sie stand und wo 1948 von einer zionistischen paramilitärischen Einheit ein berüchtigtes Massaker verübt worden war. All seine Mitarbeiter machten es ebenso. Einen Auftrag im Haus eines Siedlers im Stadtteil Scheich Dscharrah hatte er abgelehnt.

Für Abed und die anderen Angestellten mit grünem Ausweis war die Gefährdung ihres Jobs bloß Teil eines übergeordneten Manövers, Palästinenser vom Großraum Jerusalem fernzuhalten. Die Osloer Verträge galten angeblich für einen Interimszeitraum von fünf Jahren und sollten zu weiteren Verhandlungen über die wesentlichen Punkte führen, den Status Jerusalems eingeschlossen. Im Vorfeld dieser Verhandlungen hatte Israel allen Grund, jeglichen Anspruch der Palästinenser auf die Stadt zu schmälern, ihre Zahl zu verringern, die Ansiedlung von Juden zu forcieren und die israelische Identität Ostjerusalems unumstößlich zu machen. Baugenehmigungen für Palästinenser wurden verweigert, Häuser wurden abgerissen, es gab Zwangsräumungen, über Nacht schossen neue Checkpoints aus dem Boden und der Zugang zur Stadt wurde noch stärker reglementiert. Tausende von Palästinensern, die in den annektierten Teilen Jerusalems lebten und blaue Ausweise hatten, welche eigentlich weitaus mehr Bewegungsfreiheit gewährten, verloren ihr Wohnrecht.

Abeds Bruder Nabeel war mit einer Frau in Dahiyat a-Salaam verheiratet, die einen blauen Ausweis besaß. Weil Nabeel einen grünen Ausweis hatte, durfte er nicht in den annektierten Teilen Jerusalems wohnen, deshalb lebte das Paar in Anata. Doch sie mussten auch eine Wohnung in Dahiyat a-Salaam behalten, damit Nabeels Frau ihr Wohnrecht in Jerusalem und ihren blauen Ausweis behalten konnte. Israel schickte regelmäßig Inspektoren, um sicherzustellen, dass sie wirklich dort lebte. Die Inspektoren und ihre Fahrzeuge waren in der Gegend wohlbekannt und so starteten die Bewohner hektisch Warnanrufe, sobald diese in Sicht kamen. Wenn Nabeels Frau einen solchen Anruf erhielt, lief sie in aller Eile hinüber in die Wohnung. Für das Verbrechen, mit ihrem Mann ein Stück die Straße hinunter zu leben, konnte sie vom Rest ihrer Familie und der Stadt abgeschnitten werden, in der sie geboren und aufgewachsen war.

Israels Politik, Palästinenser aus Jerusalem fernzuhalten, bedeutete für Abeds Freund Midhat, dass er das Askadinya aufgeben musste. Als Palästinenser aus Jordanien besaß er nicht einmal einen grünen Ausweis und konnte Israels erhöhter Kontrolle nicht länger entgehen. Er trat in einem Hotel in Ramallah die Stelle eines Kochs an, traf dort jemanden mit Verbindungen zum Amerikanischen Generalkonsulat und es gelang ihm, ein Visum für die Vereinigten Staaten zu bekommen. Midhat wurde erfolgreicher Besitzer einer kleinen Firma in den USA und dachte nie an eine Rückkehr.

Die einzigen Palästinenser, die Jerusalem uneingeschränkt und ohne Gefahr einer Abschiebung betreten durften, waren die mit israelischer Staatsbürgerschaft. Sie mussten nicht befürchten, ihr Wohnrecht zu verlieren, wenn sie ein Auslandsstudium antraten oder mit einem Ehepartner in eine benachbarte Stadt wie Anata oder Bethlehem zogen. In Anata redeten Männer bereits davon, Achtundvierziger-Palästinenserinnen zu heiraten, die so hießen, weil sie in dem Teil von Palästina geblieben waren, der nach 1948 zu Israel geworden war. Einige von Abeds Kollegen bei Bezeq hatten die Hoffnung, so könnten sie ihre Jobs behalten oder zurückbekommen. Zu jener Zeit war es für Ehepartner von Achtundvierzigern relativ leicht, ein dauerhaftes Wohnrecht oder die Staatsbürgerschaft zu erhalten, doch binnen zwei Jahren würde Israel das nahezu unmöglich machen. Abed hatte einen beduinischen Freund, der vor Kurzem eine zweite Frau mit israelischer Staatsangehörigkeit geheiratet hatte. Dieser Freund kannte viele Achtundvierziger-Familien im Norden und bot Abed bei der Suche nach einer zweiten Frau Hilfe an. Auch wenn die Ehe nicht funktionierte, so sagte er, hätte Abed zumindest seinen blauen Ausweis.

Abed ließ sich das durch den Kopf gehen. Eine solche Heirat würde ihm sowohl Sicherheit im Job als auch eine Verbindung nach Jerusalem verschaffen, egal welche neuen Auflagen Israel auch verhängen mochte. Der Aspekt der Nützlichkeit stand bei seinen Abwägungen im Vordergrund, aber er musste sich eingestehen, dass er in der Ehelichung einer zweiten Frau auch einen Befreiungsakt sah.

Abed besprach es mit Asmahan und ihren Eltern. Da es ihm dazu verhalf, seinen Job zu behalten, hatten sie keine Einwände. Er fuhr mit seinem beduinischen Freund nach Galiläa und traf sich mit den Eltern geeigneter Bräute. Er erwähnte dabei seine Kinder, behauptete aber, geschieden zu sein. Die dritte Familie kam aus einer Stadt unmittelbar nördlich von Nazareth, Kufr Kanna, wo Abed früher eine Zeit lang in einer Fabrik gearbeitet hatte. Der Name der jungen Frau war Jameela, was „sehr schön" bedeutete. Abed kam sie eher unscheinbar vor, doch offenbar war sie willensstark und selbstsicher und somit erfrischend anders als Asmahan. Mit ihren Eltern verstand er sich gut, besonders mit ihrem Vater, und noch am selben Tag waren Jameela und er verlobt. Bald darauf heiratete ihre Zwillingsschwester einen Mann mit einem grünen Ausweis aus Bethlehem.

Nach israelischem Recht war Polygamie verboten, und um Jameela heiraten zu können, musste er vor Gericht in Nazareth den Beweis erbringen, dass er geschieden sei. Abed erzählte Asmahan, es handele sich nur um eine Formalität, sie würden das vor dem Jerusalemer Gericht an der Saladinstraße erledigen und dort nur wenige Tage später, nachdem er in Nazareth gewesen war, wieder heiraten. Der Richter in Jerusalem war im Bilde und zeigte sich verärgert, doch die Rechtslage gab ihm keine andere Wahl, als der Bitte zu entsprechen.

Der nächste Schritt war die Planung der Hochzeitsfeier, ohne die das Paar trotz legaler Trauung nur als verlobt gelten würde. Abed war bemüht, sie aufzuschieben. Ganz offensichtlich liebte Jameela ihn, aber ebenso offensichtlich teilte er diese Gefühle nicht. Wenn sie seine Hand hielt und ihn küsste, dann wussten beide, dass er nicht mit dem Herzen dabei war. Eine Scheidung gleich nach Erhalt des blauen Ausweises kam ihm zunehmend abscheulich vor. Der Familie hatte er die Sache mit der Wiederheirat Asmahans verschwiegen und je mehr Zeit Abed bei ihnen verbrachte, desto schlechter fühlte er sich wegen der Täuschung. Jameelas Mutter und Vater hielten für ihre Tochter und den neuen Schwiegersohn ein Stück Land bereit und ermunterten Abed, dort ein Haus zu bauen, sobald er den blauen Ausweis besaß. Sie gingen sogar schon den Möbelkauf an.

Abed sah keinen Weg, diese Beziehung aufrechtzuerhalten. Die Wahrheit zu sagen, kam nicht infrage, aber weiter zu lügen ebenso wenig. Er blieb dabei, seine Besuche in Kufr Kanna zu verschieben, die ihm nun ohnehin erschwert wurden. Es war der Herbst des Jahres 2000 und der Auftakt zur zweiten Intifada. Sie war mit der ersten nicht zu vergleichen, die ein echter Aufstand gewesen war mit Generalstreiks, Massenprotesten, Boykottierungen und Akten zivilen Ungehorsams. Die zweite Intifada hatte sich im Unterschied dazu rasch militarisiert: Gleich zu Beginn verschoss Israel innerhalb weniger Tage eine Million Kugeln, woraufhin bewaffnete palästinensische Gruppen auf den Plan traten, was eine Massenbewegung beinahe unmöglich machte.

Der unmittelbare Anlass für den Aufstand war der provokative Besuch von Ariel Scharon, dem Fürsprecher der Siedler und Ex-Verteidigungsminister, auf dem Gelände der al-Aqsa-Moschee, der Proteste zur Folge hatte. Israel antwortete mit Gewalt: Vier unbewaffnete Palästinenser wurden getötet und mehr als 200 verwundet, viele darunter aus dem Shuafat-Lager oder aus Anata. Grob gesagt war diese Intifada der Gipfel jahrelanger tiefer Unzufriedenheit mit den Osloer Verträgen, die den Palästinensern weder Freiheit und Unabhängigkeit noch ein Ende der Besatzung gebracht hatten. Und sie hatten auch die Ausdehnung der Siedlungen nicht verhindern können, deren Population in den Jahren seit Unterzeichnung des ersten Abkommens um mehr als 70% gestiegen war.

In Wahrheit hatte Oslo Israels Ziel sogar noch gefördert, so viel Land wie möglich mit so wenigen Palästinensern wie möglich zu behalten. Die Abkommen hatten das Westjordanland in 165 Inseln beschränkter Autonomie zersplittert, alle umgeben von einem Meer israelischer Kontrolle. Gefangen auf diesen Inseln und bewacht von den Sicherheitskräften der Palästinensischen Autonomiebehörde, die sich Israel unterordnete, verhöhnten die Palästinenser die Machtlosigkeit ihrer Behörde, ihrer *sulta*, und nannten diese stattdessen *salata*, einen Salat. Der Aufstand brachte zahlreiche Panzer der IDF in die palästinensischen Städte, auch in den Verwaltungshauptsitz der *sulta* in Ramallah, wo Israel das Gelände belagerte.

Die einfachen Leute fürchteten um ihre Sicherheit und versuchten, sich aus der Schusslinie zu halten. Sogar Achtundvierziger sahen sich gefährdet. In der frühen Phase der Intifada erklärten sie sich öffentlich solidarisch mit den besetzten Gebieten und sahen sich dem Beschuss durch israelische Heckenschützen ausgesetzt. Zwölf palästinensische Bürger wurden getötet, unter ihnen ein Neunzehnjähriger aus Kufr Kanna. Hunderte erschienen bei seinem Begräbnis und demonstrierten gegen die Polizei. Anderswo in Galiläa blockierten Achtundvierziger Straßen, setzten Reifen in Brand und warfen Molotowcocktails. Eine staatliche Untersuchungskommission für die Massenproteste (nach israelischer Deutung die „Oktober-2000-Vorfälle") befand, die Einsätze von Scharfschützen und der Beschuss von nichtjüdischen Bürgern seien „ungerechtfertigt" gewesen.

Die strengen israelischen Beschränkungen der Bewegungsfreiheit machten es Abed nicht leicht, Anata zu verlassen. Vor der Intifada war davon die Rede gewesen, mit Jameela gemeinsam in Ramallah zu bleiben, zumindest bis ein Zusammenleben in Kufr Kanna möglich wurde. Das war nun undenkbar. Das Westjordanland war der letzte Ort, an dem Jameelas Eltern ihre Tochter sehen wollten. Sie hatten von Israels Abriegelung ganzer Städte im Westjordanland gehört, vom Raketenbeschuss der Kampfhubschrauber auf Gebäude in Ramallah und den Panzerangriffen auf Palästinenser in Beit Jala südlich von Jerusalem.

Sie gingen davon aus, Abeds immer seltenere Besuche beruhten auf Problemen, nach Israel einzureisen, was jedoch nur zum Teil der Wahrheit entsprach. Es war ebenso eine Flucht vor seinem schlechten Gewissen. Es wurde für ihn immer schmerzlicher, die Scharade mit Jameela fortzuführen, und im Laufe der Zeit auch immer schwerer, die Augen vor ihren sozialen und politischen Differenzen zu verschließen. Abed respektierte Jameela und ihre Familie, aber er mochte den Lebensstil der Achtundvierziger nicht, ihren gesellschaftlichen Umgang, ihre Gewohnheiten, ihr Hebräisch. Sie glichen zu stark den Israelis, sogar in einem Ort wie Kufr Kanna, den Abed als weniger korrupt einschätzte als andere Achtundvierziger-Städte in Palästina. Einmal, auf dem Weg nach Tiberias, zeigte Jameela auf eine Soldatenuniform und sagte, sie sehe gut aus.

„Gut?" Abed traute seinen Ohren nicht. „Sie sieht *gut* aus? Das ist die Uniform, die im Westjordanland auf uns schießt."

„Tut mir leid", sagte sie. „Es war nicht so gemeint."

„Du bist Palästinenserin", sagte er. „So kannst du nicht reden."

Neun Monate nach Beginn ihrer Beziehung hatte Jameela einen Autounfall. Abed erfuhr nichts davon. Seine Besuche lagen so weit auseinander, dass er erst einen Monat nach dem Unfall wieder zu ihr fuhr. Jameela war aus dem Krankenhaus entlassen worden und erholte sich zu Hause, als sie ihrer Mutter sagte, dass sie mit Abed so nicht weitermachen könne. Er hatte sich wochenlang nicht bei ihr gemeldet. Wie sollte sie sich da auf ihn verlassen?

Die Aussicht auf eine Trennung löste bei Abed nur Erleichterung aus. Er konnte nun mit dem Theater aufhören. Die Scheidung ging rasch über die Bühne, denn das Paar hatte weder die Hochzeit gefeiert noch miteinander geschlafen, demnach war ihre Ehe nicht vollzogen worden

– *zawaj bidun dukhul,* buchstäblich eine nichtangetretene Ehe. Jameelas Eltern machten ihm deshalb keine Vorwürfe. Ihr Vater mochte Abed so sehr, dass er erwog, ihm eine seiner Nichten vorzustellen, die gebildet und schön war und nicht weit entfernt wohnte. Doch Abed hatte seine Lektion gelernt. Ein blauer Ausweis war es nicht wert, jemandem das Herz zu brechen.

6

Als die zweite Intifada eskalierte, war Abed in seiner Arbeit stark auf den nahen Umkreis beschränkt, auf Orte außerhalb Jerusalems, vor allem Dahiyat a-Salaam und das Shuafat-Lager. Noch hatte er seinen Job bei Bezeq, auch ohne einen blauen Ausweis. Er war zweiunddreißig und Vater von vier Töchtern. Eines Tages wurde er auf der Straße von Ahmad angesprochen, einem Freund bei der Demokratischen Front. Er arbeitete bei einem Gemischtwarenladen in der Nähe, der seinem Schwiegervater gehörte. Er fragte, ob Abed in die Wohnung des Schwiegervaters kommen könne, um eine kaputte Telefonleitung zu reparieren. Die ganze Familie hatte unter dem Defekt zu leiden, denn es gab Söhne in den Vereinigten Staaten, die ängstlich die Nachrichten verfolgten und ihre Verwandten nicht erreichen konnten.

Der Schwiegervater war Abed wohlbekannt. Schließlich war er eine Respektsperson, der *mukhtar* von Dahiyat a-Salaam. Abed kannte auch seine Töchter. Sie lebten praktisch neben Ghazl und als Teenager hatte Abed ihnen Briefe für Ghazl gegeben. Der *mukhtar* wohnte gleich hinter dem Gemischtwarenladen, wo Abed sich die Hände wusch, bevor er die Wohnung betrat. Auf dem Weg zum Badezimmer begegnete ihm Haifa, eine der Töchter, die als Acht- oder Neunjährige heimlich Nachrichten an Ghazl weitergeleitet hatte. Abed sagte hallo, aber sie antwortete nicht. Wenn auch der Altersunterschied zwischen ihnen zu groß war, als dass Haifa ihn gut gekannt hätte, waren sie keineswegs Fremde. Sie kannte ihn als Mitglied der DFLP, wo sie ihn bei Veranstaltungen und Besprechungen gesehen hatte.

Als Abed, verstimmt wegen Haifas Abfuhr, aus dem Badezimmer kam, hörte er Ahmad rufen: „Haifa, sag deinem Vater, Abed ist hier wegen seines kaputten Telefons." Doch vor Ort konnte er den Grund für das Problem nicht finden. Er prüfte drinnen, auf dem Dach und dann wieder in der Wohnung, wo er schließlich den Fehler in der Leitung fand. Dabei begegnete er mehrmals Haifa und beobachtete sie im Kreis ihrer Familie. Sie erinnerte ihn an Ghazl, und das nicht nur, weil sie eine Hamdan war. Sie war scharfsinnig, geistreich, eigenständig und politisch bewandert – sie hatte alles, was Asmahan fehlte. Als Abed die Leitung repariert hatte, machte Haifa Kaffee und bediente ihn und ihren Vater. Im Laufe der nächsten Tage ging sie ihm nicht mehr aus dem Kopf.

Abed rief Ahmad an und sagte, er würde ihn gerne zu Hause besuchen.

„Stimmt irgendwas nicht?", fragte Ahmad.

Abed bekannte ganz offen seine Absicht, Haifa zu bitten, seine zweite Frau zu werden. Ahmad druckste damit herum, dass er sich lieber heraushalten wolle.

„Na schön", sagte Abed, „dann rede ich eben mit Haifas Schwestern."

Als Abed an diesem Abend erschien, redete sich Ahmad damit heraus, er sei müde. Dieser Feigling, dachte Abed. Haifas Schwestern waren in der DFLP und kannten Abed gut. Sie wussten auch von seiner Verlobung mit Ghazl und sogar von seiner unglücklichen Beziehung mit Asmahan. Abed schilderte ausführlich die Unstimmigkeiten in seiner Ehe und erklärte, was ihn an diesen Punkt gebracht hatte. Sieben Jahre lang habe er darauf gewartet, dass Asmahan sich als eine Person entpuppte, die sie einfach nicht war, und nun sei er entschlossen, sein Leben zu ändern und wieder zu heiraten. Das Zusammentreffen mit Haifa vergangene Woche habe zu der Hoffnung geführt, sie sei gewillt, mit ihm zu leben. Würden sie wohl in seinem Namen mit ihr reden?

Wafaa, Ahmads Frau, versprach es. „Ich hoffe, sie ist einverstanden", sagte sie.

„Warum *hoffe*?", fragte Abed. „Weil du denkst, sie könnte nein sagen?"

„Sie hat uns mehr als einmal gesagt, wie sie darüber denkt, dass Männer sich zweite Frauen nehmen", erklärte Wafaa.

Abed bat sie, trotzdem mit Haifa zu reden. „Du kennst mich. Du kennst meine Familie. Du kennst mein Leben", sagte er. „Dieses Schicksal verdiene ich nicht. Ich will auch endlich glücklich sein. Bitte sag ihr das."

Am nächsten Tag rief Ahmad an und bat Abed, herüberzukommen. Im Wohnzimmer gestand Wafaa, sie habe Bedenken gehabt, Haifa geradeheraus zu sagen, dass er ihr einen Antrag machen wolle. Stattdessen sei sie vorsichtig auf das Thema Heirat zugesteuert. Haifa hatte das Manöver durchschaut. Sie war neugierig gewesen, wer denn um ihre Hand anhalte.

„Er ist ein feiner Kerl", hatte Wafaa geantwortet. „Überall bekannt, respektiert, klug, stark. Unsere Familie mag seine Familie. Da ist nur eine kleine Sache …“

„Welche?“ Haifa war ungeduldig.

„Er ist verheiratet.“

„Sobald ich das gesagt hatte“, fuhr Wafaa fort, „wollte Haifa mich vor die Tür setzen. Ich hatte noch nicht mal deinen Namen genannt. Später, als sie sich beruhigt hatte, fragte sie dann. Als ich es ihr verriet, sagte sie: ‚Nein. Er ist nicht nur verheiratet, er hat auch Töchter.‘“

Wafaa stockte. „Ich sagte ihr, dass du sie im Laden und zu Hause gesehen hast, dass du an sie denken musstest, dein Leben verändern willst. Da fing sie an, Fragen zu stellen. Wir hockten vier Stunden zusammen, und schließlich hat sie eingewilligt.“

„Sie hat eingewilligt?“, fragte Abed.

„Ja. Aber unter einer Bedingung: Du darfst dich nicht von deiner Frau scheiden lassen. Sie will deine Familie nicht zerstören oder Asmahan verletzen.“

Am nächsten Morgen weckte Abed seine Eltern, um es ihnen mitzuteilen: Haifa, die Tochter des *mukhtar* von Dahiyat a-Salaam, würde seine zweite Frau werden. Sie war ausgerechnet die Tochter der alten Flamme seines Vaters, die Hamdan, die er nicht hatte heiraten dürfen. Ob ihre Familie einverstanden sei, wollte sein Vater wissen. „Du bist verheiratet und hast vier Töchter und du bist älter als sie. Sie ist wunderschön, ihr Vater ist *mukhtar* und ihre Brüder arbeiten in Amerika. Werden sie das wirklich akzeptieren?“

Haifa hatte zugestimmt. Abed sagte seinem Vater, er

solle sich anziehen – dann konnten sie gemeinsam zum Haus ihrer Eltern gehen. „Bist du verrückt?“, fragte sein Vater. „Das halbe Haus schläft sicher noch.“ Abed bestand darauf. Ganz Anata wäre gegen diese Heirat, da war er sich sicher. Zögerte er nur wenige Stunden, dann würde sich die Nachricht verbreiten und man würde Haifa und ihre Eltern womöglich drängen, den Antrag abzulehnen. Er merkte, dass seine Mutter dagegen war, nicht nur wegen dem, was Asmahan dabei zu erleiden hätte, sondern auch, weil es ihr aus Prinzip nicht gefiel, wenn Männer eine zweite Frau heirateten. Auch die anderen Frauen der Familie wären vermutlich wütend. Würden vielleicht kein Wort mehr mit ihm reden wollen. Haifas männliche Verwandtschaft hatte ihre eigenen Gründe, dagegen zu sein. Einige ihrer Cousins wollten sie vielleicht selbst heiraten. Deren Väter – ihre Onkel – mochten versuchen, die Hochzeit zu verhindern. Selbst wenn sie nichts gegen Zweitehen einzuwenden hatten, würden sie das als Vorwand benutzen.

Abeds Vater erklärte sich bereit, die Familie aufzusuchen. Abed vermutete, er hätte das bei jeder anderen Frau als der Tochter seiner ersten Liebe abgelehnt. Als sie vor Haifas Tür standen, hieß ihr Vater Abu Awni sie willkommen. „Es tut mir leid, dass wir so früh dran sind“, sagte Abeds Vater. „Aber mein verrückter Sohn, dieser übereifrige, kopflose Sohn, hat darauf bestanden. Ich denke, Sie wissen, warum wir hier sind.“

„Das weiß ich“, sagte Abu Awni. „Wir befassen uns mit dem Antrag, nachdem wir mit Haifa gesprochen haben.“

„Am besten sofort“, warf Abed ein.

„Sie schläft."

„Sie können sie doch wecken. Ich weiß, dass sie bereits zugestimmt hat. Sie können sie wecken und fragen. Wir können nicht noch einmal herkommen."

„Sie sind mir ja einer", sagte Abu Awni. Er trug seiner Frau auf, die Tochter zu holen. Haifa kam verschlafen aus ihrem Zimmer. Abu Awni fragte sie, ob sie damit einverstanden sei, Abed zu heiraten. Haifa lächelte und sagte ja. Abu Awni wandte sich an Abeds Vater und sagte: „Wenn Sie einen verrückten Sohn haben, dann habe ich eine verrückte Tochter."

Alle rezitierten gemeinsam die Fatiha. Abu Awni bat Abed, am Abend zurückzukommen, damit sie die Einzelheiten besprechen konnten.

„Welche Einzelheiten?", fragte Abed. „Sind Sie nun einverstanden oder nicht?"

„Ich bin einverstanden", sagte Abu Awni.

„Ist Haifas Mutter einverstanden?"

„Ja, sie ist einverstanden."

„Dann ziehen Sie sich bitte um. Wir müssen zum Gerichtsgebäude, den Ehevertrag unterzeichnen."

„Was? Jetzt?"

Abed wusste, dass Abu Awni bald zur al-Aqsa-Moschee aufbrechen würde, wo er jeden Tag verbrachte, und das Gericht lag auf dem Weg. „Wir können den Vertrag noch vor Ihren Gebeten unterzeichnen."

„Sind Sie verrückt?", sagte Abu Awni.

„Ja", sagte Abed, „ich bin verrückt."

Da Abeds Vater nicht mit ihnen gehen wollte, musste

Abed einen anderen Trauzeugen finden. Zwei waren nötig. Er wählte seinen Bruder Wa'el und einen Neffen, der in Scheich Dscharrah arbeitete. Sie unterzeichneten den Vertrag noch am selben Vormittag und danach ging Abu Awni zur al-Aqsa.

Die erste Person, die Abed einweihen wollte, war Naheel, und so ging er später am Nachmittag zu ihr. Naheel und Abu Wisaam sahen sofort, dass er bester Laune war. Er erzählte ihnen, dass er sich soeben verlobt habe. Abu Wisaams Gesicht erstarrte, ohne Zweifel dachte er an Asmahan, seine Nichte. Um wen es sich handele, wollte er wissen. Abed sagte, es sei ihre Nachbarin, Haifa, und dass sie den Vertrag bereits unterzeichnet hätten.

„Und was willst du dann von uns?", fragte Abu Wisaam.

Abed brauchte ihre Hilfe. Er wollte Asmahan die Neuigkeit nicht allein beibringen. Im Beisein Naheels und Abu Wisaams wäre es weniger wahrscheinlich, dass Asmahan eine Szene machen würde. Widerwillig lenkten die beiden ein. Abed ging zunächst nach Hause, um seine Töchter zu suchen und sie zu seinen Eltern zu bringen, damit sie nicht sahen, wie Asmahan traurig wurde, und kehrte dann mit Naheel und Abu Wisaam zurück. Asmahan hatte keinen Besuch erwartet und freute sich, ihren Onkel und Naheel zu sehen. Für sie war es also ein besonderer Anlass. Sie dachte, Abed hätte die Mädchen weggebracht, damit sie in aller Ruhe zu viert den Nachmittag verbringen konnten, und machte sich daran, für ihre Gäste den Tee zuzubereiten. Während sie in der Küche war, sagte keiner ein Wort. Normalerweise waren Abed, Naheel und Abu Wisaam stets zum Scherzen und Lachen aufgelegt. Asmahan kam der Verdacht, dass irgendetwas nicht stimmte.

Sie kehrte mit Gläsern voll gesüßtem Minztee zurück und setzte sich. Abed brach das unangenehme Schweigen. Schon seit Jahren, sagte er, habe er davon gesprochen, wieder zu heiraten. Nun habe er jemanden getroffen, jemanden auserwählt und sei gerade frisch verlobt.

„Mabrouk“, gratuliere, sagte Asmahan kalt. Sie begann zu weinen und ging ins Schlafzimmer, wohin Naheel ihr folgte. Sie billige Abeds Entscheidung nicht, sagte sie, genau wie Asmahan habe sie es auch eben erst erfahren. Naheel konnte Asmahan überreden, das Schlafzimmer zu verlassen, und sie und Abed gingen zu den Mädchen, während Abu Wisaam sich zu seinem Bruder begab, Asmahans Vater. Später am selben Abend erschien dieser voller Empörung, entschlossen, seine Tochter mit nach Hause zu nehmen. Abed weigerte sich, sie gehen zu lassen, und der Streit eskalierte, bis Abed ihren Vater schließlich vor die Tür setzte. Abeds Vater, der während der ganzen Auseinandersetzung ruhig geblieben war, tadelte Abed dafür, dass er so respektlos mit seinem Schwiegervater gesprochen hatte.

Abu Wisaam kam, um zu vermitteln, und bat Abed, Asmahan für diese Nacht zu ihren Eltern gehen zu lassen. Genug, sagte er, ihr Vater sei verärgert, die Situation kompliziert. Abed solle sie ihm für zwei oder drei Tage überlassen, damit sie alles gemeinsam mit ihrer Familie verdauen könne. Danach, versprach er, werde er sie wieder zurückbringen. Alles werde in Ordnung kommen.

Abed gab widerwillig sein Einverständnis in der Erwartung, Asmahan werde nach einigen Tagen wieder da sein. Stattdessen forderten ihre Eltern ihn auf, sich scheiden zu lassen. Sie verweigerten ihm, das mit ihr selbst zu besprechen, so sehr Abed auch darauf drängte, sie zu sehen oder wenigstens ans Telefon zu bekommen. Ihre Eltern lehnten ab und bestanden weiterhin auf einer Scheidung. Abed flehte sie an, Asmahan solle zu ihren Töchtern nach Hause kommen. Tage und Wochen vergingen ohne jeden Kontakt und ohne dass Asmahan ihre Töchter sah. Nach einem Monat erschien bei Abed ein alter Nachbar Asmahans, ein enger Freund ihrer Eltern. „Es wird Zeit, das zu beenden", sagte er. „Lassen Sie sich von Asmahan scheiden."

„Ich habe eine Bitte", sagte Abed. „Sprechen Sie allein mit Asmahan. Wenn sie selbst sagt, dass sie es so möchte, dann gehen wir am nächsten Morgen zum Gericht. Wenn sie bei ihrem Mann und ihren Töchtern bleiben will, hole ich sie wieder nach Hause. Bringen Sie ihre ehrliche Antwort in Erfahrung, ohne dass ihre Eltern zuhören, und berichten Sie mir die dann vertraulich."

Der Nachbar tat ihm den Gefallen und konnte nur bestätigen: Asmahan wollte die Scheidung. Abed fand, er hatte alles versucht. Wenn sie ihn wirklich verlassen wollte, dann würde er sie nicht daran hindern. Er hatte genug von diesem Elend. Es war höchste Zeit, ein neues Leben anzufangen. Er sagte dem alten Nachbarn, Asmahan und ihre Familie sollten ihn am nächsten Morgen im Gericht an der Saladinstraße treffen, und so geschah es. Asmahan weinte stumm, während ihr Vater seiner Wut auf Abed Luft machte. Er setzte den Richter darüber in Kenntnis, dass seine Tochter auf das Sorgerecht für ihre Kinder verzichtete, und Abed nickte zustimmend. Am Ende der Verhandlung war Abed geschieden und der alleinige Vormund von vier kleinen Mädchen.

Haifa bedauerte, dass Abed sich entgegen seinem Versprechen von Asmahan hatte scheiden lassen, nahm jedoch an, er habe keine andere Wahl gehabt. Er hatte Asmahan nicht durch Haifa ersetzen wollen, sie hatte eine Ergänzung sein sollen, um das Loch in seiner Brust zu füllen, das Haifa hinterlassen hatte. Dass Haifa Mutter seiner vier Töchter werden sollte, hatte er nie vorgesehen, aber genau das war nun geschehen. Obwohl Asmahan die Kinder weiterhin sehen durfte, betrachtete Haifa sie als ihre eigenen und zog sie auf. Nicht selten hatte Abed den Eindruck, sie liebten sie mehr als ihn.

Auch Haifas Eltern waren in Abeds Töchter ganz vernarrt. Ihre Mutter sah in dieser Heirat einen Akt der Vorsehung. „Schau dir unsere Leben an", sagte sie zu Abed. „Ich hätte deinen Vater heiraten sollen, doch das Schicksal wollte es nicht. Nun hast du meine Tochter geheiratet."

Abed schwor sich, noch einmal ganz neu anzufangen. Er wollte ein besserer Ehemann, ein besserer Vater, ein besserer Mensch sein. Zum ersten Mal in seinem Leben fing er an zu beten. Nicht in der alten Moschee von Anata, wo die *sulta* alles überwachte und den Gebeten der Imame jegliche politisch relevanten Inhalte entzog, sodass sie stattdessen mit peniblen Anweisungen langweilten, wie die Waschungen vor dem Gebet vorzunehmen seien. Abed ging lieber hinauf zu den Moscheen in Ostjerusalem, in Dahiyat a-Salaam und im Shuafat-Lager. Da bekam er Gebete von politischer Relevanz zu hören, weil diese Moscheen unter jordanischer Kontrolle verblieben waren und Israel und die *sulta* dort über wenig Einfluss verfügten.

Nach der Hochzeit von Haifa und Abed ging auch Asmahan eine neue Ehe ein, mit einem Offizier der Sicherheitskräfte der *sulta*. Dieser erlangte so die Erlaubnis für einen Umzug von Gaza ins Westjordanland, der von israelischer Seite nur selten bewilligt wurde. Er war ein ganzes Stück älter als Asmahan und schon kränklich. Als er etwa ein Jahr nach der Hochzeit starb, blieb sie allein mit einer kleinen Tochter zurück.

An diesem Punkt legte Haifa Abed nahe, Asmahan erneut zu heiraten. Ihren Witwenstand betrachtete sie als ein Zeichen. Nun könnte er das von Asmahan schuldlos erlittene Unrecht wiedergutmachen. Sie war traurig und ganz allein, hatte niemanden außer ihrem Baby. Sie konnte Abeds finanzielle Unterstützung gebrauchen.

Haifas Mitgefühl rührte Abed. Es gab nicht viele Frauen, die einen solchen Vorschlag gemacht hätten. Er erklärte sich einverstanden, mit Asmahan zu reden. Er war sicher, sie würde ja sagen, nicht nur weil sie in ernsten Schwierigkeiten war, sondern auch, weil sie ihn noch liebte. Ihre Eltern lehnten jedoch ab und so blieb Asmahan allein.

Weniger als ein Jahr nach der Hochzeit wurde Haifa schwanger. Ihr Arzt war in Jerusalem, jenseits des Checkpoints. Zu jener Zeit hatten alle Palästinenser in Anata und

Jerusalem ohne Weiteres Zugang zum städtischen Krankenhaus. Obwohl es aufwändig war, den Checkpoint zu passieren, entschieden sich die meisten schwangeren Frauen für Jerusalem, weniger wegen der besseren Betreuung, sondern vielmehr um die Bindung der nächsten Generation an die Hauptstadt sicherzustellen, das Herz der palästinensischen Heimat. Als Haifa einige Wochen zu früh erste Wehen bekam, brachte Abed sie und ihre Eltern in einem Sammeltaxi zum Hauptcheckpoint beim Shuafat-Lager. Die Grenzpolizei sah, dass sie Wehen hatte, verweigerte aber trotzdem die Durchfahrt. Abed wies den Fahrer an, es stattdessen beim zweiten Checkpoint am anderen Ende des Flüchtlingslagers zu versuchen, in Ras Khamis.

Dort wandte sich Abed an zwei Grenzpolizisten, eine Frau und einen Mann. Auch sie konnten sehen, dass Haifa Wehen hatte. Die Polizistin fragte nach Zigaretten, und als Abed ihr zwei gab, eine für sie und eine für ihren Kollegen, ließ sie den Wagen passieren. Auf der Straße zum Checkpoint dienten große Betonblöcke als Durchfahrtsperren. Haifa musste mit ihren Eltern aussteigen und sich zu einem Taxi auf der anderen Seite schleppen. Abed trug seine Arbeitskleidung und hatte seinen grünen Ausweis nicht bei sich. Er sagte der Wachhabenden, dass Haifa und ihre Eltern zum Krankenhaus des Roten Halbmondes in a-Suwana weiterfahren würden, gleich östlich der Altstadtmauern. Er selbst werde nach Hause fahren, duschen, seinen Ausweis holen und mit einem anderen Taxi zurückkommen. Sie war bereit, ihn durchzulassen, wenn er eintraf.

Bald darauf war Abed wieder am Checkpoint und erinnerte die Polizistin an ihr Versprechen. Sie verlangte zwei weitere Zigaretten und ließ ihn passieren. Als Abed die Entbindungsstation erreichte, hatte Haifa bereits ihren gemeinsamen Sohn geboren. Sie entschlossen sich, ihn Adam zu nennen, nach dem Stammvater der Menschheit. Drei Jahre später gebar Haifa noch einen Jungen, diesmal im Makassed-Krankenhaus auf dem Ölberg. Er war kleiner und zarter als Adam. Sie nannten ihn Milad, „Geburt".

Zweiter Teil

Zwei Feuer

7

Am Morgen des Unfalls verließ Huda Dahbour ihre Wohnung in Ramallah und kämpfte sich durch Regen und Wind, um am Uhrenturm-Platz ihre Mitarbeiter zu treffen. Als Endokrinologin und alleinerziehende Mutter von einundfünfzig Jahren führte sie eine mobile Krankenstation der UNRWA[4], des Hilfswerks der Vereinten Nationen für Palästina-Flüchtlinge im Nahen Osten. In dieser Funktion war sie sechzehn Jahre lang tätig gewesen und hatte im UNRWA-Hauptquartier von Jerusalem in Scheich Dscharrah gearbeitet, bis Israel es ihr unmöglich machte, in die Stadt zu gelangen. Deshalb behandelte sie nun ihre Patienten in einer mobilen Klinik im Westjordanland.

Drei Angehörige ihres Ärzteteams erwarteten sie am Uhrenturm-Platz. Laut Plan machten sie ihren regelmäßigen Besuch im Beduinenlager von Khan al-Ahmar. Sie stiegen in den Minibus und begrüßten den Fahrer, Abu Faraj, einen Beduinen mit weißem Haar und weißem Schnurrbart. Zusätzlich zu seinem Fahrdienst fungierte er als eine Art kultureller Ratgeber und half Huda und ihrem Team, mit lokalen Rivalitäten und Stammessitten klarzukommen.

In Khan al-Ahmar lebten Beduinen des Jahalin-Stammes, die man in den Jahren nach der Gründung Israels aus der Wüste Negev verjagt hatte. Von den zehntausenden Negev-Beduinen waren die meisten im Jahr 1948 gewaltsam vertrieben worden und ins Westjordanland, nach Gaza und in angrenzende Länder geflohen. Während der vier Jahre nach dem Krieg verbannte Israel rund 17 000 weitere. Insgesamt hatte man 85 % der Bevölkerung umgesiedelt. Die in der Negev-Wüste Verbliebenen hatte man in ein Reservat gesperrt, das *siyaaj*, der Zaun, und ihr Land konfisziert. Gemeinsam mit der Mehrheit der palästinensischen Bürger Israels lebten sie achtzehn Jahre lang unter der Herrschaft einer Militärregierung, die Ausgangssperren, Reisebeschränkungen, Verbote politischer Parteien und Haftstrafen ohne Verhandlung verhängte und Sicherheitszonen sperrte.

Mit vorgehaltener Waffe gezwungen, die Negev-Wüste zu verlassen und ins Westjordanland auszuweichen, machten sich die Jahalin-Beduinen auf nach Norden zu den kargen Hügeln außerhalb Jerusalems. Doch auch von dort wurden sie vertrieben, um für die Siedlung Ma'ale Adumim Platz zu machen. Als sie Khan al-Ahmar erreichten, baten sie den Besitzer des Landes, Abeds Großvater, um die Erlaubnis, sich niederlassen zu dürfen. Zunächst lehnte er ab. Wie viele in Anata misstraute Abeds Familie den Beduinen der Region. Einige von ihnen eigneten sich fremden Besitz an, bedienten sich an Nahrungszuteilungen der UN, um damit Geschäfte zu machen, und scherten sich nicht um Rechnungen für kommunale Dienstleistungen, mit der Begründung, dass bürgerliche Praktiken wie Steuerabgaben nicht zu ihren beduinischen Gebräuchen gehörten.

So oder so besetzten sie Khan al-Ahmar. Irgendwann erst wurde sich Abeds Großvater bewusst, was für einen Wert ihre Präsenz auf seinem Land eigentlich hatte. Da er es selbst nicht mehr betreten durfte, machte nun die

Anwesenheit der Beduinen die israelische Enteignung problematisch. Siedler sahen in dem Lager einen Schandfleck und israelische Landschaftsplaner wollten die Gegend von Palästinensern befreien. Als Israel für die rostigen Blechbaracken und das aus Autoreifen bestehende Schulhaus Abrissverfügungen erließ, erbrachte Abeds Familie Dokumente zum Beweis dafür, dass die Beduinen sich auf dem Land der Salamas aufhalten durften.

Huda tat für die verarmten Beduinen, was sie konnte. Es war ihr verboten, ihre Ziegen zu behandeln oder die Leute in UN-Fahrzeugen mitzunehmen, um Vorräte zu kaufen, aber sie tat es dennoch. Bei der UN war sie dafür bekannt, ihr Gewissen über Regeln zu stellen. Trotz wiederholter Warnungen durch ihre Vorgesetzten, was politisches Engagement betraf, brachte Huda ihre Mitarbeiter dazu, gegen israelische Attacken auf Gaza zu protestieren, und einmal auch dazu, weiblichen politischen Gefangenen bei ihrer Entlassung aus israelischen Gefängnissen Blumen zu übergeben. Als die UNRWA wegen Kostensenkungsmaßnahmen die pränatale Behandlung nur noch Risikopatientinnen zugestand, stellte Huda jeder schwangeren Frau, die ihr begegnete, einen Bescheid aus. Von ihrem Vorgesetzten zur Rede gestellt, gestand sie stolz ihre Überschreitung ein und gelobte, auch weiterhin so zu verfahren, bis die Bestimmungen geändert würden.

Bei der Abfahrt vom Uhrenturm-Platz setzte Abu Faraj den Scheich von Khan al-Ahmar telefonisch darüber in Kenntnis, dass Huda mit ihrem Team auf dem Weg war.

Die Dorfbewohner hatten ein Zelt für die Willkommenszeremonie hergerichtet, um sie zu begrüßen, bevor der UN-Stab die Frauen, Kinder und Männer behandelte. Auf dem Weg Richtung Süden sang das Team wie so oft bei den Liedern von Hudas Lieblingssängerin Fairuz mit. Nachdem sie angehalten hatten, um im Qalandia-Flüchtlingslager den Datenerfassungsbeauftragten aufzulesen, sagte Nidaa, die Pharmazeutin, ihr sei schlecht. Huda fand, dass sie blass aussah. Nidaa war noch jung, Mutter zweier kleiner Kinder und hochschwanger mit einem dritten. Huda bat Abu Faraj, rechts ranzufahren, damit sie ihr etwas zu essen besorgen konnten. An einem Kreisverkehr bogen sie ab und fuhren nach a-Ram, ein Stadtgebiet mit Blick auf die Siedlung Neve Yaakov, das an drei Seiten an die Sperranlage grenzte. Es war kalt, nass und trostlos. Sie tranken Tee und aßen Ka'ek mit Zatar und Falafel. Um noch rechtzeitig nach Khan al-Ahmar zu kommen, verließen sie a-Ram über die Jaba-Straße, wo sich ihnen plötzlich ein furchtbarer Anblick bot: Ein Schulbus lag mit den Türen nach unten auf der Seite, der vordere Teil stand lichterloh in Flammen.

Die Jaba-Straße war eigentlich für die Siedler gebaut worden, damit sie auf dem Weg von und nach Jerusalem nicht durch Ramallah fahren mussten. Es gab viele solcher Umgehungsstraßen, die den Pendlern Zeit ersparen, ihnen ein Gefühl der Sicherheit geben und den Eindruck erwecken sollten, auf dem Weg von der Stadt bis zu den Siedlungen befände man sich durchgängig auf jüdischem Terrain. Nachdem Israel neue Umgehungsstraßen gebaut hatte, wurde diese hauptsächlich von Palästinensern genutzt. Man hatte sie durch Steilhänge getrieben, die eine tiefe Schlucht mit hohen Felswänden zu beiden Seiten bildeten. Das Dorf Jaba lag oben auf der einen Seite, a-Ram auf der anderen. Die Straße führte zweispurig in Richtung des Qalandia-Checkpoints und in der Gegenrichtung einspurig zum Jaba-Checkpoint, und es gab keine trennende Fahrbahnmarkierung. Die eine Spur in Richtung Osten diente etwa 200 000 Menschen als Hauptroute um das abgeschirmte Jerusalem, doch der Jaba-Checkpoint war nicht durchgehend besetzt. Soldaten waren dort nur morgens und abends eingesetzt, um den Zufluss des palästinensischen Verkehrs auf eine auch von Siedlern genutzte Straße zu drosseln. Zur Hauptverkehrszeit war die Jaba-Straße also mit einer langen Schlange palästinensischer Busse, Lkw und Autos völlig verstopft. Wenn Fahrer sich dem Engpass näherten, nachdem sie dem unerträglichen Stillstand bei Qalandia endlich entkommen waren, scherten einige auf die Gegenfahrbahn aus, um langsame Fahrzeuge zu überholen. Das hatte bereits zu so vielen Unfällen geführt, dass die Verkehrsader auch „Todesstraße“ genannt wurde.

Huda bat Abu Faraj, am Straßenrand zu halten. Menschen stiegen aus ihren Autos und sammelten sich um den umgestürzten Schulbus. Da die Straße nass und ölig war, brachte Abu Faraj den Transporter seitlich zum Stehen, um zu verhindern, dass ankommende Fahrzeuge in die Menge schlitterten. Huda und ihr Team sprangen aus dem Wagen und liefen zum Vorderteil des Busses. Dahinter konnten sie einen Sattelzug sehen, der diagonal über zwei der drei Fahrbahnen hinweg zum Stehen gekommen war.

Salem, einer der Schaulustigen, wohnte nur wenige hundert Meter entfernt, sprach aber mit dem starken Akzent derer aus Hebron. Er hatte seine Kinder am Morgen wegen des Dauerregens und des dichten Nebels zu Hause behalten. In seinen ganzen achtunddreißig Jahren hatte er noch nie einen solchen Regen erlebt. Er war auf dem Weg zur Arbeit gewesen, als er den umgestürzten Bus sah, sein Auto mitten auf der Straße stehen ließ und dorthin rannte.

Huda rief Salem und einigen anderen Männern in der Nähe zu, den Fahrer herauszuholen, der dem Feuer sehr nahe war. Als sie an ihm zerrten, schrie er sie an, sie sollen die Kinder und ihre Lehrerinnen retten. Bis dahin hatte Huda noch gar nicht bemerkt, dass Kinder im Bus waren. Ihre Kollegen erinnerten sich später an die Schreie der Kinder, doch Huda hatte sie entweder aus dem Gedächtnis gestrichen oder einfach ausgeblendet. Gemeinsam mit Salem versuchten sie, den Fahrer herauszuziehen, der feststeckte und dessen Beine bereits dem Feuer ausgesetzt waren. Als sie ihn schließlich befreien konnten, löschte der Regen die Flammen.

Sie legten ihn mit rauchenden Knien am Straßenrand ab und eilten zurück zum Vorderteil des Busses, um nun eine der Lehrerinnen herauszuholen, die hinter ihm gegessen hatte. Als sie nach ihr griffen, schrie sie, man solle zuerst die Kinder retten. Daraufhin begann Nidaa von Krämpfen geschüttelt zu kreischen. Huda drängte sie zurück in den UNRWA-Transporter und befahl ihr, dort zu bleiben.

Währenddessen regelte Abu Faraj den Verkehr und hielt für den Abtransport der Verwundeten eine Gasse frei. Dann rannte er an dem brennenden Bus und dem quergestellten Sattelzug vorbei zum Jaba-Checkpoint in wenigen hundert Meter Entfernung, um die Soldaten dort anzuflehen, bei der Rettung zu helfen. Der Rauch war auch vom Checkpoint aus zu sehen, aber die sichtlich schockierten Soldaten riefen ihm zu, er solle zurückbleiben und nicht näherkommen.

Zu diesem Zeitpunkt wütete das Feuer schon zu sehr, um noch jemanden vorne aus dem Bus zu holen. Doch es hatte noch nicht das Heck erreicht und es sah danach aus, als hätten sich dort die meisten Kinder zusammengedrängt. Salem wollte die Rückfenster einschlagen, um die Kinder zu befreien. Huda hielt das nicht unbedingt für eine gute Idee. Allerdings hatte niemand eine bessere und von Soldaten, Polizei, Löschfahrzeugen und anrückenden Krankenwagen war nichts zu sehen, obwohl einige in der Menge panisch versuchten, telefonisch israelische und palästinensische Notdienste zu alarmieren. Jemand aus Hudas Team rief sogar einen Verwandten an, der im palästinensischen Parlament arbeitete.

Huda und die anderen nahe beim Bus unterstützten Salem darin, die Rückfenster mit einem kleinen Feuerlöscher einzuschlagen, den einer der Umstehenden aus seinem Auto geholt hatte. Mit dem Zerbersten des Rückfensters hörte Huda das Zischen des abrupt eindringenden Sauerstoffs und sah die Flammen um den Bus emporschießen. Das Feuer loderte nun doppelt so hoch und ein

Schwall von dickem schwarzem Rauch stieg über den Felswänden auf.

Fassungslos betrachtete Huda, wie Salem in den brennenden Bus kroch. Er konnte die Schulkinder weinen und schreien hören. Manche versuchten, auf die umgekippten Sitze zu klettern und zu den Fenstern über ihnen zu springen. Zwei Lehrerinnen gelang es, durch die geborstenen Fenster zu entkommen und dabei mehrere Kinder mitzunehmen.

Ula Joulani, eine der Lehrerinnen, machte den Ausflug mit ihrem Neffen Saadi, der in ihrer Schulklasse war. Sie war für Saadi wie eine zweite Mutter. An diesem Morgen war Ula, wie an jedem Werktag, zum Haus ihrer Eltern gefahren, wo Saadi mit seiner Familie lebte. Ihre Mutter war der Meinung, bei diesem fürchterlichen Wetter sollte Saadi lieber nicht an dem Ausflug teilnehmen. Ula lachte und fragte ihre Mutter, ob sie eine Rückerstattung wollte. Ula hatte für einen ihrer Schüler, einen Waisenjungen, die Gebühr bezahlt und zudem versprochen, auf den Sohn einer Freundin achtzugeben, die ebenso wie Saadis Großmutter Bedenken hatte, was diesen Ausflug betraf.

Nachdem Ula es aus dem brennenden Bus geschafft hatte, hörte sie die gefangenen Kinder ihren Namen rufen. Also folgte sie Salem ins Innere – als Einzige. Salem kauerte im Bus und schaffte es, einige der Seitenfenster zu öffnen. Er und Ula hoben die Kinder hoch und schoben sie durch den hinteren Teil des Busses, wo Huda und die anderen eine Kette gebildet hatten und die Schüler einen nach dem anderen weiterreichten. Hoch über der Straße, oben auf den Felsenklippen, hatten sich Dutzende von Ansässigen aus Jaba und a-Ram eingefunden. Einige der Jaba-Beduinen brachten große Wassertanks und gossen den Inhalt in die Flammen und durch die offenen Busfenster, um Salem und Ula vor dem Feuer zu bewahren. Neben dem Bus versuchte man das Gleiche mit kleinen Feuerlöschern.

Ula und Salem gelang es, Dutzende der Kinder zu retten. Je weiter sie in den vorderen Teil des Busses vordrangen, in dem das Feuer am schlimmsten war, desto schlechter war der Zustand der Kinder. Manche waren von Kopf bis Fuß verkohlt. Sie wurden mit dem Gesicht nach oben auf die Straße gelegt, mit bis zur Brust hochgezogenen Knien. Hätte er es nicht besser gewusst, hätte Salem sie nicht als Menschen erkannt. Ein Mädchen, das über und über schwarz war, hatte man zusammen mit den toten Kindern hingelegt, als eine von Hudas Krankenschwestern plötzlich bemerkte, dass die Kleine noch atmete. Huda und die Schwester hoben sie auf und setzten sie auf den Rücksitz eines Wagens, damit man sie zum Krankenhaus fahren konnte.

Der Gestank von versengtem Haar und Fleisch war entsetzlich. Irgendwo hatte Huda gelesen, dass von allen Sinnen der Geruchssinn am meisten mit dem Gedächtnis verknüpft war. Vielleicht wurde sie deshalb inmitten dieses Blutbads zum schlimmsten Tag ihres Lebens zurückversetzt.

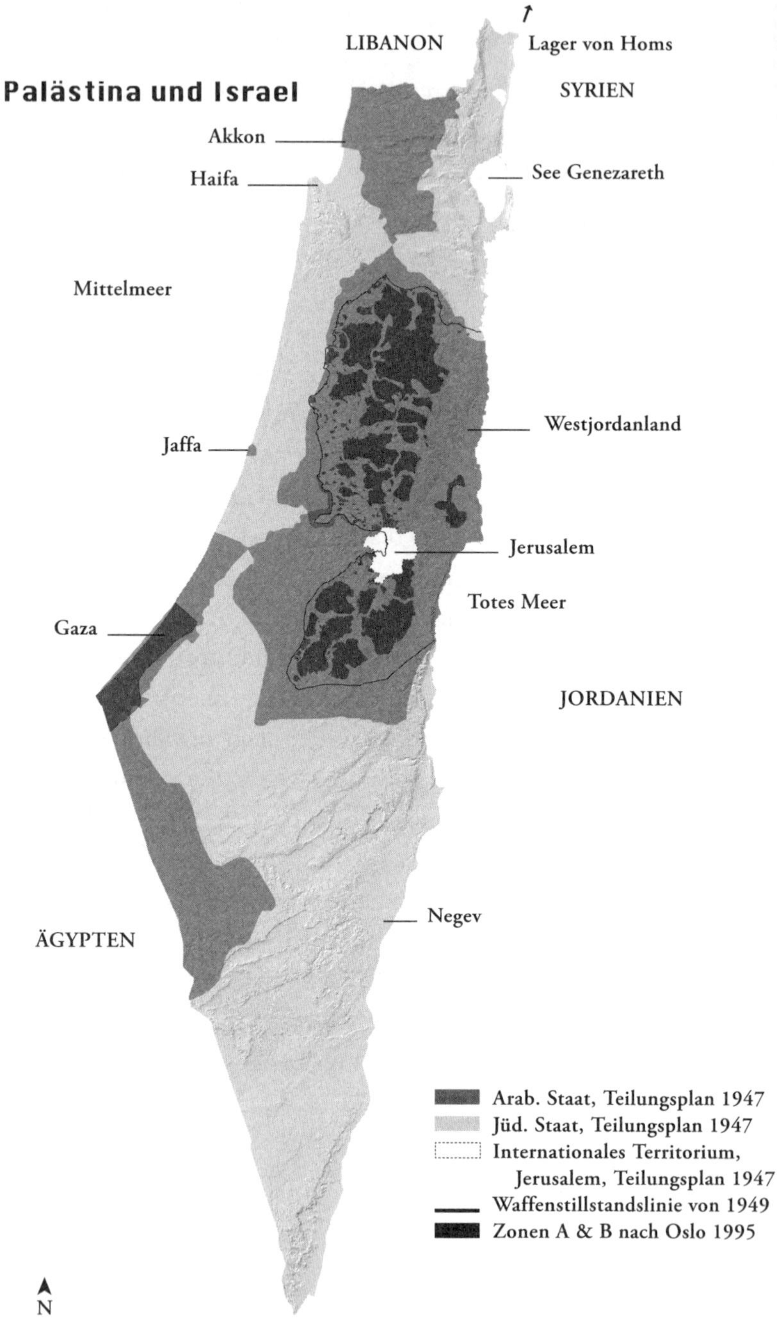

Palästina und Israel
LIBANON
Lager von Homs
SYRIEN
Akkon
Haifa
See Genezareth
Mittelmeer
Westjordanland
Jaffa
Jerusalem
Totes Meer
Gaza
JORDANIEN
Negev
ÄGYPTEN
Arab. Staat, Teilungsplan 1947
Jüd. Staat, Teilungsplan 1947
Internationales Territorium, Jerusalem, Teilungsplan 1947
Waffenstillstandslinie von 1949
Zonen A & B nach Oslo 1995
N

8

Im Sommer 1985 war Huda fünfundzwanzig, eine Ärztin, die gerade erst ihren Abschluss an der medizinischen Fakultät der Universität von Damaskus gemacht hatte. Ihr Vater schlug vor, sie solle sich dem Palästinensischen Roten Halbmond in Tunesien anschließen, wo ihr Onkel, ein leitender Beamter der PLO, auf sie aufpassen könnte. Die PLO hatte ihr Hauptquartier in Tunis, wohin es nach der Vertreibung durch Israel aus dem Libanon ausgewichen war. Obwohl Hudas Vater die Fatah unterstützte, stufte er sich selbst als nicht sehr politisch ein. Wie er Huda sagte, hielt er sowohl die Linken als auch die Rechten für zu konzessionslos. Huda schrieb diese gemäßigte Haltung seiner Kindheit in Haifa zu, wo die Muslime, Christen und Juden Seite an Seite gelebt hatten.

Huda war mit Geschichten von Haifa aufgewachsen. Die Dahbours stammten aus Wadi Nisnas, einem Stadtviertel zwischen dem Hafen und den Terrassengärten des Bab-Schreins an den Hängen des Karmelgebirges. Am Sabbat, wenn Juden viele alltägliche Tätigkeiten untersagt waren, ging Hudas Familie zu ihren jüdischen Nachbarn, um das Licht oder die Heizung einzuschalten.

Hudas Großmutter war noch im osmanischen Haifa des Ersten Weltkriegs geboren worden. Sie war eine bekannte Schönheit, heiratete gemäß familiärer Abmachung ihren Cousin und bekam ihr erstes Kind, Hudas Vater Mustafa, mit siebzehn. Mustafa war beinahe vierzehn Jahre alt, als die UN im November 1947 dafür stimmte, Palästina aufzuteilen. Die Entscheidung löste einen Bürgerkrieg aus, der in der *Nakba* gipfelte, der Massenvertreibung und Flucht von mehr als 80 % der Palästinenser aus dem Gebiet, das Israel wurde.

Im April 1948, nach einigen Monaten des Bürgerkriegs und nur wenige Tage vor dem Passahfest, begannen die britischen Mandatstruppen, die das Land verwalteten, aus Haifa abzuziehen. Als die Briten abrückten, starteten jüdische paramilitärische Einheiten einen Angriff auf die palästinensischen Stadtteile. Er lief unter dem Namen Operation Bi'ur Chametz, in Anspielung auf die rituelle Entfernung gesäuerten Brotes aus jüdischen Haushalten kurz vor dem Passahfest. Von den jüdischen Vierteln in Hanglage aus bombardierten sie die palästinensischen Häuser und Märkte im Zentrum. Haifa fiel innerhalb eines Tages.

Um Anweisungen zur sofortigen Evakuierung zu verbreiten, nutzten die jüdischen Truppen den arabischen Rundfunk und mit Lautsprechern ausgestattete Transporter. Das Besatzungsbataillon hatte den Befehl, „alle brennbaren Ziele“ mit Brandbomben anzuvisieren und „jeden Araber vor Ort“ zu töten. Mit kerosingetränkten Stofffetzen gefüllte und mit Zündern versehene Fässer wurden abwärts in die palästinensischen Viertel geschleudert. Die Juden „schossen unablässig auf jeden Araber, der sich noch in Wadi Nisnas oder der Altstadt aufhielt“, berichtete ein britischer Geheimdienstoffizier. „Das betrifft auch den völlig willkürlichen, unentschuldbaren Beschuss mit Maschinengewehren, Mörsern und durch Scharfschützen auf Frauen und Kinder, die in Kirchen Schutz gefunden hatten und zu entkommen versuchten."

Der größte Teil der Stadt war zu Beginn des Passahfestes ethnisch gesäubert worden. Als ganze Familien vor den anrückenden Kolonnen die Flucht ergriffen, lagen die raucherfüllten Straßen bereits unter Leichen und Schutt begraben. In Todesangst hetzten Überlebende in Richtung Hafen und trampelten einander dabei nieder. Verlassene palästinensische Häuser wurden direkt an neue jüdische Einwanderer vergeben, um den ursprünglichen Besitzern eine Rückkehr unmöglich zu machen.

Hudas Familie floh mit einer Lastwagenkolonne nach Norden Richtung Libanon. Ihre Großmutter erzählte von der schrecklichen Angst, befeuert durch Geschichten von Vergewaltigungen und Massakern. Dass die jüdischen Nachbarn versprochen hatten, sich um ihr Haus zu kümmern, war nur ein kleiner Trost. Drei Wochen nach dem Fall von Haifa erklärte Israel seine Unabhängigkeit. Zu diesem Zeitpunkt war bereits eine Viertelmillion Palästinenser zu Flüchtlingen geworden, darunter 90 % der arabischen Einwohner von Haifa und Jaffa, den bevölkerungsreichsten palästinensischen Städten. Da hatte Israels Krieg mit den benachbarten arabischen Staaten noch gar nicht begonnen.

Nach tagelangem Umherziehen waren die Dahbours völlig mittellos und ausgehungert. Auf dem Weg nach Norden, noch auf palästinensischem Gebiet, fand Hudas Großmutter eine Höhle und gebar dort ein Mädchen. Die Nabelschnur wurde mit der Reinigungsnadel eines

Paraffinkochers durchtrennt. Die notdürftige Entbindung brachte sie auf die Idee, das Kind Maryam zu nennen, nach der Jungfrau Maria. Indem sie sich ihre letzten Brotkrumen einteilten, schafften sie es in die libanesische Küstenstadt Sidon und gingen von da aus nach Homs in Syrien. Die Flüchtlinge sammelten sich in der mittelalterlichen Festung und wurden von dort aus zu den Ställen einer Kaserne gebracht, die man während des französischen Mandats errichtet hatte. Dort begründete die UNRWA jene Einrichtung, die unter dem Namen Lager von Homs bekannt wurde.

Weil Familien aus denselben palästinensischen Dörfern und Städten im Lager zusammenlebten, benannte man die verschiedenen Bereiche nach ihren Heimatorten. Haifa lag gemäß seiner großen Bedeutung gleich am Eingang des Lagers. Die meisten der anderen Flüchtlinge stammten aus Galiläa, einige wenige aus Akkon und Jaffa. Auch die Straßen waren nach palästinensischen Städten benannt, von Hebron über Jerusalem bis hin zu Nazareth, Safed und Tarschiha. Es gab weder Wasser noch Strom, die Unterkünfte waren kaum isoliert und man nutzte gemeinschaftliche Toiletten. Die UNRWA verteilte Säcke mit gebrauchter Kleidung, oft mit Schuhen, die nicht zusammenpassten. In einem Jahr, zum Ende des Ramadans, an dem Zuckerfest Eid al-Fitr, kam Hudas Großmutter auf die Idee, die gebrauchte Kinderkleidung mit blauer Tinte zu färben, sodass man zum Fest Geschenke hatte, die wie neu aussahen. Bis auf wenige Ausnahmen folgten alle Frauen diesem Beispiel und verwandelten das Lager in ein Meer von Blau.

Im Winter prasselte der Regen laut auf die Wellblechdächer und der Rauch der Paraffinöfen erschwerte das Atmen.

Doch trotz der Armut, der Trennung von den Familien und dem Elend des Exils hatten die Dahbours auch schöne Tage. Als Hudas Vater heiratete, hängte die Familie einen Teil des Raumes mit Decken ab, um ihm und seiner Braut etwas Privatsphäre zu verschaffen. Später machte er sich daran, ihre Unterkunft zu verbessern, baute ein Badezimmer und grub im Hof einen Brunnen. Ihre Tür war stets geöffnet und Mustafa gewährte dem gesamten Lager Zugang zu dem frischen, klaren Wasser aus dem Brunnen.

Da es im Lager keinen Strom gab, verbrachte die Familie ihre Abende mit Geschichtenerzählen, und am beliebtesten waren die von Hudas Großmutter. Sie versorgte Huda und ihre Geschwister, Cousins, Tanten und Onkel mit Erzählungen über einen zauberhaften Ort namens Haifa, wo das Karmelgebirge zum Leben erwachte, wenn dort Kinder spielten, und wo den Menschen nie ein Regentropfen auf die Köpfe fiel. Haifa war das Paradies. Wenn Huda und ihre Geschwister schlafen gingen, besuchten sie das mythische Haifa in ihren Träumen. Wenn sie danach quengelten, Haifa endlich einmal zu sehen, füllten die Erwachsenen große Tonnen mit Wasser, ließen die Kinder darin planschen und sagten ihnen, sie sollten die Augen schließen und sich vorstellen, sie seien im Meer von Haifa.

Die meisten Jungen und Männer im Lager von Homs, so auch Hudas Vater, hatten sich ursprünglich panarabisch-nationalistischen Bewegungen angeschlossen, wechselten jedoch zur Fatah, die im Laufe der 1960er Jahre immer stärker wurde. Als Einziger seiner Generation war Hudas Onkel Kamel außerhalb von Palästina zur Welt gekommen. Er war nur vier Jahre älter als Huda und unterschied sich stark von seinen Geschwistern, hatte braunere Haut, dunklere Augen und war sehr ernst. Er entschied sich als Erster in der Familie für die Fatah. Als Jugendlicher hörte er ihre Lieder und trainierte später mit ihnen im Lager. Mit fünfzehn verließ er Homs und schloss sich der Fatah im Libanon an. Alle paar Monate besuchte Kamel seine Familie. Sie waren überglücklich, ihn zu sehen, doch er stellte strenge Bedingungen: Man musste tun, als sei er nie weggewesen – keine Tränen und keine Umarmungen, andernfalls würde er für immer verschwinden. Wenn er eintrat, mussten Huda und ihre Großmutter sich beherrschen, nicht aufzuspringen und ihm um den Hals zu fallen. Nach einer Woche verschwand er dann wieder, ohne auf Wiedersehen zu sagen.

Hudas Großmutter hockte jedes Mal auf dem Boden und weinte. Sie hatte Angst, ihr Jüngster würde bei der Fatah zu Tode kommen. In Syrien wurden die männlichen palästinensischen Flüchtlinge zum Militärdienst verpflichtet. Sie wurden in die Palästinensische Befreiungsarmee (PLA[5]) integriert, offiziell der militärische Flügel der PLO, jedoch de facto unter Kontrolle der syrischen Armee. Als Kamel wieder einmal zu Besuch war, meldete Hudas Großmutter seine Ankunft den Behörden, die ihn daraufhin zum Wehrdienst in der PLA einzogen. Es passte ihm so gar nicht, zur syrischen Armee zu gehören, die im Libanesischen Bürgerkrieg schon bald ihre Waffen gegen die Fatah richtete. Für Hudas Großmutter war es der einzige Weg gewesen, ihn zu schützen, aber sie und Huda weinten, als man ihn gegen seinen Willen mitnahm.

Kamel desertierte aus der PLA, als Syrien die libanesisch-christlichen Milizen darin unterstützte, Tel al-Zaatar zu belagern, ein palästinensisches Flüchtlingscamp. Er schloss sich erneut seinen Kameraden bei der Fatah an, die das Lager verteidigten. Die Belagerung dauerte zweiundfünfzig Tage, und als das Lager fiel, massakrierten die Christlichen Milizen tausende von Palästinensern. Hudas Familie hörte davon, dass Kamel in Tel al-Zaatar gewesen war, doch mehr erfuhren sie nicht. Ihre Nachforschungen endeten, als ihnen eines Tages das blutige Hemd, das er zum Zeitpunkt seines Todes getragen hatte, in die Hände fiel. In ihrem Kummer klammerte sich Hudas Großmutter daran. Nach Kamels Tod war sie nie mehr dieselbe und machte sich bittere Vorwürfe, ihn an die syrischen Behörden verraten zu haben. Andernfalls wäre er vielleicht nie in Tel al-Zaatar gewesen.

Der Bewahrer der Familienerinnerungen war Hudas Onkel Ahmad, der Palästina an seinem zweiten Geburtstag verlassen hatte. Auch er war mit den Erzählungen seiner Mutter aufgewachsen, von Haifa, von der eigenen Bäckerei und von ihren Nachbarn. Fußend auf dieser Familiengeschichte, wurde er ein bekannter palästinensischer Dichter und veröffentlichte mit achtzehn sein erstes Buch. Seine Gedichte erzählten die Geschichte seiner verstreuten Familie, seiner trauernden Mutter und ihren Erzählungen von Haifa, dem Tod seines kleinen Bruders in Tel al-Zaatar, der Armut der Familie im Flüchtlingslager. Millionen von Kindern rezitierten in der Schule seine Worte, und seine vertonten Gedichte zählten mit zu den beliebtesten Liedern der palästinensischen Revolution. Bekannt als ‚Mann, der für Haifa schwärmt', wurde Ahmad schließlich zum Generaldirektor der Kulturabteilung der PLO ernannt.

Nach Abschluss der medizinischen Hochschule erklärte Huda sich bereit, ihrem Onkel Ahmad nach Tunis zu folgen. Die PLO befand sich zu dieser Zeit an einem der heikelsten Punkte ihrer Geschichte. Sie hatte ihre territoriale Basis im Libanon verloren, ihre Kämpfer waren über die gesamte arabische Welt verstreut, die meisten weit entfernt von den Gebieten, deren Befreiung sie anstrebten. Die Organisation war intern gespalten und Rufe wurden laut, Anführer Jassir Arafat zu stürzen. Jordanien und Israel kooperierten in den besetzten Gebieten, Syrien unterstützte PLO-kritische Fraktionen und Ägypten als stärkste arabische Macht hatte einen Separatfrieden mit Israel geschlossen.

Im September 1985 nahm Israel einen führenden Kommandeur und drei höhere Offiziere der Fatah gefangen, als sie per Schiff von Zypern aus den Libanon ansteuerten, und unterzog den Kommandeur einer brutalen Folter. Im Gegenzug kaperte ein Trupp der Fatah in Zypern eine israelische Jacht, verlangte die Freilassung ihrer Mitstreiter und tötete alle Israelis an Bord. Dies ereignete sich an Jom Kippur, dem Versöhnungstag. Israel reagierte sechs Tage später, am 1. Oktober.

Das Hauptquartier der PLO war in Hammam Chott, einem Küstenvorort von Tunis. An diesem Vormittag sollte die Führungsspitze zusammenkommen, darunter Jassir Arafat und seine Stellvertreter, Abu Jihad und Abu Iyad, außerdem dutzende andere, so auch Ahmad Dahbour. Kurz nach der Eröffnung erschienen acht israelische F-15 am Himmel und warfen 500- und 2000-Pfund-Bomben ab, die den ganzen Komplex in Schutt und Asche legten. Über sechzig Palästinenser und Tunesier kamen ums Leben.

Zu dieser Zeit war Huda mit dem palästinensischen Roten Halbmond in Medjez el-Bab, über neunzig Kilometer entfernt, wo sie die Familien von PLO-Kämpfern versorgte. Am Morgen des 1. Oktober erhielt sie die Anweisung, Mitarbeiter und Patienten sofort zu evakuieren, denn nach dem Angriff auf Hammam Chott fürchtete man, Medjez el-Bab könne das nächste Ziel sein.

Huda eilte nach Hammam Chott in Sorge, ihr Onkel sei getötet worden. Als sie anderthalb Stunden nach dem Angriff dort eintraf, erwartete sie ein Höllenszenario aus Trümmern, Asche und Leichen. Das Ende der Welt konnte nicht schlimmer sein. Wo eines der Gebäude gestanden hatte, befand sich nur noch ein gewaltiger, mit schlammigem Wasser gefüllter Krater. Es waren bereits Bulldozer vor Ort und räumten Betontrümmer, geborstene Balken und Metallfragmente beiseite. Ärzte und Krankenschwestern wühlten dreckverschmiert im Schutt nach Toten und Verwundeten. Rettungskräfte trugen reglose Körper auf Tragbahren. Martinshörner übertönten die Schreie der Verwundeten. Freunde und Familienangehörige suchten in den Trümmern und riefen die Namen von Vermissten. Über allem schwebte der widerwärtige Geruch des Todes.

Obwohl sie erst fünfundzwanzig war, hatte Huda bereits viel Grausamkeit gesehen. Sie hatte die Kriege von 1967 und 1973 erlebt, als israelische Bomben die Ölraffinerie in Homs in die Luft jagten. 1982 hatte sie als Medizinstudentin die verwundeten Palästinenser versorgt, die aus dem Libanon evakuiert wurden. Doch Hammam Chott war unvergleichbar. Huda hatte erwartet, Verletzte zu versorgen. Stattdessen wurde sie dazu beordert, Körperteile einzusammeln. Das allgegenwärtige Schluchzen und Klagen hallte noch tagelang in ihr nach. Während sie ihren Dienst tat, musste sie sich mehrmals übergeben.

Anschließend erwartete sie eine kaum weniger schreckliche Aufgabe: die Besuche bei den Familien der Toten. Sie war eine junge, unerfahrene Ärztin, die einzige Medizinerin vor Ort. Sie ging nach Hause zu den bitterlich weinenden Müttern, Vätern und Kindern. Sie verschrieb ihnen Valium zur Beruhigung der Nerven. Das Gesicht einer frisch verheirateten jungen Frau, die ihren Bräutigam verloren hatte, verfolgte Huda bis in ihre Träume.

Um ein Haar hätte Israel mit einem Schlag die palästinensische Nationalbewegung ausgelöscht. Doch das Treffen war in letzter Minute verschoben worden und die meisten Vertreter der Führungsspitze waren entweder nicht anwesend oder kamen, wie so oft, verspätet. Arafat und seine Stellvertreter überlebten, ebenso Hudas Onkel. Die Rangniederen, die pünktlich erschienen waren, wurden getötet.

Die Bombardierung war für Hudas Familie ein Schock gewesen. Den ganzen Tag lang hatten sie nach ihr gesucht, da sie gehört hatten, dass eine Frau mit gleichem Namen bei dem Angriff ums Leben gekommen war. Und sie standen nicht als Einzige unter Schock. Huda fiel die Veränderung auf, die in den Überlebenden vorging, Arafat und die anderen führenden PLO-Vertreter eingeschlossen. Die Nahtod-Erfahrung und die Erkenntnis, dass Israel die ganze Organisation hätte ausschalten können, beschleunigte ihre Bereitschaft für Zugeständnisse. Drei Jahre später, im Jahre 1988, machte die PLO Israel einen historischen Kompromissvorschlag: die Errichtung eines palästinensischen Staates in einem Teil der besetzten Gebiete, der nur 22 % ihrer ursprünglichen Heimat umfasste. Nicht dazu gehörten dabei Haifa, Jaffa und andere Städte, aus denen man ihre Anführer vertrieben hatte. Orte, in die zurückzukehren sie einen jahrzehntelangen Kampf gekostet hatte.

9

Huda traf Ismail, ihren Ehemann, kurz nach dem Angriff auf Hammam Chott. Er hatte ihre Klinik wegen einer Mandelentzündung aufgesucht, als er gerade zu Besuch aus Moskau war, wo er dabei war, seine Doktorarbeit über Auslandsbeziehungen abzuschließen. Dort war er außerdem der Kopf der palästinensischen Studentenverbindung und damit auf einem schnellen Weg zur nationalen politischen Führung. Nach Tunis war er wegen eines Treffens studentischer Aktivisten aus aller Welt gekommen. Ismail war fünf Jahre älter als Huda und sah ein bisschen so aus wie die Helden in Actionfilmen, mit einer Mähne struppigen sandbraunen Haares und einem dichten Schnurrbart. Huda stellte an einen potenziellen Partner drei Bedingungen: Er musste gebildet sein, ein Mitglied der Fatah – also ein gemäßigter Charakter wie ihr Vater – und durfte, anders als die meisten Männer, die sie kannte, vor erfolgreichen, intelligenten Frauen nicht den Kopf einziehen. Kurz gesagt, musste er dazu bereit sein, sie auf ihrem Weg der ärztlichen und schließlich fachärztlichen Ausbildung zu unterstützen. Ismail erfüllte alle drei Kriterien.

Fünf Tage nach ihrer ersten Begegnung waren sie verlobt und Ismail kehrte zurück nach Moskau. Huda folgte ihm im darauffolgenden Jahr und zog in ein Studentenwohnheim. Sie liebte Moskau und die russische Kultur und zeigte sich beeindruckt davon, wie belesen und gebildet die Menschen dort waren. Sie lernte Russisch und begann ein Studium der Pädiatrie, wurde aber bald schwanger, was sie auf eine Art veränderte, die sie nicht erwartet hatte. Sie konnte nicht mehr mitansehen und mitanhören, wenn Kinder Schmerzen litten. Huda wollte bereits das Fachgebiet wechseln, als Ismail erfuhr, dass Arafat ihn für einen diplomatischen Posten in Bukarest vorgeschlagen hatte. Mit einem ihrer Lehrer besprach sie die Möglichkeit, alleine in Moskau zu bleiben und ihre Ausbildung abzuschließen. Der Lehrer riet ihr jedoch ab: Mann und Frau seien wie Nadel und Faden – wohin die Nadel gehe, habe der Faden zu folgen.

In Bukarest musste Huda von vorn anfangen, lernte Rumänisch und bewarb sich an einer neuen medizinischen Hochschule. Sie nutzte die Gelegenheit, eine andere Richtung einzuschlagen und sich auf Endokrinologie zu spezialisieren. Sie mochte die logische und kritische Denkweise, die mit diesem Beruf einherging, und betrachtete die Sache auch von der praktischen Seite: Damit waren keine Notdienste verbunden und sie würde nach der Geburt ihres Kindes nachts nicht gerufen werden.

Sie nannten ihre kleine Tochter Hiba, „Geschenk". Die Zeit nach der Geburt wurde für die Ehe zur Belastungsprobe. Hiba war schwierig, weinte ununterbrochen, und von Ismails Seite erfuhr Huda wenig Unterstützung oder Verständnis. Sich ganz allein um Hiba kümmern, Endokrinologie studieren, verarmten palästinensischen Studenten in Rumänien Mahlzeiten servieren, Dinnerpartys für Diplomaten abhalten, Besuche bei Palästinensern und rumänischen Offiziellen machen, all das musste sie allein bewältigen. Schon wenige Monate nach Hibas Geburt wurde sie erneut schwanger. Gegen Ende ihres dritten Trimesters war sie von dem Jahr, in dem sie die weinende Hiba ständig hatte beruhigen müssen, derart ausgelaugt, dass sie sich bei ihrem zweiten Baby, einem Jungen, hoffnungsvoll für den Namen Hadi entschied, was „Ruhe“ bedeutete. Sie reiste nach Homs, damit er dort geboren wurde, wo sie sich der Unterstützung ihrer Familie sicher sein konnte. Als sie wieder zurückkam, behauptete Ismail, ihr Stress sei selbstverschuldet gewesen, sie habe ja unbedingt die medizinische Hochschule besuchen wollen, trotz zweier kleiner Kinder, die nur ein Jahr auseinander waren. Wenn sie ihre fachärztliche Ausbildung fortzuführen gedenke, habe er nichts dagegen. Beim Kochen, der Kinderbetreuung und dem Bewirten von Gästen werde er ihr allerdings nicht helfen, schließlich könne sie nach Erledigung all dieser Pflichten immer noch ihr Studium betreiben.

Doch irgendwie schaffte sie es, Rumänisch zu lernen, ihren Studiengang abzuschließen, die beiden Kinder großzuziehen, Dinner zu geben und sogar noch ein drittes Kind zu bekommen, Ahmad, im Jahr 1991. Obwohl sie erschöpft und ihre Ehe wenig harmonisch war, erschien sie glücklich und zufrieden, eine erfolgreiche Ärztin mit einem angesehenen Ehemann und drei kleinen Kindern.

Nach den Osloer Verträgen konnten Tausende des PLO-Kaders in die neugeschaffenen Inseln palästinensischer Autonomie in Gaza und dem Westjordanland zurückkehren. Da sie nicht für die PLO tätig gewesen war, durfte Huda nicht allein gehen, sehr wohl aber gemeinsam mit Ismail. Doch er war nicht geneigt, Bukarest zu verlassen, Hauptstadt und Flussmetropole, das „Paris des Ostens“. Er genoss sein Diplomatendasein. Huda bestand jedoch darauf, fortzugehen. Sie sagte, sie kenne Israel: Wenn sie jetzt nicht gingen, würde ihnen die Einreise nach Palästina später nicht mehr erlaubt werden. Und es gab noch einen weiteren, ganz persönlichen Grund für eine Rückkehr. Trotz des Zustandes ihrer Ehe und der mangelnden Unterstützung ihres Mannes, träumte sie davon, ein Kind auf palästinensischem Boden zu gebären. Auf diese Weise konnte sie erneut eine Bindung zu dem Land knüpfen, dem ihre Familie einst entrissen worden war.

Sie kamen im September 1995. Nicht lange danach verbot Israel den Mitgliedern der PLO die Einreise. Im Jahr darauf bekam Huda ihr viertes Kind, ein Mädchen, das den Namen Lujain erhielt, „Silber“, was auf die Eingangszeile eines ihrer Lieblingslieder von Fairuz zurückging. Das war während des Höhepunkts des sogenannten Friedensprozesses. Premierminister Jitzchak Rabin hatte soeben die zweiten Osloer Verträge abgeschlossen, bekannt als Oslo II, welche sämtliche Inseln mit begrenzter palästinensischer Autonomie in den besetzten Gebieten genau festlegten. Für Huda waren sie bedeutungslos.

Rabin betonte, es werde keinen palästinensischen Staat geben, keine Hauptstadt Jerusalem, sondern ein um weitere Siedlungen erweitertes Jerusalem, mehr Wohnblocksiedlungen im Westjordanland, und dass Israel niemals zu seinen Grenzen vor 1967 zurückkehren werde, obwohl diese volle 78 % des historischen Palästinas umfassten. Irgendwo im Westjordanland und Gaza, den verbleibenden 22% – dem Teil, den Israel weder besiedelt, annektiert oder unter dauerhafte militärische Kontrolle gestellt hatte – werde man den Palästinensern nach Rabins Worten „weniger als einen Staat“ gewähren. Doch selbst diese Krumen waren manchen Israelis noch zu viel: Gut einen Monat nachdem Huda und Ismail mit ihren Kindern in das Westjordanland gekommen waren, wurde Rabin von einem orthodoxen jüdischen Nationalisten erschossen. Als er die Neuigkeiten zu Hause in Gaza erfuhr, brach Jassir Arafat in Tränen aus.

Die Palästinenser, die im Zuge des Osloer Abkommens in die besetzten Gebiete kamen, wurden Heimkehrer genannt. Huda hielt diese Bezeichnung für dumm. In Syrien war sie ein Flüchtling gewesen, in der kurzen Zeit mit ihren Eltern am Golf eine Exilantin, in Rumänien eine Immigrantin und nun eine Heimkehrerin. Sie war zwar auf palästinensischem Grund, doch wohin war sie heimgekehrt? An einen Ort, der ihr oder ihrem Vater oder ihrem Onkel oder ihrer Großmutter völlig unbekannt war. Hudas Mann durfte nicht in sein Elternhaus in Jabal Mukaber, weil es zum annektierten Teil Jerusalems gehörte. Er und Huda zogen stattdessen ins benachbarte Sawahre, unmittelbar außerhalb der Stadtgrenze. Sawahre und Jabal Mukaber hatten früher zusammengehört, doch nach Oslo benötigten Palästinenser aus Sawahre eine Bewilligung, um ihre Verwandten in Jabal Mukaber zu besuchen, und sogar zur Bestattung ihrer Toten auf dem dortigen Friedhof. Später verlief die Mauer mitten durch Sawahre.

Huda fühlte sich fehl am Platz. Die Bewohner kamen

ihr ungehobelt vor, als entstammten sie einer anderen Zeit. Ihr Dialekt war nur schwer zu verstehen und sie empfand es als beschämend, sich mit anderen Palästinensern nicht einmal hinreichend verständigen zu können. Ihre Nachbarn machten auf sie ebenfalls einen verhärteten Eindruck. Die gebirgige Landschaft hatte sie geprägt und sie glichen so gar nicht den weltoffenen Küstenbewohnern aus dem Haifa der großmütterlichen Erzählungen. Und als sie endlich dorthin kam, entsprach selbst Haifa nicht diesen Beschreibungen.

Als Heimkehrerin fühlte sie sich gesellschaftlich zunehmend entfremdet. Die Heimkehrer, die mit Arafat gekommen waren, besetzten in der neuen *sulta* Schlüsselpositionen, auf Kosten der eingesessenen Palästinenser, welche die Intifada angeführt hatten. Die „Outsider“ hatten nur zurückkehren können, weil die „Insider“, die Einheimischen, Opfer gebracht hatten. Doch für diese Einheimischen wurde es nach Oslo nur noch schlimmer. Zusätzlich zu weiteren Einschränkungen der Bewegungsfreiheit sank nun auch die Beschäftigtenquote, weil Israel palästinensische Arbeiter durch ausländische Kräfte ersetzte, vorwiegend aus Asien. Im Jahr nach Hudas Ankunft war fast jeder dritte Palästinensern arbeitslos. Im Unterschied dazu hatte beinahe jeder Heimkehrer einen Job in Arafats um sich greifender Günstlingswirtschaft.

Die Heimkehrer wurden für die Allgemeinheit zunehmend zum Ärgernis. Man machte sie verantwortlich für Oslo, die Korruption und die unmöglichen Restriktionen der palästinensischen Sicherheitskräfte, die maßgeblich den Fortbestand der israelischen Besatzung sicherten. Die Vertrauten Arafats vereinnahmten Abermillionen Dollar öffentlicher Gelder, von denen ein Großteil über ein Bankkonto in Tel Aviv geschleust wurde, und so mancher profitierte sogar vom Bau der Siedlungen. Arafat versuchte, die Sache herunterzuspielen. Einmal erzählte er dem Kabinett, seine Frau habe soeben angerufen, weil ein Dieb im Haus sei, er habe sie jedoch beruhigt, dass sich ja sämtliche Diebe momentan in seiner Gesellschaft befänden.

In Wahrheit wusste Arafat sehr wohl, welche Bedrohung die weitverbreitete Unzufriedenheit mit Oslo und dem daraus resultierenden autoritären Regime für ihn darstellte. Als zwanzig prominente Persönlichkeiten eine Petition gegen „Korruption, Betrügerei und Despotismus" der *sulta* unterzeichneten, wurden über die Hälfte von ihnen festgenommen, verhört oder unter Hausarrest gestellt. Anderen verabreichte man Prügel oder schoss ihnen in die Beine.

Huda machte die Kooperationsbereitschaft der *sulta* gegenüber Israel äußerst besorgt. Ismail arbeitete im Innenministerium, welches, gestützt auf ein weit gespanntes Netz von Informanten, die Überwachung und Arretierung von Palästinensern beaufsichtigte, die sich weiterhin gegen die israelische Besatzung wehrten. Huda war darüber entsetzt, in welchem Maße Palästinenser sich gegenseitig hintergingen. Sogar innerhalb ihrer Belegschaft in der UNRWA-Klinik gab es Informanten, die Kontrollbesuche und Verhöre durch den israelischen Geheimdienst veranlassten. Huda dachte nicht daran, ihr Verhalten zu ändern oder sich selbst zu zensieren, und blieb auch bei der Arbeit ihrem politischen Kurs treu. Für sie war diese Arbeit nie auf das Humanitäre beschränkt, sondern war ebenso von nationaler Bewandtnis. Flüchtlinge zu behandeln bedeutete, dass sie etwas für ihr Volk tat.

10

Als Huda nach Sawahre kam, war Jerusalem noch relativ offen. Ihre Kinder konnten Schulen in der Stadt besuchen. Unter zwölf Jahren benötigten sie dazu keinen blauen Ausweis. Doch mit der Zeit verschärften sich die Beschränkungen, und von einem auf den anderen Tag war Jerusalem plötzlich abgeriegelt. Es kam so weit, dass eines Tages den Schulbussen der Rückweg nach Sawahre verwehrt blieb. Huda und die Hälfte der Eltern des Ortes suchten den ganzen Nachmittag nach ihren Kindern, die nach einem stundenlangen Marsch erst bei Sonnenuntergang eintrafen. Huda nahm sie daraufhin sofort aus den Jerusalemer Schulen.

Es war eine folgenschwere Entscheidung. Bis dahin hatte Hadi seinem Namen alle Ehre gemacht. Er war ein stiller Junge, der selten aneckte. Das änderte sich, als er eine neue Schule in Abu Dis besuchte, dem Standort der al-Quds-Universität und häufig Schauplatz aufflammender Konflikte mit israelischen Soldaten. Ende 2003, während der zweiten Intifada, zog Israel eine Mauer durch Abu Dis, die für viele Kaufleute das Aus bedeutete, da ihr Umsatz in hohem Maße auf Kundschaft aus Jerusalem beruhte. Geschäfte mussten schließen, Grundstückswerte sanken um mehr als die Hälfte, Mietpreise um fast ein Drittel, und wer es sich leisten konnte, zog weg.

Israelische Truppen waren quasi permanent vor Hadis Schule stationiert. Nach Hudas Einschätzung war ihre Präsenz ganz bewusst darauf angelegt, die Schüler zu provozieren, um so viele wie möglich festnehmen zu können. Die Soldaten hielten sie an, wenn sie aus den Klassen kamen, stellten sie in einer Reihe an die Wand, filzten sie und schlugen sie auch gelegentlich.

Bei ihrer Arbeit in den UNRWA-Lagern des Westjordanlandes sah Huda Dinge, die sie um die Sicherheit ihrer Söhne fürchten ließen. Sie hatte mitansehen müssen, wie ein Junge, der einen Panzer mit Steinen beworfen hatte, erschossen wurde. Die Soldaten hatten sie davon abgehalten, ihm zu helfen, als er zusammensackte. Wenn sie abends zu Hause in Sawahre die Nachrichten über Todesfälle und Absperrungen im Westjordanland hörte, fand sie hinterher kaum Schlaf. Denn sie wusste, dass Hadi ebenfalls unter den Steinewerfern war.

Die Belastung hinterließ auch körperlich ihre Spuren. Es begann mit immer stärker werdenden Kopfschmerzen. Eines Tages bei der Arbeit fühlte es sich dann in ihrem Kopf kühl und wässrig an. Sie sah doppelt und schwankte beim Gehen. Wieder zu Hause in Sawahre legte sie sich hin, wollte nur kurz die Augen schließen und erwachte vierundzwanzig Stunden später. Ohne Zweifel war sie bewusstlos gewesen und vermutete als Ursache eine Hirnblutung. Wie man ihr sagte, waren die palästinensischen Krankenhäuser im Westjordanland und in Ostjerusalem für eine entsprechende Operation nicht ausgestattet. Eine Behandlung in Israel konnte sie sich nicht leisten. Irgendwann erhielt sie einen Brief von Arafat, der versprach, 90 % der 50 000 Schekel zu übernehmen, und brachte das Schreiben ins Hadassah-Krankenhaus nach Jerusalem.

Die Operation war ein Erfolg, doch der für die Hirnblutung verantwortliche Stress wurde nur noch stärker. An einem Sonntag im Mai 2004 – Hadi war fünfzehneinhalb – wurden er und seine Freunde von der israelischen Grenzpolizei beschossen, einer Gendarmerie, die in Abu Dis unter dem Kommando der Armee stand und in Ostjerusalem unter dem Kommando der Polizei. Augenzeugen berichteten der israelischen Menschenrechtsgruppe B'Tselem und der Nachrichtenagentur AFP, die Jungen hätten sich an keinen Feindseligkeiten beteiligt. Hadi erzählte seiner Mutter, sie wären bloß unter sich gewesen und hätten Cola getrunken, als die Soldaten anfingen, auf sie zu feuern, einfach so. Eine der Kugeln traf Hadis Freund, der direkt neben ihm saß. Er war auf der Stelle tot.

Von da an konfrontierte Hadi die Soldaten umso entschlossener. Huda sah ihn und seine Freunde auf der Straße, erkannte ihn trotz der schwarz-weißen Kufiya, die sein Gesicht verhüllte. Dabei blieb sie auf Abstand, denn sie wollte sich den Soldaten gegenüber nicht als seine Mutter zu erkennen geben und riskieren, dass sie ihr folgten und bei Nacht wiederkamen, um ihren Sohn zu verhaften. Doch ihre Bemühungen, ihn zu beschützen, waren vergebens. Nicht einmal ein Jahr nachdem Hadis Freund erschossen worden war, wurde Hudas Haus von israelischen Jeeps und Panzerfahrzeugen umstellt. Soldaten näherten sich von allen Seiten und hämmerten an die Tür. Huda wusste, weswegen sie kamen.

Hadi war sechzehn. Huda versuchte, das Unvermeidliche zu verzögern, um noch ein paar Sekunden mit ihrem

Jungen zu haben, also ignorierte sie das Hämmern und öffnete erst, als die Soldaten zu Tritten übergingen. Im Fadenkreuz der auf sie gerichteten Waffen fragte sie ganz ruhig, worum es gehe. Dabei rannen ihr Tränen über die Wangen.

„Wir wollen Hadi", sagte einer der Soldaten. Huda verlangte zu wissen, was ihm vorgeworfen wurde. „Dein Sohn weiß es", lautete die Antwort.

„Ich bin seine Mutter. Ich will es wissen." Man ignorierte sie.

Der dreizehnjährige Ahmad war an ihrer Seite, als sie die Männer zu Hadis Zimmer führte. Ahmad sagte ihr, sie solle nicht weinen, das würde es für Hadi nur schwerer machen. Huda bemühte sich, ihre Angst zu beherrschen. Sie wusste, sie konnte die Soldaten nicht daran hindern, Hadi mitzunehmen, ohne sein Leben zu gefährden. Sie stellte sich vor, wie sie ihn vor ihren Augen töteten und dann behaupteten, es sei aus Notwehr geschehen. Huda hätte Hadi gern umarmt, aber das wäre zu viel für sie gewesen. Sie wollte ihm einen Wintermantel mitgeben. Es war immer noch kalt. Auf die Frage, wo sie ihren Sohn finden könnte, sagte man ihr, sie solle am nächsten Morgen in die nahe Siedlung Ma'ale Adumim kommen. Dann musste sie mitansehen, wie sie seine Handgelenke mit Kabelbindern fesselten und ihn zur Tür hinaus und durch den Garten zu einem der Jeeps stießen. Ihr war, als wäre ihr Herz mit ihm gegangen.

Zwei Wochen lang fuhr Huda auf der Suche nach Hadi von einer Haftanstalt zur anderen, nach Ma'ale Adumim, ins Gefängnis von Ofer, nach Moscobiya in Jerusalem, nach Gush Etzion, immer mit ihrer Arbeitserlaubnis der UNRWA, um Checkpoints zu passieren und in Siedlungen zu gelangen, die für Besitzer grüner Ausweise gesperrt waren. Doch sie bekam Hadi nie zu sehen und erfuhr auch nicht, wo man ihn festhielt. Sie konnte nicht essen, nicht schlafen, nicht lachen, nicht lächeln. Sie konnte sich nicht dazu durchringen, eines von Hadis Lieblingsgerichten zu kochen. Sie wollte das Haus nicht verlassen oder irgendwohin gehen, wo sie Alltagsgespräche führen musste, als wäre sie nicht in tiefer Trauer, als wäre Hadi immer noch da.

Huda beauftragte für 3000 Dollar einen palästinensischen Anwalt mit einem blauen Ausweis. Ismail weigerte sich zu zahlen. Er machte Hadi und Huda für die Verhaftung verantwortlich. Warum hatte Hadi irgendwo mit Steinen geschmissen, anstatt in der Schule zu sein? Warum hatte sie ihn nicht davon abgehalten? Das war für Huda zu viel. Wenn Ismail sich vor seiner Vaterrolle drückte, dann konnte er auch ganz aus ihrem Leben verschwinden. In Anlehnung an einen Koranvers, in dem der Gottesdiener al-Chidr mit Moses bricht, bat sie um Scheidung. Gewährst du sie nicht, sagte sie, dann erzähle ich überall, dass dir dein Land egal ist und du nicht mal bereit bist, deinen Sohn zu unterstützen. Das hatte offensichtlich gewirkt, denn Ismail willigte in die Scheidung ein.

Nach zwei Wochen rief der Anwalt an, um mitzuteilen, dass Hadi in einer Strafanstalt im Gush Etzion-Siedlungsblock südlich von Bethlehem saß und in Kürze beim Militärgericht im Ofer-Gefängnis zwischen Jerusalem und Ramallah eine Anhörung haben würde. Er könne von

Glück sagen, so schnell einen Termin bekommen zu haben, hieß es. Andere Eltern warteten oft drei, vier oder fünf Monate bis zur Verhandlung und einem Wiedersehen mit ihren Kindern.

Huda stand ein gründlicher Sicherheitscheck bevor, deshalb sollte sie früh erscheinen. Nach stundenlangem Warten betrat sie einen beengten Gerichtssaal. Im Raum befanden sich lediglich der Militärrichter, der Ankläger, Hadi, sein Anwalt, ein Übersetzer und einige Soldaten und Sicherheitsbeamte. Die Chancen für Hadis Freilassung standen gleich null: Die Verurteilungsrate des Militärgerichts lag bei 99,7 %. Für das Vergehen des Steinewerfens sogar noch höher. In den sechs Jahren nach Hadis Verhaftung wurden von den 835 angeklagten Kindern 834 schuldig gesprochen und fast alle verbüßten eine Gefängnisstrafe. Hunderte von ihnen waren zwölf bis fünfzehn Jahre alt.

Kurz vor Beginn der Anhörung erfuhr Huda, dass Hadi gestanden hatte, Steine geworfen und Anti-Besatzungs-Graffiti gezeichnet zu haben. Man sagte ihr, es sei verboten, Hadi anzusprechen oder ihn gar zu berühren, bei Verstoß drohe ihr unmittelbar der Rausschmiss. Als man Hadi in den Gerichtssaal führte, war er mit einem Bein an einen anderen Gefangenen gekettet. Huda schaffte es, still zu bleiben, doch sie stöhnte leise auf, als sie auf seinem Gesicht ein großes Brandmal sah. Da konnte sie die Tränen nicht zurückhalten, stand auf und verlangte durch den Übersetzer, das Verfahren zu unterbrechen. Sie sei Ärztin, sagte sie, und es sei offensichtlich, dass man ihren Sohn gefoltert habe.

Der IDF-Richter herrschte sie an, zu schweigen und sich wieder hinzusetzen. Huda weigerte sich und bestand darauf, Hadi solle sein Hemd hoch- und die Hose herunterziehen, um dem Gericht vor Augen zu führen, dass sein Geständnis unter Folter zustande gekommen war. Der Richter erlaubte es. Hadis Körper war mit Prellungen übersät, als habe man ihn mit Schlagstöcken traktiert. Wer hier vor Gericht gehöre, rief Huda, seien die Soldaten, die ihm das angetan hatten. Als der Richter die Sitzung vertagte, eilte Huda trotz des lautstarken Protestes der Wachen zu ihrem Sohn und gab ihm die Umarmung, die sie sich am Abend seiner Verhaftung versagt hatte. So als könnte sie ihn ein wenig wärmen, bevor er zurück in die kalte Gefängniszelle musste. Der Richter brüllte, dass sie bis zu seiner Freilassung keine Gelegenheit mehr haben werde, ihren Sohn zu berühren, dafür werde er sorgen.

Hadis Anwalt riet der Familie dringend, jeglichen angebotenen Deal bedingungslos anzunehmen, und plädierte auf neunzehn Monate Gefängnis, vermindert auf sechzehn Monate bei Zahlung einer Gebühr von 3 000 Schekel, annähernd 1 000 Dollar. Mit dieser Strafe kam Hadi besser davon als einige seiner Freunde und Klassenkameraden; etwa zwanzig von ihnen im Alter von zwölf bis sechzehn, die man zur gleichen Zeit verhaftet hatte. Ein paar der Schüler hatten einen blauen Ausweis und erhielten doppelt so lange Strafen. An die Abmachung war eine Bedingung geknüpft: Huda musste jede Anklage gegen die Soldaten, die Hadi misshandelt hatten, fallen lassen. Der Anwalt sagte, es gebe ohnehin keinerlei Chance, die Soldaten je dafür zu belangen, denn niemand würde gegen sie aussagen. Hadi lenkte ein.

Man brachte ihn ins Naqab-Gefängnis, wo Huda ihn so oft wie möglich besuchte. Was immer sie Hadi mitbrachte, hatte sie auch für die anderen Insassen dabei. Es waren Jungen im Teenageralter, viele von ihnen recht arm. Mit ihrem UNRWA-Gehalt war sie in der Lage, ihnen Geschenke zu geben, die ihre Eltern sich nicht leisten konnten. Sie versorgte sie mit Büchern, in der Hoffnung, sie würden die Jungs bei Laune halten. Hadis Freunde nannten ihr die Namen der Mädchen, die sie liebten, und sie gab ihnen beim nächsten Mal Reiskörner, die mit deren Initialen beschriftet waren. An einem Feiertag brachte sie ihnen einen mit blauem Himmel und Sternen gemusterten Wandteppich zur Verkleidung ihres Zeltdachs.

Für jeden kurzen vierzigminütigen Besuch nahm Huda fast vierundzwanzig Stunden Fahrt auf sich. Die Angehörigen saßen auf einer Seite einer Glaswand, die Gefangenen auf der anderen. Einigen Insassen waren Besuche ihrer Frauen oder Eltern oder Kindern über fünfzehn nicht gestattet, und andere durften überhaupt niemanden empfangen. Die Gefangenen und ihre Angehörigen sprachen durch eine kleine Öffnung in der Scheibe miteinander, die ihre Stimmen auf der anderen Seite kaum hörbar machte. Nur mit jüngeren Kindern war Körperkontakt erlaubt. Huda beobachtete, wie Mütter verschüchterte Söhne und Töchter ihren Vätern zuschubsten, die für sie längst Fremde waren. Die Kinder weinten und auch den Vätern war zum Heulen zumute.

Hadis anderthalb Jahre im Gefängnis waren für Huda die schlimmste Zeit ihres Lebens, sogar schlimmer als das Blutbad und die Nachwirkungen von Tunis im Jahr 1985. Es eröffnete ihr den Blick auf eine verborgene Welt der Leiden, von denen kaum eine palästinensische Familie verschont blieb. Etwas über ein Jahr nach Hadis Entlassung erschien ein UN-Bericht, der seit Beginn der Besatzung an die 700 000 Inhaftierungen von Palästinensern verzeichnete, was etwa 40 % aller Männer und Jungen in der Region entsprach. Den Schaden trugen nicht nur die betroffenen Familien, die verlorene Jahre und verlorene Kindheiten zu beklagen hatten. Er lastete auf der gesamten Gesellschaft, auf Müttern, Vätern, Großeltern, auf allen, die früher oder später zu dem Schluss kamen, dass sie nicht in der Lage waren, ihre Kinder zu schützen.

11

An die zwanzig Minuten waren vergangen, seit Huda und ihre Mitarbeiter den brennenden Bus erreicht hatten. Immer noch schlugen Flammen und Rauch aus den zersplitterten Fenstern. Abu Faraj, Hudas Fahrer, regelte den Verkehr, hielt für die Geborgenen eine Gasse frei und wies die Fahrer ankommender Fahrzeuge an, kehrtzumachen. Die Menschenmenge war derart gewachsen, dass Huda den Fahrer und die Lehrerin, die sie und Salem vorne aus dem Bus gezogen hatten, nicht mehr sehen konnte.

Sie konzentrierte sich auf die Kinder und trug sie gemeinsam mit einer der UN-Krankenschwestern zu den Wagen, die am Unfallort angehalten hatten. Viele der Fahrer hatten angeboten, die Brandopfer zum nächstgelegenen Krankenhaus zu transportieren, das für die meisten in Ramallah war. Die Krankenhäuser in Jerusalem hatten einen weitaus besseren Ruf, waren aber nur mit blauen Ausweisen zugänglich. Einige der Fahrer hatten einen und konnten das Hadassah-Krankenhaus auf dem Skopusberg in Jerusalem ansteuern. Die Besitzer grüner Ausweise, also die Mehrheit, wandte sich in die entgegengesetzte Richtung, auf die überflutete Straße nach Ramallah.

Als man nahezu alle Kinder aus dem Bus geholt hatte, bemerkte Salem, der mittlerweile mehrmals den Flammen getrotzt und sich in den Bus gewagt hatte, dass Ula, die Lehrerin und Helferin an seiner Seite, unter einem der Vordersitze feststeckte und ihre Beine dem Feuer ausgesetzt waren. Doch als er zu ihr vordrang, kam jede Hilfe für sie zu spät. Er trug Ula aus dem Bus und legte sie auf den Boden. Ihr Neffe Saadi musste im strömenden Regen mitansehen, wie ein Mann sie mit seinem Mantel bedeckte.

Während all dem war Salem völlig betäubt gewesen – jemand aus der Menge hatte ihn am Arm gepackt und gekniffen und er hatte es nicht mal bemerkt. Eine von Hudas Krankenschwestern brüllte ihm zu, dass seine Jacke in Flammen stand, er schrie zurück, das sei nicht wahr. Die Schwester löschte sie, als er ein weiteres Mal in den Bus kletterte. Die wenigen übrig gebliebenen Kinder im Inneren waren nicht mehr am Leben. Der letzte Junge, den er barg, kauerte mit dem Gesicht nach unten hinter dem Skelett eines ausgebrannten Sitzes. Er trug immer noch seinen Rucksack, an dem Salem ihn hochhievte.

Als er das letzte Mal den Bus verließ, schluchzte Salem laut auf und er schrie seine Wut heraus, weil er nicht mehr Kinder hatte retten können. Wundersamerweise war sein Haar komplett vom Feuer verschont geblieben. Abu Faraj stand regungslos da, unter Schock, und starrte wie hypnotisiert in die Flammen. Als Huda sich der Krankenschwester an ihrer Seite zuwandte, blickte sie in ein schwarzes, vom Regen durchfurchtes Gesicht. Es war anzunehmen, dass sie selbst genauso aussah.

Alle waren völlig durchnässt und todmüde und es gab nichts mehr, was sie tun konnten. Als endlich ein palästinensischer Rettungswagen eintraf, hatte man die meisten verletzten Kinder bereits abtransportiert. Huda bemerkte ihn nicht einmal. Das Prasseln der Flammen, die Rufe und der allgemeine Tumult erfüllten immer noch die Luft. Von

Feuerwehrleuten, Polizeibeamten oder Soldaten war nach wie vor nichts zu sehen.

Huda wollte den Kindern hinterherfahren. Sie fand ihr Team und sie gingen zurück zu ihrem UNRWA-Transporter. Nidaa, die schwangere Pharmazeutin, saß noch darin, völlig niedergeschlagen. Abu Faraj setzte nach und nach alle zu Hause ab, während Huda herumtelefonierte und erfuhr, dass die meisten Kinder in Ramallah waren. Anschließend rief sie ihren Vorgesetzten an. Das Ausmaß der Katastrophe war ihm nicht recht bewusst und er verlangte, das Team solle umkehren und nach Khan al-Ahmar fahren, andernfalls werde er ihnen den Lohn kürzen. Huda weigerte sich und sagte, er könne gern ihr Gehalt kürzen, aber nicht das der anderen.

Nach einem Zwischenstopp, um schnell zu duschen, machte sich Huda auf zum Krankenhaus und nahm den Sozialpädagogen der Klinik mit. Als sie dort eintrafen, sprach sich schnell herum, dass Huda am Unfallort gewesen war. Eltern und andere Verwandte bestürmten sie und fragten nach einem Jungen mit Spiderman-Rucksack, einem Mädchen mit gelben Haarschleifen. Huda erzählte allen dasselbe: dass die Kinder rußbedeckt gewesen seien und sie nichts über ihre Kleidung sagen könne.

Huda besuchte ein Zimmer nach dem anderen, sah nach den verletzten Kindern und tröstete sie. Etwas war ihr nicht aus dem Kopf gegangen, seit sie den Unfallort verlassen hatte. Trotz aller Qual waren die Vorschüler still gewesen, jedenfalls zu Anfang. Nun, am Bett eines der Mädchen, fragte Huda nach dem Warum, nach dem Grund für diese

Stille. „Wir hatten solche Angst“, sagte das Mädchen. „Als wir die Flammen sahen, dachten wir, wir sind schon tot. Wir dachten, wir sind in der Hölle.“

Dritter Teil

Massenanfall von Verletzten

12

Am Vorabend des Unfalls saß Radwan Tawam in seinem Wohnzimmer in Jaba, als das Telefon klingelte. Es war sein Onkel Sami, der ein kleines Busunternehmen besaß, bei dem Radwan als Fahrer angestellt war. Ob Radwan am nächsten Morgen die Vorschulklasse von Nour al-Houda zu ihrem Ausflugsziel fahren könne. Radwan stand Sami sehr nah, das Verhältnis war fast brüderlich, deshalb half er gewöhnlich, doch diesmal zögerte er. Um sein Haus oben auf dem Hügel in Jaba wehten starke Böen, am Himmel kamen dunkle Wolken auf. Ein furchtbarer Sturm war im Anzug und die örtlichen Straßen waren für solches Wetter nicht gemacht.

Schon früh am nächsten Morgen rief Sami erneut an und Radwan ignorierte das Klingeln. Er würde sich nicht dazu überreden lassen, bei diesem Wetter zu fahren. Doch kurze Zeit nach dem letzten Anruf erschien Sami vor Radwans Haus, in einem ramponierten, siebenundzwanzig Jahre alten Bus mit fünfzig Sitzen. Er stieg aus, ging durch den Vorgarten, vorbei an den Oliven- und Feigenbäumen, die von den Sprengungen im nahen Kalksteinbruch permanent mit Staub bedeckt waren, und klopfte an Radwans Tür. Widerwillig gab Radwan sein Einverständnis.

Er fuhr los und manövrierte den Bus bergab durch Jabas enge Straßen, von denen aus man Ausblick auf den Familienbesitz der Tawams hatte; Land, das für die Siedlung Adam beschlagnahmt worden war. Während der zweiten Intifada hatte Israel die Hauptzufahrt nach Jaba durch

Aufschüttung eines Erdwalls blockiert, der immer noch Bestand hatte. Um Anata zu erreichen, mussten Radwan und Sami zuerst in die entgegengesetzte Richtung, nach a-Ram, und dort kehrtmachen in Richtung des Checkpoints auf der Jaba-Straße.

An der Nour al-Houda-Schule sprang Sami aus dem Bus mit der Begründung, er habe noch andere Dinge zu erledigen. Radwan sah Kinder vor einem weiteren von Samis Bussen Schlange stehen, der schon übervoll war. Also ließ der andere Fahrer einige Vorschüler wieder aussteigen und schickte sie zu Radwans Bus. Im strömenden Regen hatten die Lehrerinnen alle Hände voll zu tun, die nassen, aufgeregten Kinder auf die Busse zu verteilen, und so dachte niemand daran, die Passagierlisten entsprechend zu ändern.

Die Schüler drängten sich mit ihren viel zu großen Rucksäcken an Radwan vorbei. Als der Bus losfuhr und die Mauer den Blick nach draußen begrenzte, schaltete Radwan den Fernseher über dem Gang ein, damit die Kinder sich Zeichentrickfilme ansehen konnten. Als er den Jaba-Checkpoint erreichte, regnete es hörbar heftiger. Der ächzende Bus kam nur langsam voran, also blieb Radwan auf der rechten Spur, damit ihn andere Fahrzeuge auf dem gewundenen Weg bergauf überholen konnten. Um 8:45 Uhr, keine Minute nach Passieren des Checkpoints, rammte etwas den Bus mit ungeheurer Wucht. Radwan verlor das Bewusstsein.

Ein Video, aufgenommen von einem der Schaulustigen, zeigt das Geschehen in den letzten Minuten der Rettungsaktion, kurz vor Eintreffen der Krankenwagen und der Feuerwehr. Darin rennen Menschen zu dem umgestürzten Bus, der nur noch ein brennendes Gerippe ist, hohe rote Flammen schießen empor und gewaltige Rauchschwaden verdunkeln den Himmel über den Felswänden. Man hört eine Frau schreien. Jemand brüllt: „Da sind Kinder drin!" Und dann: „Feuerlöscher! Feuerlöscher!" Einige Männer holen kleine Feuerlöscher aus ihren Autos, andere kommen mit Wasserflaschen angerannt und schütten den Inhalt ohne jede Wirkung in das Inferno.

Die Flammen werden größer. Ein Mann tappt im Kreis herum und fasst sich mit beiden Händen ins Gesicht. Ein anderer schlägt sich selbst auf den Kopf. Ein Dritter stürmt mit leerem Feuerlöscher davon und brüllt: „Leute, wo seid ihr? Mein Gott!" Dann hebt er den Feuerlöscher über seinen Kopf und schmeißt ihn zu Boden. Ein kleiner Leichnam liegt auf der Straße. „Deckt ihn zu, deckt ihn zu!", ruft eine Stimme, und dann: „Wo bleiben die Rettungswagen?" – „Wo bleiben die Juden?"

Zwei Männer tragen im Laufen gemeinsam ein Kind. „Der Junge lebt noch! Schnell! Er muss reanimiert werden!" Jemand anders deutet auf die am Boden liegende Gestalt eines Erwachsenen. „Holt einen Wagen! Dieser Mann lebt noch!" Ein verschwommener Schemen entfernt sich vom Bus, ein Mädchen mit geflochtenen Zöpfen und rosa Schleifen in den Armen. Sie ist offenbar unverletzt und in einer Art Trance, denn sie antwortet nicht, als der Mann sie absetzt und fragt: „Brauchst du irgendwas, Liebes?" Nach und nach erscheinen andere Kinder auf dem

Bildschirm, die man zu den bereitstehenden Autos bringt. Aus den Rauchschwaden hört man Klagelaute.

Nader Morrar war als erster Sanitäter vor Ort. Um 8:54 Uhr hatte ihn ein Anruf der Zentrale erreicht, mit der Nachricht, auf der Jaba-Straße sei ein Bus umgestürzt. Ob der Bus leer war oder nicht, blieb dabei offen. Nader kannte den Unfallort, der Beiname „Todesstraße“ war ihm bereits untergekommen. Israelische Rettungswagen würden nach seiner Einschätzung zuerst dort sein, denn die Straße verlief durch Zone C, dem Teil des Westjordanlandes, der nach dem Osloer Abkommen in der Zuständigkeit der Verkehrspolizei, der Rettungskräfte und der Armee Israels verblieben war.

Um vom Hauptquartier des palästinensischen Roten Halbmondes in al-Bireh, wo er stationiert war, zum Ort des Geschehens zu gelangen, musste Nader durch die von der Sperranlage abgesonderte Gegend von Kufr Aqab, die bei Starkregen derart überschwemmt wurde, dass Autos in den Fluten versanken. Dann weiter zum Qalandia-Checkpoint und dem Stau auf der einspurigen Straße Richtung Osten zur Unfallstelle, insgesamt sieben Kilometer. Bei diesem Wetter würde die Fahrt etwa eine halbe Stunde in Anspruch nehmen.

Doch wider Erwarten schaffte er es in zehn Minuten. Noch überraschender war allerdings das Ausbleiben der israelischen Rettungskräfte, der Armee, der Polizei. Als Nader eintraf, hatte man die meisten Kinder bereits mit Autos abtransportiert, aber das wusste er nicht. Oben auf den Felswänden sah er Menschen stehen, die auf die Straße hinunterblickten, mit den Armen ruderten und riefen. Zu seiner Linken war der umgestürzte Schulbus, immer noch in Flammen. Mehrere Leichen lagen auf dem Boden verstreut. „Massenanfall von Verletzten", meldete Nader dem Hauptquartier über Funk und bat um Unterstützung.

Nader war dabei sehr unbehaglich zumute. Während der zweiten Intifada hatte er an der Birzeit Universität studiert und Israel hatte die Hauptzufahrt geschlossen. Bei einem Protestaufruf an Israel, Birzeit wieder zu öffnen, schoss ein Soldat Nader ins Bein, was ihm den Oberschenkelknochen gebrochen hatte. Erst nach zwei Operationen und einem Jahr Reha war er wiederhergestellt, das Studium hatte er abgebrochen. Das Ärzteteam inspirierte ihn dazu, eine Ausbildung zum Sanitäter anzufangen. Ein Jahrzehnt später, als er beim Roten Halbmond arbeitete, traf ihn erneut ein Schuss der israelischen Streitkräfte ins Bein.

Kaum war er aus dem Rettungswagen gestiegen, wurde er bestürmt, die Toten mitzunehmen. Das Feuer wütete mittlerweile so heftig, dass man sich dem Bus nicht mehr nähern konnte. Zwei Erwachsene mit Verbrennungen dritten Grades lagen auf dem Asphalt und rangen verzweifelt nach Luft. Eine davon war eine Lehrerin, der andere war Radwan, der Busfahrer, der mehrfache Knochenbrüche und schwere Verbrennungen erlitten hatte. Nader und sein Fahrer trugen sie zum sofortigen Abtransport in den Rettungswagen. Ramallah war das einzig mögliche Ziel. Beim Versuch, nach Jerusalem zu gelangen, hätte man an den Checkpoints auf die Erlaubnis warten müssen, die Opfer auf einer Trage zu einem israelischen Rettungswagen auf der anderen Seite überführen zu dürfen, was zu fatalen Verzögerungen geführt und die Patienten vielleicht das Leben gekostet hätte. Für Nader war in einer Krisensituation jeglicher rechtliche Status der Palästinenser irrelevant. Es zählte allein, ob die Patienten Palästinenser oder Juden waren. Unter keinen Umständen war es möglich, einen Juden in ein palästinensisches Krankenhaus zu bringen. Doch er hatte schon Palästinenser israelischer Nationalität in Krankenhäuser im Westjordanland gebracht – und beförderte nun seines Wissens zwei weitere. Während der Rettungswagen auf dem Weg von Ramallah mit heulenden Sirenen den Checkpoint von Qalandia passierte, behandelte Nader sowohl Radwan als auch die Lehrerin, versorgte sie mit Sauerstoff und hemmte den Blutverlust, ohne sich von ihren Schreien aus dem Konzept bringen zu lassen.

In seinem Haus in Tekoa, einer Siedlung in der trockenen, gelblichen Hügellandschaft südöstlich von Bethlehem, war Eldad Benshtein an diesem Tag früh aufgewacht. Er musste um 7 Uhr in Romema sein, einem Vorort Jerusalems, wo bei der Magen David Adom (Mada), der nationalen israelischen Hilfsorganisation für Notfälle, seine Schicht begann. Zu Füßen des Herodions, des Berges, auf dem König Herodes der Große einen Festungspalast in seinem eigenen Namen errichtet hatte, bot Tekoa einen spektakulären 360-Grad-Ausblick auf das Westjordanland. Die Palästinenser kannten die abgeflachte Erhebung unter dem Namen Jabal Fureidis, kleiner Paradieshügel.

Eldad stammte nicht aus Tokea, nicht einmal aus Israel, sondern war im Alter von elf Jahren mit seinen Eltern, die beide Ärzte waren, aus Moskau hergezogen. In Russland hatten sie beim Rettungsdienst gearbeitet. Eldad fand es spannender, Sanitäter zu werden als Arzt, und begann mit sechzehn als Freiwilliger bei der Mada, Jahre bevor er dort angestellt wurde. Mittlerweile war er dreiunddreißig und sah mit Ohrring, kahlrasiertem Kopf und Kinnbart aus wie ein Biker.

Sein Rettungsfahrzeug war auf dem Weg zu einem Einsatz in Pisgat Ze'ev, der Siedlung nahe Anata, als aus der Zentrale die Anweisung kam, stattdessen zu einem Unfall auf der Jaba-Straße zu fahren. Eldad erfuhr bloß, dass ein Lkw darin verwickelt war. Von Kindern oder einem Schulbus war keine Rede. Es regnete in Strömen. Mit heulenden Sirenen raste der Rettungswagen zum Jaba-Checkpoint, wo Soldaten ihn durchwinkten. Als Erstes war der riesige Sattelschlepper zu sehen, der die Straße versperrte, dahinter Feuer und aufsteigender Rauch. Während der Fahrer sich seitlich daran vorbeizwängte, drängten oben auf den Felswänden Palästinenser, die den Straßenverlauf überblicken konnten, durch Winken und Rufe zur Eile. Dann kam der brennende, umgestürzte Bus und die auf dem Boden verteilten toten Kinder in Sicht. Eldad sprang aus seinem Fahrzeug und brüllte auf Hebräisch: „Ist noch jemand im Bus? Noch irgendjemand im Bus?" Ein Teil der Leute verstand ihn offenbar nicht, die anderen hatten ihn in ihrer Verzweiflung nicht einmal wahrgenommen.

Es war 9:09 Uhr, vierundzwanzig Minuten nachdem der

Bus verunglückt war. Eldad war der erste Israeli vor Ort. Als er eintraf, kam gerade eine Militärambulanz von der Rama-Militärbasis aus der entgegengesetzten Richtung, die nur anderthalb Kilometer entfernt lag, bloß ein Stück die Straße hinunter. Doch von Löschwagen war immer noch nichts zu sehen. Eldad ging zurück zu seinem Fahrzeug, um einen Massenanfall von Verletzten zu melden, war aber nicht sicher, ob die Übertragung funktioniert hatte. Er versuchte es mit seinem Mobiltelefon – kein Netz – und setzte dann den Militärarzt darauf an, per IDF-Funk die Mada zu kontaktieren. Das Feuer wütete im Bus und machte ein Betreten unmöglich. Eldad besprach mit dem Militärarzt das weitere Vorgehen, obwohl er von Minute zu Minute sicherer wurde, dass alle, die noch im Bus gefangen waren, bis zum Eintreffen der Feuerwehr tot sein würden.

Kurze Zeit später sah er, dass sich aus der Richtung der Militärbasis in Rama palästinensische Löschfahrzeuge näherten und hörte auch die Sirenen. Als endlich, vierunddreißig Minuten nach dem Unfall, andere Rettungswagen von der Mada eintrafen, fragte er, ob sein Funkspruch durchgekommen sei. Das war der Fall, also waren wohl noch weitere Wagen unterwegs. Einer der Mada-Fahrer, ein alter, erfahrener Helfer, schlug vor, man solle die Rettungsfahrzeuge auf der Straße in Richtung Adam aufreihen, damit für andere Notarztwagen Platz blieb und man bereit wäre, die Verletzten nach der Bergung schnell nach Jerusalem zu bringen.

Eldad stand im Regen und betrachtete mit Grauen, wie die palästinensischen Feuerwehrkräfte das Inferno löschten. Das Ganze dauerte kaum fünfzehn Minuten, auch wenn es ihm viel länger vorkam. Als die letzten Flammen erstickt waren, kletterten die Leute in das Gerippe des Busses. Dann erfolgte die Meldung: Keine Leichen. Eldad atmete auf.

Nachdem er das letzte Kind aus dem Bus geborgen hatte, fühlte sich Salem wie ausgelaugt und war einer Ohnmacht nahe. Er wusste nicht, was mit ihm los war, aber er konnte sich kaum noch bewegen. Die Ankunft der palästinensischen Feuerwehrkräfte weckte ihn aus dieser Lethargie und er brüllte auf sie ein: „Ihr seid eine Stunde zu spät! Ihr habt sie getötet! Ihr habt unsere Kinder umgebracht!" Das schrie er wieder und wieder jedem Sanitäter, Feuerwehrmann und Polizisten ins Gesicht, egal ob Palästinenser oder Israeli.

Man führte Salem zu einem israelischen Rettungswagen, leistete Erste Hilfe und gab ihm eine Beruhigungsspritze. Zuerst wusste er nicht, wo er war. Doch sobald es ihm klar wurde, rannte er davon. Und verweigerte dann, sich in einen palästinensischen Rettungswagen zu setzen. „Ihr habt die Kinder umgebracht!", schrie er erneut. Er hörte nicht auf damit, in die Welt hinauszuschreien, die palästinensischen und israelischen Rettungskräfte seien Kindermörder.

Mittlerweile waren israelische Soldaten vor Ort und einer ging auf Salem zu. In einer Mischung aus Hebräisch und Arabisch forderte er ihn auf, diese Anschuldigung zu erläutern. Die Palästinenser, antwortete Salem, könnten sich ja wenigstens noch mit dem hohen Verkehrsaufkommen aus Richtung Ramallah herausreden. Außerdem seien ihnen in den Ortschaften nahe dem Unfallort keine eigenen Polizei- und Feuerwehrwagen erlaubt – ohne israelische Bewilligung sei ihnen ja nicht einmal die Benutzung der Jaba-Straße erlaubt. Und trotzdem seien sie zuerst dagewesen. Für die Israelis gebe es keinerlei Entschuldigung.

Alle Kunden in Salems Reifenwerkstatt waren Israelis. Er war der Arbeit wegen in ihren Siedlungen gewesen und wusste, dass sie dort Rettungswagen und Feuerwehrautos hatten. Das Polizeihauptquartier im Industriegebiet von Sha'ar Binyamin war nur zweieinhalb Kilometer entfernt. Tel Zion, die große ultraorthodoxe Siedlung oberhalb von Jaba, verfügte über ein Feuerwehrfahrzeug und einen Rettungswagen. Bis zur Feuerwache in Posgat Ze'ev waren es in Luftlinie nur gut drei Kilometer. Auch in Adam hatte er Rettungswagen vor einem Gebäude stehen sehen, weniger als anderthalb Kilometer entfernt – so nah, dass man vom brennenden Bus aus den Eingang sehen konnte. Der Jaba-Checkpoint lag noch näher, nur ein Stück die Straße hinunter, dort konnte man sogar den Rauch riechen. Da gab es einen Wassertank und die Soldaten hatten mit Sicherheit Feuerlöscher. Wie kam es, dass die Jaba-Beduinen ihre Wassertanks bis zu den Felswänden geschleppt hatten, aber kein einziger israelischer Soldat aufgetaucht war? Was war mit Rama, der Militärbasis? Wo waren die Soldaten und Sanitäter und Jeeps und Wassertanks und Feuerlöscher? Hätten zwei palästinensische Kinder auf der Straße Steine geworfen, dann wäre die Armee sofort zur

Stelle gewesen. Waren Juden in Gefahr, dann setzte Israel Hubschrauber ein. Aber bei einem brennenden Bus voller palästinensischer Kinder, da hatte man Zeit, bis alle Kinder schon fort waren. Salems Fazit lautete: „Ihr wolltet, dass sie sterben!"

Der Soldat gab ihm einen Stoß und Salem stieß zurück. Binnen Sekunden schlug ein halbes Dutzend Soldaten auf Salems Hinterkopf ein, bis er zu Boden fiel, dann hagelte es Faustschläge und Tritte. Als die Soldaten mit ihm fertig waren, griff sich jemand sein Handy und rief seine Frau an, damit sie ihn abholte. Nachdem er sein Leben riskiert hatte, um die Kinder zu retten, verbrachte Salem zehn Tage im Krankenhaus von Ramallah, mit Verletzungen an beiden Nieren und verschobenen Wirbeln.

Noch Monate später erwachte er nachts schreiend, hielt seiner Frau die Arme hin und flehte sie an, sich vom ihnen anhaftenden Geruch des Todes zu überzeugen. Wenn er seine Hände wusch, meinte er immer noch einen Hauch von brennenden Leichen wahrzunehmen. Dann brach er von jetzt auf gleich in Tränen aus. Seine Frau brachte ihn in eine psychiatrische Klinik in Bethlehem. Nach dem Unfall litt er an Gedächtnislücken und machte dafür die Schläge der Soldaten verantwortlich. Aber eigentlich war er für die Amnesieanfälle sogar dankbar. Sie allein bewahrten ihn davor, wahnsinnig zu werden.

Sobald Eldad Benshtein klar wurde, dass es für die Mada nichts zu tun gab, verließ er so schnell wie möglich den Ort des Geschehens. Kurz vor Adam blieb er mit seinem

Rettungswagen stehen und rauchte eine Zigarette, um sich erst einmal zu beruhigen, bevor es zurück nach Jerusalem ging. Das heute Erlebte – der Brandgeruch, die verkohlten Leichen, die klagende Menge, das Skelett des Busses – hatte ihn zurückversetzt in die 1990er. Er musste an seine Zeit als Volontär und die Serie von Selbstmordanschlägen in Bussen denken, die er für sich selbst die „Zeit der fliegenden Busse" genannt hatte.

Eldad kehrte in die Mada-Zentrale zurück, wo er den Auftrag erhielt, eines der Kinder vom Skopusberg-Komplex des Hadassah-Krankenhauses zu dessen Campus in Ein Kerem zu verlegen. Die Notfallambulanz sah aus wie ein Kriegsschauplatz. Die Gänge wurden blockiert von Familien mit verletzten Kindern, die man in Autos hergebracht hatte und die noch untersucht werden mussten. Er war hier, um Tala Bahri, ein Mädchen aus dem Shuafat-Lager abzuholen. Sie war eines der hübschesten Mädchen der Schule, mit großen bernsteinfarbenen Augen, langem, lockigem Haar und einem bezaubernden Lächeln, doch das konnte er nicht wissen. Denn nun war sie nicht wiederzuerkennen, mit schweren Verbrennungen, bewusstlos, narkotisiert und zur künstlichen Beatmung intubiert.

Auf dem Weg nach Ein Kerem hörte Eldad über Funk, Rettungskräfte der Mada seien unterwegs nach Qalandia, zur Übernahme von Patienten aus palästinensischen Rettungswagen, denen das Passieren des Checkpoints verweigert wurde. Die meisten waren verletzte Kinder aus dem Krankenhaus von Ramallah, die zur besseren Versorgung nach Jerusalem überführt werden sollten. Erst da wurde

Eldad das ganze Ausmaß der Tragödie klar. Er brachte Tala auf die Notfallstation, verließ die Unfallaufnahme und ging in einen der kleineren Parks des Hadassah-Komplexes. Dort stand er ganz für sich und weinte, weinte um Tala, die toten Kinder und die Selbstmordattentatsopfer einer vergangenen Zeit.

Als Eldad zurück zum Rettungswagen ging, kamen Nachrichtenleute vom Fernsehen auf ihn zu, um ihn zu befragen. Seine Frau schaute zu Hause in Tekoa die Nachrichten und sah plötzlich ihren Mann, der einen verwirrten Eindruck machte und nach Worten rang. So verloren hatte sie ihn noch nie zuvor gesehen.

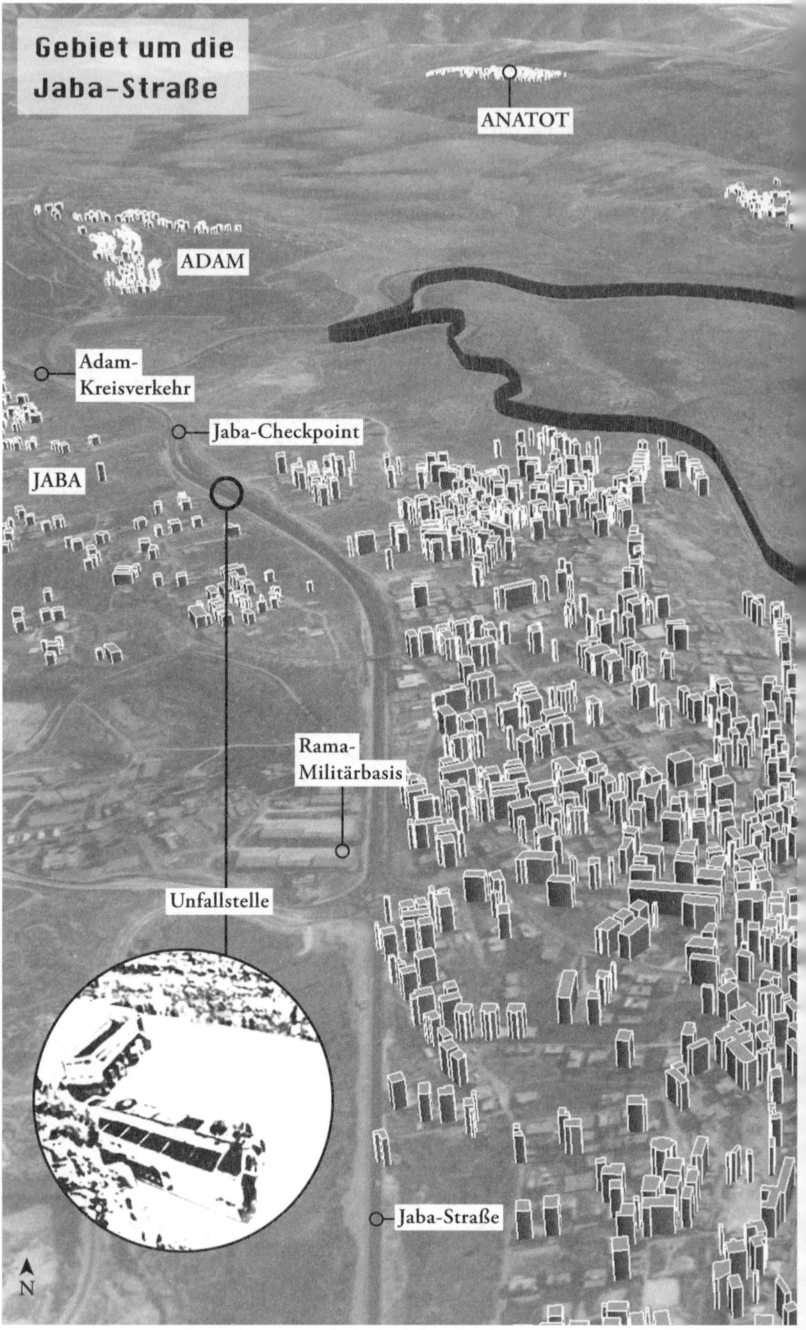
Gebiet um die Jaba-Straße
ANATOT
ADAM
Adam-Kreisverkehr
Jaba-Checkpoint
JABA
Rama-Militärbasis
Unfallstelle
Jaba-Straße
N

ANATA
Anatot-
Militärbasis
Nour al-Houda-
Schule
PISGAT
ZE'EV
HIZMA
Hizma-
Checkpoint
NEVE YAAKOV
A-RAM
Stadtgebiet von Jerusalem
Westjordanland
Die Mauer

Kaum hatte Eldad den Unfallort verlassen, traten nacheinander Soldaten, Polizisten, Feuerwehrleute und Reporter auf den Plan. Unter den letzten Rettungskräften, die dort eintrafen, war Dubi Weissenstern. Er erschien gewöhnlich erst, wenn alles vorbei war. Dubi führte die Logistik für ZAKA, die Freiwilligenorganisation zur Bergung von Toten, ihres Zeichens ultraorthodox beziehungsweise charedisch. Die Volontäre in den weißen Overalls durchkämmten Katastrophengebiete nach Opfern und Leichenteilen. Die ZAKA-Volontäre aus Jerusalem waren zum Großteil charedisch und erfüllten die Gebote der Halacha, die Toten zu ehren und möglichst so unversehrt zu bestatten, wie sie auf die Welt gekommen waren. Dubi gehörte zu den wenigen bezahlten Mitarbeitern.

Er war in Jerusalem aufgewachsen, hatte an einer Jeschiwa in Mea Shearim studiert, das zu den ältesten jüdischen Vierteln außerhalb der Altstadt gehörte. Dort waren die engstirnigsten und strengsten Anti-Zionisten und überwiegend chassidische Sekten beheimatet. Die Bewohner erachteten den Staat Israel für säkular und lehnten seine Gründung als eine Schändung jüdischen Rechts ab. Dubis Familie war in dieser Hinsicht weniger streng und er selbst kam eher modern daher. Er trug die Standarduniform mit dunkler Hose, weißem Anzughemd und schwarzer Kippa, hatte jedoch einen Stoppelbart, stylte sein sandfarbenes Haar wie ein Geschäftsmann und hatte seine Schläfenlocken schon vor vielen Jahren abgeschnitten.

Als Teenager hatte Dubi mit dem Gedanken gespielt, ein ganz anderes Leben zu führen. Er war damals ein sogenannter *shabaabnik* gewesen, ein junger Wilder, der es mit der Halacha nicht so genau nahm. Er hatte die Jeschiwa verlassen und ehrte den Sabbat nur halbherzig. Er hatte sogar Pilot in der israelischen Armee werden wollen, was ihn unter den Charedim zum Außenseiter gemacht und seiner Familie völlig entfremdet hätte. Seine Eltern stellten ihn damals vor die Wahl – er konnte nicht mit einem Bein in der charedischen Welt stehen und mit dem anderen außerhalb. Also trat er einen Schritt zurück, auch wenn das keineswegs aus Überzeugung geschah. Er wollte seine Eltern nicht verlieren.

Sein Vater und sein Bruder waren Freiwillige bei der ZAKA und Dubi tat es ihnen gleich. Sie arbeiteten eng mit der israelischen Polizei zusammen, waren an Tatorten oft die einzigen anderen Personen, erhielten Einblick in die Beweisaufnahme und verfolgten die Ermittlungen der Beamten. Dubi hatte eine hohe Sicherheitsfreigabe und den Rang eines der Polizei unterstellten zivilen Wachmanns erlangt. Die Arbeit in der Logistik hatte er übernommen, weil er den Anblick der Toten nicht ertragen konnte. Sein bester Freund hatte sich erhängt und Dubi war derjenige gewesen, der ihn gefunden hatte. Er war ohnmächtig geworden und hatte drei Tage lang nicht schlafen können. Als Leiter in Sachen Logistik wurde er nicht oft zu Unglücksstätten beordert, wohl aber zu Massenanfällen von Verletzten, wo er den Einsatz der Freiwilligen und der Ausrüstung koordinierte.

Das Grundprinzip seiner Arbeit war *k'vod hamet* – Respekt vor den Toten. Jedem Opfer waren fünf Freiwillige zugeteilt, genug, damit Tragen und Leichensäcke nicht über den Boden geschleift werden mussten. Manchmal waren nur Körperteile zu finden. Dubi war schon oft nach Selbstmordanschlägen eingesetzt worden, wo die ZAKA viele Stunden vor Ort darauf verwendete, auch die kleinsten Überreste zusammenzutragen. An solchen Tagen verglich er sich mit einem Hausmeister.

Die Sprengstoffanschläge in Machane Yehuda, dem Markt von Jerusalem, waren besonders hart. Täter und Opfer waren nicht mehr zu unterscheiden gewesen. Nach einem dieser Anschläge waren Dubi und seine Helfer ins Leichenschauhaus von Abu Kabir gefahren, um die Überreste von fünfzehn Personen abzuliefern, als der Pathologe ihnen mitteilte, sie hätten sechzehn Herzen mitgebracht. Manchmal sah Dubi in Albträumen seine Frau und seine Kinder bei einem Bombenanschlag umkommen.

Es regnete, als er über Funk die Nachricht von einem Unfall in der Nähe von Adam erhielt. Er war auf Schnee eingestellt, trug feste Stiefel, einen dunkelblauen Pullover und einen hellbraunen Wintermantel. Ob jüdische oder arabische Opfer zu beklagen waren, blieb unklar, er wusste nur, dass es sich um einen schweren Unfall handelte, bei dem Kinder ums Leben gekommen waren. Solange er die Zahl der Opfer nicht kannte, war unmöglich zu sagen, welche Ausrüstung seine Kollegen benötigen würden, deshalb hatte er keine besondere Eile, an den Unfallort zu kommen. Er fuhr von der ZAKA-Zentrale nach Jerusalem und hielt an der Lagerstätte unterhalb der Siedlung Ramat Schlomo, um Tragen, Taschen, Reinigungszubehör und weiße Overalls einzuladen. Wenn die Overalls mit Blut in Berührung kamen und eines der Opfer jüdisch war, dann mussten sie mit den Toten begraben werden.

Als er die Unfallstelle erreichte, standen zu beiden Seiten der Straße Rettungsfahrzeuge, Militärjeeps und Polizeiautos aufgereiht, die in der Mitte eine Gasse freiließen. Dubi entdeckte den Sattelschlepper, den ausgebrannten Bus, die Kinderrucksäcke. Auch wenn er schon einige Katastrophen gesehen hatte, gehörte dieser Unfall zweifellos zu den schlimmsten. Wahrscheinlich würden ihm von jetzt an, wenn seine Kinder sich morgens auf den Schulweg begaben, diese kleinen, verschmorten Rucksäcke einfallen.

Bentzi Oiring, der Leiter der ZAKA in Jerusalem, war schon vor Dubi eingetroffen. Bentzi war ein Bär von einem Mann, mit rundem Bauch und buschigem grauem Nikolausbart. Mit seiner Brille, der schwarzen Filzkippah, der schwarzen Weste über seinen Zizit-Quasten und dem weißen Kragenhemd schien er eher für die Jeschiwa gekleidet. Für die ZAKA arbeitete er seit ihrer Gründung im Jahr 1989 und war nach eigener Einschätzung bei 99 % der Bombenanschläge in Jerusalem dabei gewesen. Bentzi war ein noch größerer Anti-Zionist als Dubi. Er hätte kein Problem damit gehabt, unter einem palästinensischen Premierminister zu leben, solange er nicht genötigt würde, seinen Lebensstil zu ändern, wie das bei säkularen zionistischen Führern zu erwarten war.

In Bentzis Augen war das Schwierigste der Umgang mit den Toten. Die ZAKA blieb stunden- und manchmal tagelang bei den Leichen, sprach mit der Polizei, den Pathologen und den Mitgliedern der Chevra Kadischa, der Beerdigungsbruderschaft, die jüdische Leichen vor dem Begräbnis einer rituellen Säuberung unterzog. Am schwersten war es stets, die Verwandten zu benachrichtigen. Der Anblick der Toten war das eine, aber mitanzusehen, wie es eine Familie vor den eigenen Augen zerriss, war noch schrecklicher. Diesen Menschen blieb er unweigerlich für immer als Todesengel in Erinnerung. In einem charedischen Viertel von Jerusalem wurde Bentzi einmal von einem Vater erkannt, der auf die andere Seite einer sechsspurigen Straße flüchtete, um ihm auszuweichen.

Nachdem Dubi die großen blauen Kästen mit Ausrüstung ausgeladen hatte, zogen er, Bentzi und ein halbes Dutzend Freiwillige Latexhandschuhe und neongelbe ZAKA-Westen mit silbernen Reflexstreifen an. Dubi stand auf einem Militärjeep neben einem Soldaten und konnte so die Menge überblicken und Anweisungen geben. Bentzi und die anderen ZAKA-Mitarbeiter durchsuchten den Bus, den Sattelschlepper und das Straßenpflaster nach Körperteilen. Sie fanden nichts. Dubi folgte ihnen, um ganz sicherzugehen. Jemand äußerte die Vermutung, es könnten sich noch Leichen unter dem umgestürzten Bus befinden, also warteten sie eine Stunde auf einen Kran, der ihn anheben konnte.

Im Gegensatz zu Bentzi ging Dubi Gesprächen mit den Familien der Toten aus dem Weg. Er sagte, er sei kein guter Schauspieler und bringe es nicht fertig, sie zu belügen, was den Zustand ihrer geliebten Menschen betraf. Es kam ihm ganz natürlich vor, dass der Tod von Juden ihn stärker betraf als der von Palästinensern – jeder Jude, der etwas anderes behauptete, log, es war einfach nicht dasselbe. Doch selbst eine Tragödie auf Distanz blieb nicht ohne Wirkung. Den Kindern im Bus fühlte sich Dubi eigentlich nur sehr entfernt verbunden, doch die Rucksäcke hatten sie ihm näher gebracht. Er konnte sich in die Lage der Eltern aus Anata und dem Shuafat-Lager hineinversetzen. Jeder Tod war verheerend, selbst wenn er vorhersehbar war, wenn jemand krank war und nur eine 50-prozentige Überlebenschance hatte. Aber gleich von 0 % auf 100 % zu kommen, das war etwas anderes. Das musste jede Mutter und jeden Vater in Stücke reißen.

Oberst Saar Tzur war in der Nähe des Qalandia-Checkpoints, nicht weit vom Unfallort, als ihn die Nachricht erreichte. Er hatte bei den Streitkräften der IDF Karriere gemacht und war Kommandeur der Binyamin-Brigade, die zuständig für das zentrale Westjordanland inklusive der Metropolregion Jerusalem war. Nach vielen Jahren Einsatz in diesem Gebiet kannte er sich gut aus und hatte momentan sein Hauptquartier in der Beit El-Basis am Rande von Ramallah. Fragte ihn jemand, wie lange er in seiner jetzigen Position als Kommandeur gedient habe, machte er aus den zwei Jahren gleich vier, weil er auf der Basis lebte und kaum schlief. An normalen Tagen legte er sich um fünf oder sechs Uhr hin und stand gegen neun wieder auf. Seine Frau und seine drei kleinen Kinder bekam er kaum zu sehen.

Der Qalandia-Checkpoint war für ihn ein unvergesslicher Ort. 2004 war er in seinem Jeep gleichzeitig mit einem Mann aus Dschenin angekommen, den die al-Aqsa-Märtyrerbrigaden der Fatah mit einer Bombe geschickt hatten. Als der Mann eine Gruppe von Grenzsoldaten und -polizisten kommen sah, löste er die Bombe per Fernzünder aus. Saar war gerade aus seinem Jeep gestiegen, als sie explodierte und ihn und drei Grenzpolizisten nach hinten schleuderte. Saar flog zehn Meter weit und prallte mit dem Kopf gegen ein Auto. Die Polizisten waren schwer verletzt. Die Einzigen, die bei der Detonation getötet wurden, waren zwei unbeteiligte Palästinenser.

Heutzutage, seit Errichtung der Mauer, gingen die meisten Todesopfer in der Jerusalem-Ramallah-Region auf Autounfälle zurück. In Saars Sektor gab es auf den maroden Straßen jede Woche Verletzte und Tote. Doch wie sehr sich der Unfall bei Jaba von den gewöhnlichen abhob, erkannte Saar am Grad der Verwüstung, der Bestürzung der Augenzeugen und dem Schock beim Anblick der kleinen Rucksäcke auf der Straße.

Bei seiner Ankunft sah Saar, wie Soldaten und Palästinenser aufeinander einbrüllten. Er wusste nicht, worum es bei dieser Auseinandersetzung ging, doch die Palästinenser, offenbar Sicherheitskräfte in Zivil, hatten hier eigentlich nichts verloren. Dies war Zone C, der Teil des Westjordanlandes, der vollständig unter israelischer Kontrolle lag.

Die Prügel für Salem hatten den Streit entfacht, der dann übergegangen war in eine Auseinandersetzung über Zuständigkeiten. Die Palästinenser wollten, dass die israelischen Soldaten abzogen, ein unerhörter Anspruch. Während beide Seiten miteinander debattierten, erschien ein hohes Tier – Ibrahim Salama, der Kopf des palästinensischen Innenministeriums in der Region Jerusalem. Saar hatte von ihm gehört, aber getroffen hatten sie sich nie. Ibrahim war Abeds Cousin ersten Grades, doch er hatte keine Ahnung, dass Abeds Sohn in dem Bus gewesen, geschweige denn, dass dieser aus Anata gekommen war.

Abu Muhammad Bahri, der Großvater eines der Kinder, hatte ihn aufgesucht und alarmiert, also war er sofort hergefahren. Muhammad, ein imposanter älterer Herr in einer Kufiya, war an diesem Tag vom Shuafat-Lager aus nach a-Ram gefahren, um im Innenministerium seinen Ausweis erneuern zu lassen. Auf dem Weg hatte er die Unfallstelle gesehen, ohne zu ahnen, dass seine Enkelin, Tala Bahri, im Bus war und zu den Verletzten gehörte. Abu Muhammad schien sehr mitgenommen und seine Angaben waren wirr, doch Ibrahim verstand, dass in der Nähe des Jaba-Checkpoints etwas Schreckliches passiert sein musste.

Dann begann auch Ibrahims Belegschaft darüber zu reden. In Begleitung seiner Stellvertreter und einiger Personenschützer wollte er sich selbst ein Bild der Lage verschaffen. Er war einer der wenigen PA-Funktionäre, denen von Israel erlaubt wurde, sich im Westjordanland mit bewaffneten Leibwächtern zu bewegen. Und diesen Schutz hatte er auch nötig: Als eines der bekanntesten Gesichter der Kooperation mit Israel in Sicherheitsfragen hatte sich Ibrahim unter den Palästinensern viele Feinde gemacht. Selbst Abed fand, dass sein Cousin bei der Zusammenarbeit mit Israel eine rote Linie überschritt. Ibrahim überwachte die Anwerbung von Informanten und die Verhaftungen Militanter und stand in ständigem Austausch mit einflussreichen Israelis, vom Armeegeneral bis zum Verteidigungsminister, mit denen er fließend Hebräisch sprach. Mehr als einmal hatte man auf ihn geschossen.

Ibrahim hatte den Bauch eines Mannes mittleren Alters und das schelmische Grinsen eines kleinen Jungen. Er war stolz auf seine Raffinesse und bezeichnete sich selbst gern als Fuchs. Er konnte Leute über den Tisch ziehen, ohne dass sie es mitbekamen. Erst kürzlich hatte er eine zweite Frau geheiratet – die erste lebte mit ihrer Mutter in Dahiyat a-Salaam, die neue mit ihm in Ramallah, wo er sich fünf Tage die Woche aufhielt. Ibrahim ließ gegenüber seinen Freunden beim israelischen Militär gerne verlauten, was Ehefrauen betraf, sei er ganz auf der Seite von Ariel Scharons Politik der Abschottung Gazas, bekannt als „Abkopplungsplan". Zum Gelächter der Generale fügte er hinzu, er habe versucht, seine Ehefrauen mithilfe einer Wahrheits- und Versöhnungskommission zusammenzubringen, aber ohne Erfolg.

Ibrahim und seine Begleiter, mit zwei Autos unterwegs Richtung Jaba, näherten sich dem Rückstau am Kreisverkehr von a-Ram und scherten aus auf einen unbefestigten, parallel verlaufenden Weg. Unterwegs hatte er über Funk erfahren, dass ein palästinensischer Schulbus in den Unfall verwickelt war und dass Eltern verzweifelt nach ihren Kindern suchten. Vor einer Straßensperre der Armee ließ Ibrahim den Fahrer anhalten und ging zu Fuß weiter. Als er den felsigen Hügel hinab und auf die Menschenmenge zukam, winkte ihn ein alter Freund heran, Yossi Stern, der

Führer der israelischen Zivilverwaltung – in Nachfolge der Militärregierung – im Bezirk Ramallah. Zu Yossis Zuständigkeit gehörte es, Palästinensern Arbeits- und Reisebewilligungen auszustellen, den Siedlungsbau zu bewilligen und palästinensische Häuser abzureißen. Außerdem war er in Sicherheitsfragen mitverantwortlich für die Abstimmung mit der PA, daher kannte er Ibrahim.

Yossi stand neben Saar, beide in ihren grünen Uniformen. Saar hatte zwei Rucksäcke aufgesetzt, eine Antenne überragte seine Schultern. Während Ibrahim zu den beiden hinüberging, wurde er Zeuge des andauernden Streits zwischen den Soldaten und den palästinensischen Beamten. Offensichtlich wurde es hier höchste Zeit für eine Deeskalation. Sofort kommandierte Ibrahim die palästinensischen Beamten im Zentrum des Geschehens ab. Dann wandte er sich an Yossi. Ihm war klar, dass seine folgenden Forderungen gewagt waren, aber die Situation ließ ihm keine Wahl. Erstens: den Sicherheitskräften der PA die Kontrolle zu überlassen, auch wenn sie überhaupt nicht hier sein durften. Zweitens: an den Checkpoints Eltern mit grünen Ausweisen auch ohne die nötige Bewilligung die Durchfahrt nach Jerusalem zu gewähren.

Die Entscheidung lag bei Saar und er stimmte zu, ohne sich erst mit seinem Vorgesetzten abzusprechen. Hier erlebte Saar zum ersten und einzigen Mal, dass die Armee in Zone C die Kontrolle anderen überließ. Hätte es sich bei den Opfern um Juden gehandelt, wäre es völlig undenkbar gewesen und Ibrahim hätte gar nicht erst gefragt. Saar versicherte Ibrahim, die Armee werde ihn mit allen Mitteln unterstützen. Dann zog er seine Truppen zurück an die Grenze und übergab die Befehlsgewalt an die palästinensischen Zivilbeamten und Feuerwehrleute. Verstärkung bekamen sie später von der PA-Polizei, die am Checkpoint von Bei El aufgehalten worden war, wo sie auf die Genehmigung warten musste, Ramallah zu verlassen.

Ashraf Qayqas, der Fahrer des Sattelschleppers, wurde zum Hadassah-Krankenhaus auf dem Skopusberg gebracht. Er war nur leicht verletzt und polizeiliche Ermittler konnten ihn noch am selben Tag zum Geschehen befragen. Ashraf hatte in Anata gelebt, gleich gegenüber von Abed, und bevor er Lkw-Fahrer geworden war, hatte er mit einem von Abeds beduinischen Freunden alte israelische Autos repariert und weiterverkauft.

An jenem Morgen war Ashraf um 6 Uhr zu seinem Job als Fahrer für eine Betonfabrik in Atarot aufgebrochen, einem Industriegebiet der Siedlungen in Ostjerusalem. Um 6:30 Uhr war er mit dem leeren Sattelschlepper unterwegs zu einem Kalksteinbruch nahe der Kokhav HaShahar-Siedlung in siebenundvierzig Kilometern Entfernung. Dort nahm er eine Ladung Schotter auf, lieferte sie an eine Fabrik in Atarot und machte sich dann wieder auf den Rückweg, um eine weitere Ladung zu übernehmen.

Kokhav HaShahar war 1975 unter einer Labor-Regierung als militärischer Außenposten erbaut worden, auf Land, das man per Militärverordnung den Dörfern Deir Jarir und Kufr Malik aberkannt hatte, und wurde fünf Jahre später für die Besiedlung freigegeben. Der Steinbruch von Kokhav HaShahar war einer von zehn im Westjordanland in israelischem Besitz. 2010 lieferten die Siedlungssteinbrüche 94 % ihres Natursteinertrags an Israel, was sich auf ein Viertel des gesamten innerstaatlich verwendeten Abbaus belief. Die verbleibenden 6 % kamen Siedlungen im Westjordanland, dem palästinensische Bauwesen und der Zivilverwaltung zugute.

Erst sieben Wochen vor dem Unglück hatte Israels High Court of Justice über die Legalität der Siedlungssteinbrüche im Westjordanland entschieden. Internationales Recht verbietet Besatzungsmächten, die Ressourcen in besetzten Gebieten auszubeuten. Plünderung gilt als Kriegsverbrechen. Doch das Gericht beschloss einstimmig, der Staat sei befugt, die natürlichen Ressourcen des Westjordanlandes zu nutzen. Dorit Beinisch, die Vorsitzende, die in Israel als liberale Richterin galt, gab als Grund dafür an, die Besatzung dauere nunmehr so lange an, dass sie der „Anpassung des Rechts an die tatsächlichen Gegebenheiten" bedürfe.

In seinem Zimmer im Hadassah-Krankenhaus auf dem Skopusberg sagte Ashraf den Ermittlern, er habe keine Ahnung, wie es zu dem Unfall gekommen sei. Er konnte nicht sagen, warum er in den entgegenkommenden Verkehr gerast oder warum er bei derart schlechtem Wetter die Geschwindigkeitsbegrenzung so weit überschritten hatte. Er war beinahe doppelt so schnell gefahren wie erlaubt, neunzig km/h anstatt der vorgeschriebenen fünfzig. Bei dem Starkregen betrug die Sichtweite keine dreißig Meter, seine Frontscheibenwischer hatten auch auf der höchsten Stufe die Sicht nicht klären können. Kurz vor Erreichen des Jaba-Checkpoints hatte er versucht, abzubremsen. Den Bus habe er nicht gesehen, sagte er, weil er sich wegen der Schlaglöcher auf die Fahrbahn konzentriert habe, um Schäden am Lkw zu vermeiden.

In Wahrheit hatte Ashraf grob fahrlässig gehandelt. In einem schrecklichen Sturm war er mit seinem Dreißig-Tonner-Monstrum auf nasser, abschüssiger Straße viel zu schnell gefahren. Er hatte bis dahin bereits fünfundzwanzig Verkehrsverstöße begangen, war im Umgang mit Schwerlastern kaum erfahren – den Führerschein hatte er im Vorjahr bekommen – und arbeitete erst seit einem Monat für die Betonfirma. Und auch das Vorgehen der Firma war unverantwortlich, die Ashraf nicht ausreichend mit dem komplizierten Bremssystem vertraut gemacht hatte, das in einer fünfachsigen Mercedes-Benz Actros-Zugmaschine samt hoch entwickeltem vierachsigen Auflieger verbaut war.

Dass er beim Einfahren in den Kreisverkehr von a-Ram möglicherweise einen Retarder, eine Dauerbremsvorrichtung, eingesetzt und dann versäumt hatte, diese wieder abzustellen, leugnete Ashraf – gab es aber später zu. Der Retarder, erklärte Ashraf, schaltete sich automatisch ein, sobald er den Fuß vom Gas nahm, um die Geschwindigkeit zu reduzieren. Er erwähnte allerdings nicht, dass das Handbuch für den Lkw eine deutliche rote Warnung enthielt, den Retarder nicht bei Nässe einzusetzen, weil dann die Antriebsräder blockierten und das Fahrzeug ins Rutschen kam.

Später stellte ein anderer Ermittler Ashraf eine letzte

Frage: „Sie sind ein ausgebildeter Fahrer. Können Sie bei Regen einen Retarder einsetzen?"

„Ja", antwortete Ashraf. „Bei Regen ist das kein Problem, es ist nur ein wenig Vorsicht geboten."

Der Polizeibericht kam zu dem Schluss, dass Ashrafs Geschwindigkeitsüberschreitung, seine mangelnde Fahrpraxis und die mangelnde Kenntnis des Bremssystems den Unfall verursacht hatten. Ein geübter Fahrer hätte demnach gewusst, dass ein Retarder nicht auf nasser Straße einzusetzen war.

Ashraf hatte sich auf einer langen, geraden Strecke befunden, als er die Kontrolle verlor. Der Lkw schwenkte in den zweispurigen Gegenverkehr und der Auflieger schlitterte quer über die gesamte Breite der Straße und krachte in die Zugmaschine. Der Sattelschlepper raste mit heftig schlingerndem Auflieger weiter auf den Bus zu. Obwohl dieser abbremste und auf dem leicht abschüssigen Seitenstreifen völlig zum Stillstand kam, war er dem Lkw im Weg. Der Laster rammte den Bus frontal, schob ihn rückwärts und schleuderte dann um die eigene Achse, mit ausschwingendem Auflieger. Kurz darauf krachte der in den Bus und kippte ihn um. Der Aufprall verursachte im Sicherungskasten einen Kurzschluss, wodurch ein Feuer entstand, das durch die starken Winde unaufhaltsam angefacht wurde.

In einem Krankenhaus mitten in Israel lag Radwan Tawam in seinem Bett, ganz benommen von den Schmerzmitteln. Er hatte alles verdrängt: die Kollision, seine brennenden Beine, wie Salem und Huda ihn durch die zerstörte Frontscheibe des Busses gezogen hatten, wie er zwanzig Minuten dagelegen hatte, bis Nader Morrar kam, und die quälende Fahrt mit dem Rettungswagen ins Krankenhaus nach Ramallah. Er wusste auch nicht mehr, wie seine in Tränen aufgelöste Frau bei den Aufzügen stand, oder wie sein Bruder dem Doktor sagte, in einem abgewrackten Krankenhaus wie diesem käme eine Amputation von Radwans Beinen nicht infrage. Er erinnerte sich nicht mehr daran, dass sein Bruder seine Beziehungen genutzt hatte, damit er ins Tel Hashomer-Krankenhaus bei Tel Aviv überführt werden konnte, oder dass sein Cousin, ein Zahnarzt, während der Fahrt bei ihm gewesen war und Radwans ständiges „Es ist nicht meine Schuld, es ist nicht meine Schuld" mitangehört hatte.

Woran er sich erinnerte, waren das Erwachen nach zweimonatigem Koma und die Erkenntnis, dass er keine Beine mehr hatte. Der Schock löste einen Schlaganfall und einen Herzinfarkt aus, und die Ärzte versetzten ihn in ein zweites Koma, das einen Monat andauerte. Als Radwan drei Monate nach dem Unfall wieder zu sich kam, konnte er nicht mehr sprechen. Dann erhielt er die niederschmetternde Nachricht, dass sechs Kinder und eine Lehrerin ums Leben gekommen waren. Nach vielen Monaten der Rehabilitation konnte er mit einer Hälfte seines Mundes wieder artikulieren, wenn auch undeutlich. Das Schlimmste war nicht der Rollstuhl an sich, sondern die erniedrigende, entmachtende Abhängigkeit. Zunächst lehnte er es strikt ab, Windeln zu tragen, und versuchte vergeblich, den Toilettengang allein zu bewältigen. Als die Ärzte ihm den

Gips vom Arm entfernten, sahen sie, dass er im Krankenhaus von Ramallah nicht sauber angelegt worden war, das Handgelenk darunter war stark deformiert. Dass er überlebt hatte, war allein seiner Frau zu verdanken, dessen war Radwan sich sicher. Sie schlief über ein Jahr lang bei ihm im Krankenhaus.

Alle möglichen Betrüger kreuzten bei Radwan auf und versprachen Entschädigungen in Millionenhöhe. Er und seine Frau fühlten sich von den israelischen Anwälten und den Dokumenten in einer Sprache, die sie nicht verstanden, überfordert. Einer seiner Söhne arbeitete in der SodaStream-Fabrik im Industriegebiet der Siedlung Mishor Adumim bei Khan al-Ahmar. Dessen Chef hatte einen blauen Ausweis für Jerusalem, sprach gut Hebräisch und bot seine Hilfe an. Doch als sie ihm Geld dafür gaben, einen Anwalt zu beauftragen, machte er sich damit davon. Radwan hörte, er sei nach Beit Safafa gezogen, auf der anderen Seite der Mauer. Da Jerusalem für ihn unerreichbar und eine Suche somit unmöglich war, musste Radwan das Geld abschreiben.

Sein Berufsleben fand ein Ende, ebenso wie seine Freundschaft zu Sami, der nach dem Unfall verschwand. Für den Rest seines Lebens war Radwan auf sein Haus in Jaba beschränkt. Seine Frau schob ihn im Rollstuhl von einem Zimmer ins andere, in der Ferne waren die Explosionen im Kalksteinbruch zu hören und er sah zu, wie in seinem Vorgarten der Staub auf die Feigen- und Olivenbäume rieselte.

Vierter Teil

Die Mauer

13

Für Oberst Saar Tzur war der entscheidende Aspekt des Jaba-Unfalls, dass er dabei Ibrahim Salama kennengelernt hatte. Sie blieben Freunde und pflegten eine Beziehung, von der beide profitierten. Wenn Ibrahim ihn bat, eine palästinensische Straße, die von der Armee mit Betonblöcken oder Erdwällen versperrt worden war, wieder freizugeben, sorgte Saar dafür. Diese Art der „Lockerungsmaßnahmen", wie die Armee sie nannte, erhöhte die Lebensqualität der Palästinenser enorm, denn sie hatten es nicht mehr so weit zur Arbeit und zu ihren Feldern und fühlten sich generell weniger gefangen. Und wenn Ibrahim ihm die Namen von palästinensischen Offiziellen und Geschäftsleuten nannte, fügte Saar sie der Liste von VIPs hinzu, die den exklusiven und zeitsparenden Checkpoint von Beit El passieren durften. Ibrahim wiederum unterstützte Saar darin, zu reduzieren, was die Armee als „Spannungen" bezeichnete: die palästinensische Missachtung der israelischen Militärordnung.

Monatelang waren Saars Jeeps auf der Jaba-Straße nahe a-Ram und dem Stützpunkt von Rama mit Steinen und Molotowcocktails beworfen worden. Saar war unschlüssig, wie er das handhaben sollte. A-Ram war gesetzliches Niemandsland, von Israel gemieden und für die Sicherheitskräfte der PA tabu. Es war von militärischen Einrichtungen umgeben und auf drei Seiten eng von der Mauer umschlossen. Ungehindert gelangten die Bewohner mithilfe von Leitern und Seilen nach Jerusalem.

Alle bisherigen Maßnahmen seitens Saar und seiner Soldaten hatten den Widerstand nur verschärft. Er gab Anweisung, den steine- und molotowcocktailswerfenden *shabaab* in die Knie zu schießen, aber natürlich sah er kommen, dass eines Tages ein Soldat höher treffen und einen der Demonstranten töten würde, was die Probleme in a-Ram nur verschlimmern würde. Acht Tage nach dem Unfall auf der Jaba-Straße geschah genau das. Während einer Protestaktion am Freitagnachmittag am Rande von a-Ram bewarf ein Dreiundzwanzigjähriger die Streitkräfte der IDF mit Feuerwerkskörpern, woraufhin er beschossen und getötet wurde. Und auf Saars gepanzerte Jeeps regnete es Steine.

Sobald sich Saar an Ibrahim wandte, ob er in dieser Sache nicht irgendetwas bewirken könne, hatte das Problem ein Ende und kehrte während Saars Amtszeit auch nicht wieder. Dabei musste Ibrahim nicht viel Druck ausüben: Zwar wurde die *sulta* von der *shabaab* verachtet, doch ebenso wurde sie gefürchtet, und das aus gutem Grund. Diese Erfahrung ließ Saar noch einmal überdenken, wie er seinen Job am besten machen konnte. Er kam zu dem Schluss, dass er sich zu sehr auf militärisches Rüstzeug verlassen hatte, wenn doch durch entsprechende Arrangements mit Leuten wie Ibrahim viel mehr zu erreichen war.

Noch mehr als die Zusammenarbeit mit der PA hatte die Mauer seinen Job erleichtert, davon war Saar überzeugt. Er hatte in allen von Israel beherrschten Gebieten gedient und dabei hatte sich das Ballungsgebiet bestehend aus dem Großraum Jerusalem und Ramallah als die bei Weitem größte Herausforderung erwiesen. Es war kaum auszumachen, wo das eine endete und das andere begann. Der Sektor war dicht besiedelt, mit jüdischen und palästinensischen Gemeinden in unmittelbarer Nachbarschaft. Dort wohnten Palästinenser mit unterschiedlichem Status, von israelischen Staatsbürgern bis zu Inhabern blauer und grüner Ausweise. Außerdem gab es Orte wie das Shuafat-Lager und Dahiyat a-Salaam, eigentlich Niemandsland, formal von Israel annektiert und deshalb für die PA tabu, doch völlig vernachlässigt von israelischen Dienstleistern, die selten je dort auftauchten – nicht mal die Feuerwehr hätte sich ohne militärischen Begleitschutz in diese Gegend getraut. Und es gab auch das genaue Gegenteil: Siedlungen, die von Israel zwar nicht formal annektiert waren, aber trotzdem nahtlos daran angebunden und in den Genuss aller Dienstleistungen kamen, die den Palästinensern nebenan verwehrt blieben.

Die Komplexität des Gebietes und seine hohe palästinensische Bevölkerungszahl machten es zur bevorzugten Route jener, die Anschläge innerhalb Israels verüben wollten. 2003 plante eine Frau, die durch israelischen Beschuss drei Verwandte verloren hatte, in einem Restaurant in Haifa einen Selbstmordanschlag. Von ihrem Wohnort Dschenin aus fuhr sie dazu zuerst zwei Stunden Richtung Süden nach Jerusalem und von dort aus zweieinhalb Stunden Richtung Norden bis Haifa.

Die israelische Polizei und die Armee werteten diese Art von Anschlägen als Beweis für die Notwendigkeit einer Sperranlage. Saar unterstützte ihre Errichtung, besonders im Großraum Jerusalem. Denn wie er stets betonte, bestand ein wesentlicher Unterschied zwischen seinem Arbeitspensum Mitte der 2000er, als sich große Teile der Mauer noch im Bau befanden, und der Zeit, als sie auch in seinem Bereich vollendet war. Von 2004 bis 2006 waren bei Anschlägen im Großraum Jerusalem und Ramallah drei israelische Soldaten und fünf Zivilisten getötet worden, von 2010 bis 2012 kein einziger.

Die Sperranlage war das größte Infrastrukturprojekt in der Geschichte Israels. Zur Zeit des Unfalls befand sich der Bau im zehnten Jahr und die Kosten beliefen sich inzwischen auf 3 Milliarden Dollar, mehr als doppelt so viel wie für den National Water Carrier, das landesweite Kanal- und Leitungssystem. Ihr Architekt war Dany Tirza, ein Oberst der Reserve, der dreizehn Jahre lang die strategische Planung der IDF im Westjordanland geleitet hatte. Er hatte an praktisch allen territorialen Verhandlungen mit den Palästinensern teilgenommen und für alles die Pläne erstellt, von der anfänglichen Grenzziehung von Oslos palästinensischen Autonomiegebieten bis hin zu Israels späteren Vorschlägen für eine endgültige Vereinbarung. Jassir Arafat nannte ihn Abu Kharita, Vater der Landkarten. Dany glaubte, Arafat habe in Wahrheit *Abu Kharta* gemeint, Vater des Schwachsinns.

Am Tag des Jaba-Unglücks war er dreiundfünfzig Jahre alt und Verwaltungsoberhaupt seiner Siedlung Kfar Adumim. Sie war 1979 errichtet worden, auf Land, das man von Anata beschlagnahmt hatte. Zehn Jahre nach der

Gründung war Dany dorthin gezogen. Er erinnerte sich, wie karg anfangs alles gewesen war: nicht einmal hundert Familien und kein Baum weit und breit. Jetzt war es längst eine grüne Oase mit Blumen, Palmen, rotüberdachten Villen und Swimmingpools, die Heimat von mehr als 3400 jüdischen Israelis, manche davon Siedler der zweiten und dritten Generation. Im Zuge der Ausdehnung gab es mittlerweile zwei angeschlossene Siedlungen, Allon und Nofei Prat, die augenzwinkernd als „Wohnviertel" von Kfar Adumim bezeichnet wurden, da Israel offiziell keine neuen Siedlungen baute.

Dany war mit dem Wunsch, ein Pionier zu werden, ins Westjordanland gezogen, um einen Teil von Israel zu besiedeln, genau wie sein Großvater. Danys Großvater war um die Jahrhundertwende in Galizien geboren worden und hatte sich der marxistisch-zionistischen Jugendbewegung Hashomer Hatzair angeschlossen. Seine charedische Familie lehnte den Zionismus ab und fiel fast vollständig dem Holocaust zum Opfer. Sein Leben lang erzählte Danys Großvater seinen Nachkommen, dass seine Familie sterben musste, weil sie nicht auf ihn gehört hatte.

Dabei hatte er Palästina nicht etwa als sicheren Hafen für die Juden gepriesen. Es gab bessere Ort, um judenfeindlichem Hass zu entgehen. Die wenigen Juden, für die eine Auswanderung nach Palästina infrage kam, bildeten eine Vorhut ideologisch gefestigter Zionisten. Frühe Zionistenführer verachteten die Auffassung, ihre Entscheidung für Palästina sei eher auf Verzweiflung zurückzuführen als auf den Idealismus, eine neue Nation zu gründen,

den Juden einer neuen Zeit auf historischem Boden ihre alte Heimat wiederzugeben. „Unsere Emigration war nicht nur der Notwendigkeit zur Flucht geschuldet“, schrieb David Ben-Gurion, 1886 im Königreich Polen geboren. „Für viele von uns hatten antisemitische Gefühle wenig mit unserem Glauben an die Sache zu tun.“

Danys Großvater kam 1919 nach Palästina, als der Anteil der jüdischen Bevölkerung nicht einmal 10 % ausmachte. Als er an Land ging, gelobte er, nie wieder fortzugehen und hielt sein Versprechen. Obwohl sein Hebräisch nicht gut war, schwor er, nie mehr eine andere Sprache zu benutzen. Wie viele zionistische Pioniere war er entschieden antireligiös und sein Sohn, Danys Vater, feierte keine Bar Mitzwa. Seine Antipathie gegen die religiöse Ausübung bedeutete jedoch nicht, dass er die Bibel abgelehnt hätte, die er gut kannte und die selbst einige der säkularsten Zionistenführer zur Rechtfertigung dafür heranzogen, auf von Arabern bewohntem Land einen jüdischen Staat zu errichten. „Unsere Rechte in Palästina leiten sich nicht vom Mandat und der Balfour-Deklaration ab. Sie sind älter“, erklärte Ben-Gurion gegenüber einer königlich-britischen Kommission. „Im Namen der Juden sage ich: Unser Mandat ist die Bibel.“

Dany hatte mit achtzehn zum Glauben gefunden, nach einem Aufenthalt in Lavi, einem Kibbuz, den religiöse britische Zionisten auf Land gegründet hatten, das zum verlassenen palästinensischen Dorf Lubya gehörte, nicht weit von Tiberias. Kurz danach trat er in die Armee ein, in der er mehr als dreißig Jahre diente, und machte sich mit dem Gebiet durch Kampfeinsätze und Wohnsitze in verschiedenen Teilen des Westjordanlandes bestens vertraut. Bevor er nach Kfar Adumim gezogen war, hatte er östlich von Hebron gewohnt, in der Siedlung Ma'ale Hever. Ende 1993 rief man ihn ins Büro des IDF-Stabschefs Ehud Barak, der ihm mitteilte, jemand mit seinen topografischen Kenntnissen sei genau der Richtige, um in der Delegation zur Aushandlung des Oslo-Abkommens die israelischen Sicherheitsbelange zu repräsentieren.

Dany wurde außerdem zum Leiter der von der Armee so bezeichneten „Regenbogenbehörde", der strategischen und räumlichen Planungseinheit der IDF-Division für Judäa und Samaria – der biblische Name für das Westjordanland – wo er die Neustrukturierung des Gebiets während des Oslo-Abkommens überwachte. Die Aussicht auf einen von der PLO geführten Polizeiapparat mit Befugnissen in den Städten des Westjordanlandes war für Israel ein absolutes Novum. Im Gegenzug plante Dany ein neues Verkehrsnetz mit dem Ziel, jüdische Siedler von palästinensischen zu trennen. Auf der einen Seite mithilfe von Entlastungs- und Schnellstraßen, die es den Juden ermöglichten, palästinensische Städte und Checkpoints zu umfahren, anstatt sie zu durchqueren, auf der anderen durch „sterile Straßen", wie die Armee sie bezeichnete, welche von Palästinensern nicht genutzt werden durften.

Gleichzeitig schuf er ein System von Unterführungen und Umgehungsstraßen für palästinensische Dorfbewohner, denen die Nutzung der Schnellstraßen der Siedler, die ihr Land zerteilten, nicht gestattet war. Diese wurden beschönigend „Lebensadern" genannt. Untereinander waren die israelischen Offiziellen in ihrer Namensgebung um einiges ehrlicher. Gegenüber dem US-Botschafter in Tel Aviv, der das Gespräch in einem diplomatischen Telegramm zusammenfasste, bezeichnete Israels stellvertretender Verteidigungsminister sie als „Apartheidsstraßen".

Wenn in Oslo Abgrenzung das Leitmotiv war, dann waren Danys Barrieren symbolisch dafür: Checkpoints, Straßensperren, Entlastungsstraßen und vor allem Zäune und Mauern. 1994, im Geburtsjahr der PA, umzäunte Israel den Gazastreifen und legte damit den Grundstein für die späteren Sperranlagen, die ersten Mauern im Westjordanland.

Dany hatte erwartet, den sanften Übergang zu palästinensischer Autonomie zu begleiten. Er dachte, nach den sechs ermüdenden Jahren der ersten Intifada hätten die Palästinenser ihr Ziel erreicht: Selbstverwaltung, zumindest in den Städten Gazas und des Westjordanlandes. Doch Oslo-Gegner, jüdische wie palästinensische, bereiteten Danys Hoffnungen gewaltsam ein Ende. Einige Monate nach der feierlichen Unterzeichnung der Osloer Verträge auf dem Rasen des Weißen Hauses sorgte ein schreckliches Massaker für den „großen *balagan*", wie Dany es nannte, ein einziges Chaos, das seine Arbeit umso dringlicher und komplexer machte.

Im Februar 1994 ermordete der in Brooklyn gebürtige religiöse Siedler Baruch Goldstein in Hebron neunundzwanzig palästinensische Gläubige. Bezeichnenderweise wählte er dafür Purim, den Feiertag zum Gedenken der biblischen Geschichte der Juden in Persien, die einen Plan zu ihrer Vernichtung vereitelten und dann „All ihre Feinde mit dem Schwert niedermetzelten, es gab ein großes Blutbad". In diesem Jahr fiel Purim auf den dritten Freitag im Ramadan. Goldstein, wohnhaft in Kiryat Arba bei Hebron und Hauptmann der IDF-Reserve, zog seine Uniform an, nahm sein Sturmgewehr und betrat während des Abendgebets die Ibrahimi-Moschee. Er trug lärmmindernde Kopfhörer, während er 111 Mal in die Reihen der Palästinenser feuerte, die zum Bittgebet knieten. Erst nach zwei Minuten des Massakers wurde er überwältigt und dann von der Menge totgeschlagen. Sein Grabstein in einem Stadtgarten von Kiryat Arba wurde zur Kult- und Pilgerstätte. Die Inschrift lautet: *Er gab seine Seele für die Menschen Israels, die Tora, das Land – mit unbefleckten Händen und reinen Herzens.*

Daraufhin beschleunigte die Armee ihre Abschottungspläne, zuallererst dort, wo der Angriff geschehen war. Die Stadt Hebron verzeichnete 120 000 Palästinenser und in ihrem Zentrum 450 jüdische Siedler, die ständig unter dem Schutz von drei Armeebataillonen und der israelischen Polizei standen. Die Siedler machten weniger als ein halbes Prozent der Einwohner Hebrons aus, aber ihre Präsenz beschränkte alle Palästinenser in ihrer Freiheit. Nach dem Goldstein-Massaker behielten die Juden von Hebron ihre Freiheiten, während die Opfer, die Palästinenser, sich bei Tag und Nacht Ausgangssperren, Razzien, neuen Checkpoints, der Schließung des Hauptmarktes und einiger Moscheen ausgesetzt sahen und die „sterilen Straßen" nicht mehr benutzen durften.

Die Konsequenzen aus dem Purim-Blutbad gingen weit über Hebron hinaus und führten zum ersten Selbstmordattentat auf einen Bus, ein Vergeltungsschlag der Hamas. Bald darauf und in den Jahren danach folgten viele weitere und das Konstrukt der Abschottung wuchs. Es lag eine gewisse Ironie darin, dass die größten Gegner der Osloer Verträge – jüdische und palästinensische Attentäter – den Prozess der Abschottung am stärksten vorantrieben.

Dany sah seine Aufgabe darin, zwei konkurrierende Ziele in Einklang zu bringen: für die Sicherheit der israelischen Bürger zu sorgen und gleichzeitig sicherzustellen, dass die neue Infrastruktur und die dadurch begünstigte Siedlungserweiterung nicht die Chance auf eine Übereinkunft verhinderte. Trotz der zunehmenden Gewalt und des innewohnenden Widerspruchs seiner Mission glaubte Dany immer noch daran, dass Frieden unmittelbar bevorstand. Zu dem Zeitpunkt errichtete er sich gerade ein neues Zuhause in Kfar Adumim. Er sah keinen Widerspruch zwischen seiner Rolle als Verhandlungsführer und dem Bau eines Hauses auf dem Gebiet, das nach Auffassung der Palästinenser ihrem zukünftigen Staat zuzurechnen war. Tatsächlich glaubte Dany wie die meisten Israelis, dass Israel Kfar Adumim als Teil des Siedlungskomplexes der Region Ma'ale Adumim in jedem Fall behalten würde, auch wenn der östlichste Teil, der „Ortsteil" Allon, fast bis zur Hälfte in die Fläche des Westjordanlandes hineinragte. Er redete sich ein, dass die Palästinenser es hinnehmen würden: „Für ein besseres Leben", sagte er, „kommt es nicht darauf an, wie groß dein Land ist, sondern was du daraus machst."

Die wichtigsten Karten des Oslo-Friedensprozesses, darunter auch jene, die das Westjordanland in die drei Zonen A, B und C aufteilte, entstammten Danys Feder. Sie waren aus dem Jahr 1995 und markierten verschiedene Stufen palästinensischer Selbstverwaltung: In Zone A, den städtischen Gebieten, hatte die PA den höchsten Grad an Selbstverwaltung und war auch zuständig für die innere Sicherheit. Zone B bezog sich auf mittelgroße Städte und Dörfer, wo Israel gerne die Kontrolle über die Sicherheit behalten hätte, der Einfachheit halber jedoch den Palästinensern die kommunalen Angelegenheiten überließ. Zone C, unter direkter israelischer Verwaltung, umfasste den Rest: offenes Land in, um und zwischen palästinensischen Dörfern, landwirtschaftliche Gebiete, Nationalparks, israelische Militärbasen und Schießübungsplätze, jüdische Siedlungen und die angeschlossenen Straßen und Industriegebiete. Zone C war nicht nur der größte Teil des Westjordanlandes – 73 % auf Danys Originalkarten – sondern auch der einzige zusammenhängende, ein israelisch kontrollierter Ozean mit 165 Inseln der Zonen A und B. Was einst palästinensisches Gebiet mit vereinzelten israelischen Siedlungen gewesen war, war dank Danys Vision zu einem Negativ geworden: ein israelisches Westjordanland mit dutzenden kleinen Enklaven begrenzter palästinensischer Selbstregierung. „Sie haben unsere Autonomie zu einem Gefängnis gemacht", sagte der palästinensische Verhandlungsführer Abu Ala.

In dem Wissen, dass die palästinensische Delegation den Karten widersprechen würde, welche die Zone A auf lediglich 3 % des Westjordanlandes beschränkten, präsentierte Israel sie erst ganz am Ende der Oslo II-Gespräche. Arafat explodierte. „Das sind Kantone! Ich soll Kantone akzeptieren! Ihr wollt mich vernichten!“ Er verließ wutentbrannt den Raum. Daraufhin versuchten die Israelis, ihn mit einer geringen Erweiterung von Zone B zu besänftigen. Drei Tage später, als Generalmajor Ilan Biran, Leiter des Zentralkommandos der IDF, ausführte, dass die palästinensische Polizei zum Verlassen der Zone A auf Israels Genehmigung angewiesen sei, explodierte Arafat erneut.

Was erwarten Sie? Dass meine Polizisten sich Ihnen unterordnen? Dass Sie meine Sicherheitsleute demütigen können? Dass wir um Ihre Erlaubnis bitten, wenn wir uns in einem Dorf in Zone B um einen Raub oder einen Familienstreit kümmern wollen? Das ist kein Übereinkommen. Ich lasse mich von Ihnen nicht beleidigen! Ich bin nicht Ihr Sklave!

Am Ende bekam Israel seinen Willen: Arafat akzeptierte, was er hatte ablehnen wollen. Das palästinensische Gebiet schrumpfte, die jüdischen Siedlungen dehnten sich aus und die Planungen von Oslo galten nicht vorübergehend, sondern permanent. Doch Israel erhielt nicht den Frieden, den Dany sich erhofft hatte. Binnen weniger Jahre stand dem Land eine blutige Rebellion bevor.

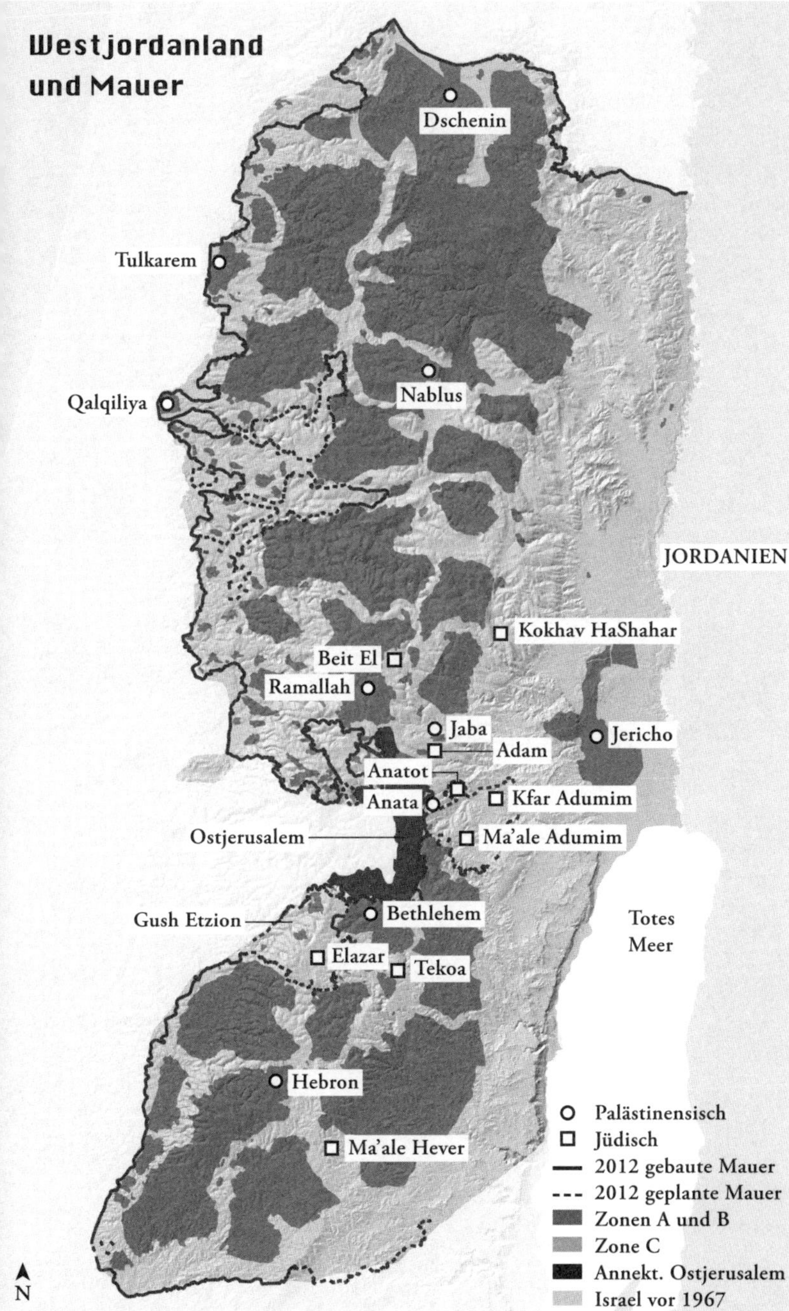
Westjordanland
und Mauer
Dschenin
Tulkarem
Nablus
Qalqiliya
JORDANIEN
Kokhav HaShahar
Beit El
Ramallah
Jaba
Jericho
Adam
Anatot
Anata
Kfar Adumim
Ostjerusalem
Ma'ale Adumim
Bethlehem
Gush Etzion
Totes
Meer
Elazar
Tekoa
Hebron
Ma'ale Hever
Palästinensisch
Jüdisch
2012 gebaute Mauer
2012 geplante Mauer
Zonen A und B
Zone C
Annekt. Ostjerusalem
Israel vor 1967
N

14

Dany erhielt den Auftrag zum Bau der Mauer in voller Länge kurz nach Ende März 2002, dem blutigsten Monat der zweiten Intifada. Er lehnte es allerdings ab, den Aufstand durch diese Bezeichnung aufzuwerten und nannte ihn stattdessen „palästinensischen Terroranschlag". In den einunddreißig Märztagen wurden mehr als 120 Israelis und doppelt so viele Palästinenser getötet. Im Park Hotel in Netanja riss an einem Sederabend gegen Ende des Monats ein Selbstmordattentäter der Hamas aus Tulkarem dreißig Menschen in den Tod. Es war der verheerendste Bombenanschlag in der Geschichte Israels. „Wo es Besatzung gibt, da gibt es auch Widerstand", erklärte ein Führer der Hamas. „Deshalb sagen wir in aller Deutlichkeit: Erst mit dem Ende der Besatzung wird sich das ändern."

Während der vorangegangenen anderthalb Jahre war Dany vom Zentralkommando der IDF damit beauftragt gewesen, herauszufinden, wie man den Anschlägen ein Ende bereiten und wie man Palästinenser generell aus israelischen Städten fernhalten konnte. Zunächst hatte er vorübergehende Lösungen gesucht im Glauben, die Intifada wäre in einigen Monaten vorüber und beide Seiten würden die Verhandlungen fortsetzen. Er hatte recht, was die Wiederaufnahme der Gespräche betraf, nicht aber, was den Aufstand anging. Weder Gespräche noch die Reaktionen der Armee konnten ihn beenden. Danys erstes Projekt bestand darin, den Zugang auf jüdisches Gebiet zu beschränken und per Schließung von Ein-, Aus- und

Übergängen durch Zäune, Schranken, Sperren, Betonblöcke und Erdwälle den palästinensischen Verkehr im Westjordanland auf die Hauptstraßen zu leiten. Die Armee vervierfachte die Zahl der Checkpoints im Westjordanland und verweigerte so allen palästinensischen Fahrzeugen die freie Durchfahrt nach Israel, in seine Siedlungen oder das annektierte Ostjerusalem.

Doch Dany kamen die Checkpoints bald vor wie Schranken in der Wüste. Sie waren zu Fuß sehr leicht zu umgehen. Im nächsten Schritt beschloss die Armee, die Anführer der Intifada zu verhaften und zu beseitigen. Als das Kabinett einer entsprechenden Operation zustimmte, lieferte Dany als ortskundiger Kartenspezialist die Luftaufnahmen von Wohnhäusern militanter Palästinenser. Binnen weniger Monate waren mehr als 100 der aktivsten palästinensischen Kämpfer festgenommen worden. Sie wurden schon bald durch neue Anführer ersetzt. Danach ging die Armee an die Schließung von Sprengstofffabriken und setzte 300 außer Betrieb. Zur Herstellung von Sprengstoff bedurfte es allerdings keiner Massenproduktion, dazu genügte eine Badewanne oder ein Spülbecken.

Die Gewalt nahm indessen immer weiter zu. Dany hatte Angst, seine Tochter morgens zur Schule zu schicken. Überall in Jerusalem detonierten Bomben: in Bussen, Cafés, Nachtclubs, auf Märkten und in Fußgängerzonen. Man war nirgendwo sicher. Es schwelte im ganzen Land und die Regierung stand unter enormem Druck, etwas zu unternehmen. Beide Seiten des politischen Spektrums wollten die Separation von den Palästinensern. Dany sah die einzige Lösung in der umfassenden Errichtung von Zäunen und Mauern. Er entwickelte mit seinen Kollegen Pläne für eine Sperranlage, eine Erweiterung der Abgrenzungen, die im Westjordanland während des Oslo-Friedensprozesses gezogen worden waren.

Nach dem Bombenanschlag zu Beginn des Passahfestes beschloss Premierminister Scharon, Danys Empfehlung zu folgen. Zwei Wochen später wurde der Plan im Parlament abgesegnet. Es ging nicht mehr darum, *ob* Absperrungen gebaut werden sollten, sondern *wo*. Die Linken befürchteten und die Rechten hofften, das Geplante stellte keine vorübergehende Sicherheitsmaßnahme, sondern eine dauerhafte Trennung dar. Israel hatte keine international anerkannten Grenzen zum Gazastreifen oder dem Westjordanland. Auch die Waffenstillstandslinie von 1949 – wegen ihrer Farbe auf den Karten von 1949 Grüne Linie genannt – war nie als dauerhafte Grenze anerkannt worden. Nach dem Krieg von 1967 verbot Israel die Abbildung der Grünen Linie auf offiziellen Karten.

Die Frage, wie viel des Westjordanlandes durch die Anlage abgetrennt würde, spaltete die Gesellschaft in Israel wie kaum eine andere. Nach Auffassung der Dachorganisation für die Selbstverwaltung israelischer Siedlungen, bekannt als Jescha-Rat, sollte sie um die Inseln palästinensischer Selbstverwaltung unter der Bezeichnung Zone A herum gebaut werden. Der zionistischen Linken und den Vereinigten Staaten schwebte etwas vor, das weniger wie eine Reihe von Käfigen für palästinensische Städte erschien und mehr wie ein Grenzzaun um die wichtigsten Siedlungsblöcke, sich aber auch recht nah an der Grünen Linie orientierte.

Scharon wollte den Eindruck einer endgültigen Grenzziehung vermeiden. Von den USA und der internationalen Gemeinschaft war einiges an Kritik zu erwarten, wenn die Sperranlage wie der Vorwand für eine Landnahme erschien. In den ersten Entwürfen wichen 90 % ihres Verlaufs von der Grünen Linie ab und zogen 16 % des Westjordanlandes für Israel ein. Einige dieser Pläne sahen sogar die Eingrenzung weiterer Gebiete im Jordantal vor – mehr als 20 % des Westjordanlandes. Scharon befürchtete außerdem, dass die Siedler ihrerseits bemängeln würden, der Verlauf halte sich zu genau an die Grüne Linie und befriedige damit die Ansprüche erpresserischer Terroristen. Deshalb griff er zu einer List und beauftragte Dany mit der Errichtung einer Reihe von Pfeilern mehr als anderthalb Kilometer hinter der Grünen Linie, um den Eindruck zu erwecken, die Anlage könnte dort gebaut werden und der gegenwärtige Verlauf sei nur eine von mehreren möglichen Grenzen.

Innerhalb Scharons Kabinettes gab es beinahe so viele Ansichten zum Standort der Anlage wie Minister. Wer sich nach vollständiger Annektierung sehnte, für den kam nur ein Verlauf entlang der Grenze zu Jordanien infrage, was das ganze Westjordanland umfassen würde. Anderen ging es vor allem darum, gleichzeitig so viele Siedler wie möglich einzubeziehen und Palästinenser weitgehend auszuschließen. Der Stabschef der IDF, Shaul Mofaz, griff die Idee des Jescha-Rats auf, die wichtigsten palästinensischen Städte zu ummauern. Dany war dagegen, seiner Ansicht nach konnte Israel es sich nicht erlauben, so viele Menschen in gesonderte Ghettos zu verbannen. Außerdem glaubte er nicht, dass der Plan aufgehen würde, denn Attentäter konnten ohne Weiteres auch aus den Dörfern außerhalb der Mauern kommen. Wieder andere Minister wollten die Anlage *innerhalb* der Grünen Linie sehen, um möglichst viele palästinensische Staatsbürger Israels auf der Seite des Westjordanlands zu wissen. Die eigenen Mitbürger mit einem Zaun abzugrenzen, wurde durch den Vorwurf gerechtfertigt, viele von ihnen hätten tatkräftig die Intifada unterstützt und somit ihre Loyalität für eine palästinensische Nation bekundet und nicht für den jüdischen Staat.

Dany arbeitete Tag und Nacht an dem Projekt. Er versammelte ein Team von mehr als zwanzig Experten – Ingenieure, Archäologen, Naturschützer, Umweltwissenschaftler und Angehörige der Zivilverwaltung mit Kenntnissen in Sachen Grundbuchführung, Wasservorkommen, Elektrizität und Bildung. Sie untersuchten vor Ort jeden Zentimeter der vorgesehenen 725-Kilometer-Strecke. Die PA lehnte es ab, beim Bau zu kooperieren, deshalb wandte sich Dany direkt an die palästinensischen Landwirte und Grundbesitzer, deren Wohnorte und Erwerbsquellen von dem Projekt zerstört werden würden.

Weil sich die Sperranlage um israelische Siedlungen und palästinensische Gemeinden schlängelte und in einigen Gebieten Schleifen, in anderen sogar in sich geschlossene palästinensische Enklaven bildete, war sie doppelt so lang wie die Grüne Linie und schloss 80 % der Siedler ein. Sie zog sich wie eine gigantische Narbe durch das Land. In vielen Teilen des Westjordanlandes bestand sie aus Zäunen, Gräben, Stacheldraht, Kameras, Sensoren, Zufahrtsstraßen für Militärfahrzeuge und Wachtürmen. Doch auf Teilstücken von insgesamt mehr als sechzig Kilometern – besonders in Stadtgebieten wie Jerusalem, Bethlehem, Tulkarem und Qalqiliya – war es eine acht Meter hohe Betonmauer.

15

Genau wie Dany glaubte auch Ibrahim, eine Übereinkunft zwischen Israel und Palästina sei zum Greifen nah. Als sich 1993 das Oslo-Abkommen ankündigte, gehörte er zu den eifrigsten Befürwortern. Er sagte sich, dass eine Zusammenarbeit mit Israel zur Bildung eines palästinensischen Staates führen würde, den er nicht nur für möglich, sondern für notwendig hielt, und zwar aus einem einfachen Grund: Es lag im Selbstinteresse Israels. Hundertfach hatte er das von seinen Freunden bei der IDF gehört.

Ibrahim war nach Jahren des Leids zu diesem Schluss gekommen. Er war der Fatah 1983 mit achtzehn beigetreten, während seines letzten Jahres an der Rashidiya-Schule in unmittelbarer Nähe der Jerusalemer Altstadt. Er fuhr mit dem Bus zur Allenby-Brücke und dann mit einem zweiten zum Rekrutierungsbüro der Fatah in Jordanien, um sich dem anzuschließen, was von den Freiheitskämpfern der PLO im Libanon noch übrig war. Es war Ibrahims Pech, dass der Vorsteher ein Freund seines Bruders war. Er rief diesen Bruder an, der sagte, es würde ihre Mutter umbringen, wenn Ibrahim nach Beirut in den Kampf zöge. Also wurde Ibrahim nach Hause geschickt. Doch vorher gab ihm der Rekrutierer einen Brief für einen untergetauchten Anführer der Fatah im Westjordanland.

Für Ibrahim war dieser Brief eine Karte in seine Zukunft bei der Fatah. Er faltete ihn zu einem winzigen Quadrat, wickelte es in Plastik und versiegelte es mit einem Feuerzeug. Ibrahim schluckte das kleine Päckchen und machte sich auf den Weg nach Hause. Doch beim Überqueren der Allenby-Brücke wurde er verhaftet und ins Untersuchungsgefängnis von Moscobiya gebracht. Da die Israelis keine Informationen über ihn hatten, wurde er nach einer Woche Befragung freigelassen. In dieser Zeit war der Brief zweimal zutage gekommen. Beide Male fischte er ihn aus der Toilette, säuberte ihn im Waschbecken und verschluckte ihn erneut.

Als die erste Intifada begann, war Ibrahim in der Hierarchie der Fatah aufgestiegen und führte sie im Studentenrat der Universität von Hebron zu ihrem ersten Sieg gegen die Islamistische Liste. Er war dem regionalen Fatah-Komitee für Jerusalem beigetreten und engagierte sich in der Vereinten Nationalen Führung des Aufstands (UNLU[6]). Folglich inhaftierte Israel ihn bereits in der frühen Phase der Intifada, stellte ihn unter Anklage wegen Werfen von Molotowcocktails auf einen israelischen Bus in Shuafat, Rekrutieren für die Fatah und Bildung einer militärischen Zelle und Mitwirken in der UNLU. Er wurde zu zehn Jahren verurteilt und verbrachte mehr als ein Jahr davon in Isolationshaft im Be'er Sheva-Gefängnis.

Seine winzige Zelle war kaum größer als ein Bett und hatte ein einzelnes Fenster in der Tür, durch das Essen gereicht wurde. Seinerzeit traten 7 000 inhaftierte Palästinenser in ganz Israel und den besetzten Gebieten in einen kollektiven Hungerstreik, aufgrund der schlechten Bedingungen und des Missbrauchs der Isolationshaft als Strafmaßnahme. Ibrahim führte den Streik in Be'er Sheva. Es war ein historischer Erfolg: Am Ende willigte die Strafvollzugsbehörde ein, eine der Isolationshaftanstalten zu schließen, Leibesvisitationen mit Entkleidung auszusetzen, das Kochen in den Zellen zu erlauben und die Besuchszeiten für Familien zu verlängern.

Die Zeit in der Isolationshaft hatte Ibrahim psychisch schwer mitgenommen. Obwohl er nie zuvor gebetet hatte, wandte er sich nun an Gott. In seiner winzigen Zelle rief er die himmlischen Mächte im Stehen, Sitzen und Liegen an, wälzte sich dabei auf die eine und die andere Seite. Doch nichts half. Da fing er an, seine alten Überzeugungen infrage zu stellen und kam zu dem Schluss, es könne keine militärische Lösung des Konflikts geben. In den ersten Monaten der Osloer Verhandlungen wurde er frühzeitig entlassen, nach sechs Jahren und zwei Tagen. Im Gefängnis war er dafür zuständig gewesen herauszufinden, wer mit Israel kollaborierte. Nun würde er ermitteln, wer eine Zusammenarbeit verweigert hatte. Sobald er aus dem Gefängnis war, schloss er sich einer der neu gegründeten Geheimdienstabteilungen der *sulta* an, dem Sicherheitsdienst der Palästinensischen Autonomiebehörde.

Nach einigen Jahren beim Sicherheitsdienst wurde Ibrahim in die Abteilung für Flüchtlingsangelegenheiten der PLO versetzt. Dort kam er in Kontakt mit Ron Pundak, ein gemäßigter israelischer Politikanalytiker und einer der Wegbereiter der ersten Geheimgespräche, die zu Oslo geführt hatten. Ron arbeitete in einer Denkfabrik, dem Institut für Wirtschaftliche Zusammenarbeit, dessen selbsterklärte Grundüberzeugung lautete, „dass die Verwirklichung der Zwei-Staaten-Lösung ausschlaggebend ist, damit Israel als demokratischer und jüdischer Staat bestehen kann". Obwohl die Besiedlung des Westjordanlandes jahrzehntelang Israels vorrangiges Anliegen gewesen und von jeder Regierung, egal ob Mitte-links oder rechts, unterstützt worden war, hielten Ibrahims Freunde der IDF diese Verfahrensweise für den Irrweg einer kleinen Gruppe religiöser Fanatiker, die für den Staat nicht repräsentativ waren. Ibrahim glaubte ihnen.

16

Adam war in vielerlei Hinsicht eine typische Siedlung: Sie lag auf der Kuppe eines Hügels, führte sich auf einen biblischen Ort zurück, befand sich auf besetztem palästinensischen Land, trennte palästinensische Dörfer voneinander, war mit Unterstützung der israelischen Regierung und der steuerfinanzierten Zionistischen Weltorganisation errichtet worden und bot mehr bezahlbaren Wohnraum, als innerhalb der Grünen Linie zu finden war – geräumige Einfamilien-Villen mit Gärten und idyllischer Aussicht. Doch in einer Beziehung war Adam einzigartig unter den Siedlungen: Sie war von armen Mizrachim-Juden entworfen worden, Einwanderern aus dem Mittleren Osten und Nordafrika.

Ihr neunundfünfzig Jahre alter Gründer, Beber Vanunu, war in einem Jerusalemer Wohnbauprojekt aufgewachsen, in dem Neuankömmlinge aus arabischen Staaten untergebracht waren, besonders Marokkaner, die Israels größte Mizrachim-Gemeinde bildeten. Er war 1952 in Casablanca geboren worden, zwei Jahre bevor seine Familie nach Israel ging. Marokko hätte die Juden gerne dabehalten, hatte sogar versucht, die Zahl der Auswanderer zu begrenzen, doch Bebers Eltern setzten als Zionisten allein aus Überzeugung alles daran, zu emigrieren.

Sie wurden maßlos enttäuscht. Israel steckte die Mizrachim in *ma'abarot*, brechend volle Übergangslager, wo sie in Zelten schlafen mussten. Die Lager waren eingezäunt und wurden von der Polizei überwacht, was ein Entkommen unmöglich machte. Es fehlte an fließendem Wasser, sanitären Anlagen und qualifizierten Lehrern für ihre Kinder. Israels elitäre Aschkenasim behandelten die Mizrachim von oben herab. Elf der zwölf Minister der ersten israelischen Regierung waren eingewanderte Aschkenasim. Bei einer Kabinettssitzung schlug Premierminister David Ben-Gurion vor, für die Mizrachim Klohäuschen zu bauen anstatt Innentoiletten. „Diese Leute sind mit der hygienischen Nutzung einer Toilette im Haus nicht vertraut", sagte er. Die Arbeitslosenquote war hoch, ebenso die Inzidenz bei Tuberkulose, Polio und Säuglingssterblichkeit. Tausende von Kindern starben.

Mehr als 1 000 Elternpaare von Mizrachim-Kindern warfen der Regierung vor, falsche Angaben bezüglich ihrer vermeintlich verstorbenen Babys gemacht zu haben, um sie adoptionswilligen Aschkenasi-Eltern zu übergeben. Die Leichen ihrer Kinder, ihre Grabstätten oder Sterbeurkunden, bekamen sie nie zu sehen. Beber wurde gesagt, eine seiner jüngeren Schwestern sei im Alter von fünf Monaten auf diese Weise verschwunden. Jahrzehnte später bestätigte das Gesundheitsministerium einen Teil der Anschuldigungen in einem internen Bericht, offiziell begründete man den Betrug mit der „Rückständigkeit" der Mizrachim und gab an, das Verschleppen der Kinder sei „in ihrem eigenen Interesse" geschehen.

Obwohl Ben-Gurion die „primitiven Juden" aus arabischen Ländern verachtete, wurden die Mizrachim als unentbehrlich für den Erfolg des zionistischen Projekts angesehen. „Hätten wir nicht 700 000 Juden hergeholt, dann wären unweigerlich und ohne zu zögern 700 000 Araber zurückgekehrt", sagte Ben-Gurion. „Diesen Weg haben wir ihnen verbaut." Nach Verlassen der Durchgangslager zogen einige von Bebers Verwandten in Häuser von Palästinensern, denen eine Rückkehr damit verwehrt war.

Beber verfluchte stets die Armut seiner Jugend. Seine Familie lebte in ihrer Jerusalemer Mietskaserne zu zehnt in einem Raum. Wenn er nachts heimkam, musste er über seine Brüder hinwegsteigen, um ins Bett zu gelangen. Sein Vater, der mehrere Sprachen beherrschte, wurde beim Besetzen eines Regierungspostens übergangen, der stattdessen an einen kürzlich eingetroffenen polnischen Einwanderer ohne Hebräischkenntnisse ging. Seine Mutter, die Französisch lesen und schreiben konnte, arbeitete als Reinigungskraft in einer Kurklinik in Jerusalem.

In den Slums, in denen Beber aufwuchs, waren Verbrechen und Drogen allgegenwärtig. Als er sich an der Sanierung seines Wohnviertels beteiligte, sah er, dass sich große Unternehmer an der Renovierung bereicherten. Anstatt Einheimische zu beschäftigen, holten sie für Niedriglöhne palästinensische Arbeiter aus dem Westjordanland. Beber gab den Unternehmern zu verstehen, dass sie nicht willkommen waren. Einige protestierten, doch allen war klar, was mit ihrer Ausrüstung passieren würde, wenn sie sich nicht fügten. Nachdem die Unternehmer abgezogen waren, warb man Ortsansässige als Arbeiter an. Verbrechen und Drogenkonsum gingen zurück. Zum ersten Mal sah Beber bei seinen Nachbarn wieder glückliche Gesichter.

In den 1970ern war Beber ein Mitglied der Black Panthers gewesen, eine Empowerment-Bewegung der Mizrachim, der afroamerikanischen Gruppe gleichen Namens nachempfunden. Die Begründer entstammten allesamt marokkanischen Familien. Während er aufwuchs, hatte Beber mitangesehen, wie der Staat Kibbuzen der Aschkenasim freies Land gewährte und ihre Mitglieder bereicherte. Doch für ihn kam so etwas gewiss nicht infrage. Sein Vater sagte immer, man würde ihn nicht mal dann zum Premierminister machen, wenn er der letzte Mensch im Land wäre. Damit ein Mizrachim-Jude etwas bekam, musste er es sich nehmen. Ende 1982 beschloss Beber, für seine Leute eine Stadt zu bauen, wie die Aschkenasim es gemacht hatten. Er sah sich Anatot an, eine neue Siedlung außerhalb Jerusalems, und gab vor, dort leben zu wollen. In Wahrheit versuchte er herausfinden, wie er eine eigene Gemeinde gründen könnte.

Beber machte sich mit der Zeit ein genaues Bild. Im nächsten Sommer errichteten er und einige andere Familien aus seinem Elendsviertel Zelte an der Straße nach Jericho, nicht weit vom Gasthaus „Zum barmherzigen Samariter“, wohin einst ein ottomanischer Khan vorgedrungen war. Aber auch die Armee hatte ein Auge auf dieses Land und bot Beber und seinen Freunden stattdessen ein Grundstück auf der anderen Straßenseite an, das zu Anata gehörte. Soldaten des Stützpunkts in Bet El brachten ihnen Wohnwagen, Wassertanks, einen Generator und Gasöfen. Doch es währte nicht lange. Der betreffende Hügel lag bereits in den Stadtgrenzen von Kfar Adumim und die dort lebenden Aschkenasim hatten diesen Bereich für ihre jüngere Generation vorgesehen.

Als Nächstes fasste Beber ein Grundstück ins Auge, das zum Dorf Jaba gehörte. Minister Juval Ne'eman, ehemalig theoretischer Physiker und Leiter des staatlichen Komitees für Siedlungangelegenheiten, gab ihm den Rat, sich lieber einen anderen Ort auszusuchen, irgendwo bei Nablus oder Ramallah. Israel legte keinen Wert auf eine weitere Siedlung außerhalb von Ostjerusalem, wo es bereits eine starke jüdische Präsenz gab. Die Priorität lag darauf, tief ins Westjordanland vorzustoßen, wo man dann strategisch an der Grenze zum Feindesland Vorposten errichten würde, um die Kontrolle über das Land zu sichern, das sich bis dorthin erstreckte. Deshalb entstanden neue Siedlungen in weiter Entfernung von bereits existierenden, um dann nach und nach das dazwischenliegende Terrain zu bebauen.

Doch Beber scherte sich nicht um Strategien. Er wollte in der Nähe von Jerusalem leben. Nach seiner Auffassung hatte Ne'eman unrecht: Eine Orange wurde Stück für Stück gegessen und nicht im Ganzen. Mit einer Landkarte vor ihm auf dem Schreibtisch erteilte er dem preisgekrönten Physiker eine Abfuhr. „Ich habe nicht studiert und bin nicht aufs Gymnasium gegangen", sagte er. „Ich komme aus den Slums" – er deutete mit dem Finger auf Jaba – „und ich möchte hier bauen."

Beber bekam seinen Willen. Die Regierung gab den Startschuss für eine neue Siedlung im Gebiet von Jaba und nannte sie Geva Binyamin, nach der biblischen Stadt Geva. Beber wollte sie Adam nennen, zu Ehren von

Yekutiel Adam, einem stellvertretenden Stabschef der IDF, der im Libanon getötet worden war und dessen Familie aus Dagestan im Kaukasus stammte. Die Regierung stimmte dem nicht zu. Sie benennen Straßen nach den unbedeutendsten Aschkenasim, dachte Beber, aber weigern sich, eine einzige Siedlung nach dem höchstrangigen Offizier zu benennen, der je im Kampf getötet wurde. Weil er ein Mizrachim war. Berkovich, Meirovich, Moskovich, Bernstein, Feinstein, Weinstein, Ginzburg, Goldberg, Grinberg waren die Namensgeber der Straßen, aber nicht ein einziger Adam wurde geduldet. Am Ende lachte Beber allerdings doch am besten: Im ganzen Land nannte man die Siedlung bei ihrem inoffiziellen Namen.

Beber wurde Vorsitzender des Gemeinderates. Nach eigener Einschätzung unterhielt er gute Beziehungen zu den ansässigen Palästinensern, auch wenn Adam auf Jabas Gebiet gebaut worden war. Aus Jaba bezog er außerdem die Dienstboten und Arbeitskräfte, um die Erweiterung der Siedlung nach Osten voranzutreiben. Gelegentlich prahlte er damit, dass man ihn in Jaba *mukhtar* nannte. Als er dann die Rauchsäule bemerkte, die vom brennenden Bus aufstieg und in der ganzen Siedlung sichtbar war, eilte er sofort zum Eingangstor, schnappte sich den Sicherheitsoffizier und fuhr mit ihm zum Unfallort. Zu dem Zeitpunkt hatten die Rettungswagen und Löschfahrzeuge ihre Arbeit bereits beendet.

Als eine von Adams bekanntesten Persönlichkeiten wollte Beber nicht versäumen, klarzustellen, dass die Gemeinde sich nicht am Leid ihrer palästinensischen Nachbarn erfreute und für den Zusammenstoß nicht verantwortlich war. Als er vom Unfallort zurückkam, ließ er ein großes Spruchband mit einer Beileidsbekundung der Gemeinde Adam an die Familien der Kinder anfertigen. Es wurde nicht weit vom Jaba-Checkpoint über einer Umgehungsstraße der Siedler aufgehängt.

17

Ibrahim kannte selbst keine Siedler. Doch nach dem Ausbruch der zweiten Intifada wurde ihm von der Economic Cooperation Foundation (Institut für Wirtschaftliche Zusammenarbeit), Ron Pundaks Organisation, einer vorgestellt. Die ECF wollte der Armee dabei helfen, den Aufstand einzudämmen, und einer der Angestellten, ein IDF-Bataillonskommandant der Reserve, war bemüht, einen Nichtangriffspakt zwischen einem palästinensischen Dorf und einer benachbarten Siedlung auszuhandeln. Dank Ibrahims enger Verbindung zum israelischen Establishment wurde er damit betraut, Anata bei Gesprächen mit der Siedlung Anatot zu repräsentieren.

Der Vertreter Anatots war der säkulare Adi Shpeter, ein gebürtiger Rumäne Mitte vierzig, der Reserveoffizier im Westjordanland war. Er hielt nicht viel von den Mitwirkenden der ECF und ihrer herablassenden, selbstgerechten Haltung gegenüber den Siedlern. Schon bald nach der Gründung in den frühen 1980ern war er von Jerusalem nach Anatot gezogen. Damals war es nicht mehr gewesen als ein nackter Hügel mit kaum Infrastruktur. Seine Frau hatte ihn für verrückt erklärt. Aber das Land war trotz allem überwältigend, mit atemberaubenden purpurroten Sonnenuntergängen und einem Panoramablick auf das gelbe Wüstenrelief, das sich bis nach Jordanien erstreckte. Er war von jeher Anhänger der rechten Likud-Partei gewesen, aber in Anatot zu leben hatte für ihn keine politische oder ideologische Bedeutung. Zumindest am Anfang.

Denn als die erste Intifada begann, wurde ihm bewusst, dass er zwischen die Fronten geraten war. Anatas *shabaab* warf Steine und Molotowcocktails auf Autos aus Anatot, die auf den Straßen zwischen den beiden Städten fuhren. Jeden Abend fürchtete er den Weg von der Arbeit zurück nach Hause. Oslo verminderte temporär die Gewalt, die dann ein Jahrzehnt später mit der zweiten Intifada wieder aufflammte. Adi trug Tag und Nacht eine Waffe bei sich.

Zu normalen Zeiten gab es Siedler aus Anatot, die ihre Einkäufe in Anata machten, darunter auch ein arabischsprachiger hochrangiger Polizeibeamter. Auch in anderen palästinensischen Orten in der Nähe wurden sie freundlich empfangen. Die Eltern von Ibrahims erster Frau hatten einen Lebensmittelladen in Hizma und bedienten häufig Siedler aus Adam, Anatot und Pisgat Ze'ev. Einige der Siedler kamen so oft, dass sie anschreiben ließen, und der Laden führte Listen für Moshe, Yair und Avraham.

Doch die zweite Intifada war keine normale Zeit. Selbst in einem friedlichen Dorf wie Anata drohte Siedlern Gefahr. Fuhr ein Israeli über die Stadtgrenze, erhielt Ibrahim einen Anruf von der israelischen Zivilverwaltung und kam manchmal gerade noch rechtzeitig, um die *shabaab* davon abzuhalten, den Wagen mit Steinen zu bewerfen. Während einer Protestaktion an einem Freitag auf der Straße zwischen Anata und Anatot ging Ibrahim geradewegs in die Menge und drohte, jedem die Hand zu brechen, der einen Stein warf. Ein andermal bot er Aktivisten sogar Geld dafür, dass sie wieder nach Hause gingen. Ibrahim wusste, dass sie dachten, er handele auf Befehl der PA.

Durch die ECF erklärten sich Ibrahim und Adi bereit, die Feindseligkeiten zwischen ihren Gemeinden einzudämmen. Ibrahim war stolz auf diese Kooperation. Er war überzeugt, damit auf beiden Seiten Leben zu retten. Er selbst rettete mindestens acht Israelis, die versehentlich in Anata gelandet waren. Doch sein eigentliches Motiv dabei war der Schutz seines Dorfes. Käme ein Siedler oder ein Soldat zu Schaden, träte noch am selben Abend die IDF auf den Plan und es war nicht unwahrscheinlich, dass Leute zu Tode kommen würden. Ibrahim handelte nach eigener Einschätzung aus Verantwortungsgefühl für seine Leute und in dem Glauben, Palästinenser könnten bei einer militärischen Auseinandersetzung nur verlieren, denn auf diesem Gebiet war Israel am stärksten.

Adi wiederum hielt seine eigenen Leute im Zaum. In Anatot lebten vor allem säkulare, rechte Juden, von denen einige bei den Sicherheitskräften oder der Zivilverwaltung arbeiteten. Da zog es so manchen hinaus auf die Straße, um mit Waffen im Anschlag auf die Steine und Molotowcocktails werfenden *shabaab* loszugehen. Einmal hatten sie in Anata die Wassertanks auf den Dächern beschossen. Adi bat sie, sich zurückzuhalten – nur eine oder zwei Stunden, bis der Mob sich zerstreute – und versuchte ihnen klarzumachen, dass es sich bei den Protestlern lediglich um Halbwüchsige handelte, die Dampf abließen. Er half auch bei der Koordination kleiner humanitärer Gesten der Bewohner von Anatot, wie etwa Spenden in Form von Konserven und Milchpulver, die er über Ibrahim weiterleitete. Die beiden wurden gute Freunde. Wenn er Adi und seine Frau Naama, eine Sprecherin der Hebräischen Universität Jerusalem, besuchte, brachte Ibrahim seine Familie mit. Ihre Kinder spielten zusammen und ihre Frauen verstanden sich blendend. Ibrahim nannte Adi seinen Bruder. Trotz der Jahre im Gefängnis, dem Verlust des familiären Landbesitzes und der Aberkennung seiner Grundfreiheiten schien Ibrahim die Israelis nicht zu verachten und sich nicht darum zu scheren, dass Leute wie Abed seine engen Beziehungen mit ihnen missbilligten. Während der zweiten Intifada war Adi einmal von der IDF aus der Reserve abberufen worden, um an der Belagerung von Arafats Hauptquartier in Ramallah teilzunehmen. Zufällig war auch Ibrahim auf dem Weg dorthin und wurde nahe Jaba von einem Fahrzeug der IDF angehalten. Als er aus seinem Wagen stieg, erkannte er den Offizier in der grünen Uniform als Adi. Zum großen Erstaunen aller Umstehenden – Soldaten, Dorfbewohner, Siedler und palästinensische Fahrer – zog Ibrahim ihn in eine feste Umarmung.

18

Bei Weitem am schwierigsten und politisch am heikelsten wurde es mit der Absperrung für Dany in und um Jerusalem. Angesichts des hohen Anteils der palästinensischen Bevölkerung kristallisierte sich Israels großes Problem im Kern heraus: Wie konnte man so wenige Palästinenser wie möglich auf der israelischen Seite belassen, ohne dabei auch nur einen Zentimeter des Gebiets abzugeben?

In Jerusalem gab es drei Möglichkeiten für den Verlauf der Sperranlage. Die erste lief auf eine rein demografische Linie hinaus, die jüdische Siedlungen von den meisten palästinensischen Stadtvierteln abtrennte. Politisch war das völlig inakzeptabel, denn es konnte leicht so aufgefasst werden, dass große Teile des palästinensischen Ostjerusalems einem zukünftigen palästinensischen Staat zugestanden wurden. Und auch die Palästinenser hätten es abgelehnt, weil man sie auf diese Weise von ihren Familien, Jobs, Schulen, Krankenhäusern, Kirchen und Moscheen abschnitt.

Die zweite Option bestand darin, Israels eigenmächtig festgelegter Stadtgrenze zu folgen und damit alle Dörfer und Stadtteile Ostjerusalems, die 1967 annektiert worden waren, zu ummauern. Hierbei war das Problem, dass sich zu beiden Seiten dieser Linie städtische Gebiete erstreckten. Auf der Grenze zwischen Orten wie Anata und Dahiyat a-Salaam zu bauen, bedeutete, Apartmentgebäude abzureißen und Stadtviertel zu entzweien. Außerdem gab es an die 30 000 Palästinenser aus dem Westjordanland mit grünen

Ausweisen, die im Shuafat-Lager, in Dahiyat a-Salaam und angrenzenden Vierteln lebten, alle innerhalb der Stadtgrenzen Jerusalems. Würde die Mauer sie einschließen, musste Israel ihnen entweder einen blauen Ausweis gewähren oder sie zwangsumsiedeln. Ein Sturm der Entrüstung wäre die Folge, vielleicht sogar ein Blutbad.

Die letzte Option lag ganz in Danys Interesse: sich so genau wie möglich an die Stadtgrenze halten, dabei jedoch einige dicht besiedelte Areale, darunter Kufr Aqab, die gesamte Enklave des Shuafat-Lagers und die angrenzenden Ortsteile abzutrennen: Ras Khamis, Ras Shehadeh und Dahiyat a-Salaam. Die faktische Eliminierung dieser Stadtteile aus der Gemeinde Jerusalem würde auch Israels demografischem Ziel gerecht werden, so viele Palästinenser wie möglich aus der Stadt fernzuhalten.

Somit fanden sich tausende Stadtbewohner auf der falschen Seite der Mauer. Trotz anhaltender Zuständigkeit wurden diese neuen Ghettos von der Verwaltung links liegengelassen. Die Grenzpolizei verweigerte Rettungsdiensten die Zufahrt ohne militärische Eskorte. 2006 war ein Notarztwagen aus Jerusalem zum Shuafat-Checkpoint unterwegs, um einen Mann abzuholen, der auf der anderen Seite einen Herzanfall erlitten hatte. Die Grenzpolizei wollte die Durchfahrt erst dann erlauben, wenn eine militärische Eskorte bereitstand. Die Sanitäter setzten sich darüber hinweg, indem sie ihre Ausrüstung aus dem Wagen holten und damit durch den Checkpoint bis zum Haus des Mannes rannten. Erst zwei Stunden später schafften sie es, ihn ins Hadassah-Krankenhaus auf dem Skopusberg gleich oberhalb des Flüchtlingslagers zu bringen, doch da war er bereits tot.

Nach dem Bau der Mauer bemühte sich Dany um eine Lösung für die vernachlässigten Stadtteile auf der anderen Seite. Er erwog den Vorschlag, die Mauer zur neuen Stadtgrenze zu erklären, wonach Jerusalem für die außerhalb liegenden Bereiche formal nicht mehr zuständig wäre. Doch was passierte dann mit den dortigen Anwohnern, die blaue Ausweise besaßen und die mehr als ein Viertel der palästinensischen Einwohner Jerusalems ausmachten? Dany befürchtete, dass jeglicher Plan, sie ihrer Wohnrechte zu berauben, zu einem Ansturm auf die Jerusalemer Seite führen würde, bevor die Regelung in Kraft trat. Noch mehr Palästinenser im Herzen der Stadt zu versammeln war jedoch das Letzte, was die Regierung wollte.

Dennoch legte Dany seine Idee einer Grenzverschiebung Nir Barkat vor, dem Bürgermeister von Jerusalem, der die kommunale Überplanung zunächst befürwortete, jedoch schon bald öffentlich zurückruderte. Rechte Politiker verurteilten den Vorschlag als Verzichtserklärung jüdischer Vorherrschaft in Israel. Die Enklaven um das Shuafat-Lager und Kufr Aqab blieben weiter sich selbst überlassen.

19

Zu dem Zeitpunkt, als Ibrahim die Außenstelle des Innenministeriums in a-Ram übernahm, hatte die Mauer das Leben der Palästinenser auf beiden Seiten signifikant verändert, so auch das seiner Familie. Die mehr als 100 000 Menschen in den Gebieten um das Shuafat-Lager und Kufr Aqab, die zuvor von Jerusalem aus versorgt worden waren, standen nun ohne eigene Rettungswagen, Löschfahrzeuge und Polizei da. Im Shuafat-Lager und den benachbarten Wohngebieten gab es keinen einzigen Geldautomaten. Nur die israelische Armee und die Grenzpolizei tauchten regelmäßig auf, gewöhnlich in gepanzerten Fahrzeugen, bewaffnet mit Sturmgewehren, geschützt durch Helme und kugelsichere Westen.

Die Enklaven wurden bald zu Anlaufhäfen für jene, die auf der Flucht vor der Obrigkeit waren. Kriminelle Familien der Achtundvierziger zogen nach Dahiyat a-Salaam. Morde blieben in diesen Gebieten unaufgeklärt. Ein Ex-Leiter der Jerusalemer Distriktpolizei sagte über die Reviere jenseits der Sperranlage: „Auf die können wir verzichten … Die israelische Polizei wird man dort nicht finden." Als in Kufr Aqab einmal eine bewaffnete Bande eine Schule stürmte und Schüler und Lehrer stundenlang in Angst versetze, baten Eltern inständig die Polizei um Hilfe. Niemand kam.

Das Chaos schwappte über in benachbarte Gemeinden wie a-Ram und Anata, die ebenso wie die Stadt Jerusalem für Sicherheitskräfte der PA tabu waren. Ibrahim durfte ohne israelische Zustimmung keine palästinensischen Polizei- oder Feuerwehrfahrzeuge einsetzen. Auf die Genehmigung zur Verhaftung von Verbrechern musste er nicht selten drei Tage oder länger warten. Dringendes, wie beispielsweise das Beenden einer Fehde, wurde gewöhnlich bereits nach einigen Stunden bewilligt.

Mit der rasch steigenden Einwohnerzahl mehrten sich auch die Probleme in der Region. Konnten Palästinenser mit blauen Ausweisen die Mieten in Jerusalem nicht mehr aufbringen, zogen sie in die übervölkerten Viertel auf der anderen Seite. Nur auf diese Weise konnten sie ihre blauen Ausweise behalten. Mangelhaft gebaute Hochhäuser schossen auf, um den Zustrom zu kompensieren. Die Infrastruktur kollabierte. Immer häufiger fiel der Strom aus. Das Gebiet wurde derart vernachlässigt, dass Israel nicht einmal mehr sagen konnte, wie viele Menschen dort lebten. Im Bereich der Mauer entwickelte sich eine regelrechte Schattenwirtschaft. Israelis verkauften Geschäften auf der anderen Seite abgelaufene Lebensmittel. Billige palästinensische Produkte, die weder Gesundheits- noch Umweltvorschriften erfüllten, wanderten in die Gegenrichtung. Drogen fanden ihren Weg durch kleine Löcher in der Absperrung. Israelischer Giftmüll wurde auf palästinensischem Grund entsorgt. Tausende alte, unsichere Autos ohne Zulassung wurden an Palästinenser jenseits der Mauer verkauft, wo weder die PA noch Israel sich um Fahrzeugscheine scherten.

Im Shuafat-Lager und in dessen Umkreis nahmen Eltern ihre Kinder aus Jerusalemer Schulen, damit sie nicht länger täglich den Soldaten am Checkpoint ausgesetzt waren. Auf ihrer Seite der Mauer gab es nur eine städtische Schule in einem früheren Ziegenpferch. Der große Mangel an Unterrichtsräumen – in Ostjerusalem fehlten mehr als 2000 – führte dazu, dass die Kinder in Schichten lernen mussten. An den städtischen Schulen gab es Kinder, die mit neun noch nicht lesen konnten. Mehr als ein Drittel der palästinensischen Schüler in Jerusalem verließ die weiterführenden Schulen noch vor dem Abschluss.

Im Shuafat-Lager gab es Schulen der UNRWA, aber die waren ebenso schlimm. Manche Teenager nahmen Drogen. Die beliebteste war „Nice": Marihuana, Tabak oder anderes Kraut mit Chemikalien versetzt – Pestizide, Aceton, Äther, Rattengift. Dann stiegen die Kinder auf Heroin um, das im Lager auf offener Straße verkauft wurde. Die Abhängigen wurden immer jünger, genau wie die Teenager, die mit einer Überdosis im Krankenhaus landeten.

Wer es sich leisten konnte, schickte seine Kinder auf Privatschulen, die im Wesentlichen keinen Beschränkungen unterlagen. Im Februar 2012 mietete eine dieser Schulen, Nour al-Houda, einen Bus für den Ausflug der Vorschulklasse zu einem großen Indoorspielplatz in Kufr Aqab. Der Busunternehmer schickte einen siebenundzwanzig Jahre alten Bus ohne gültige Zulassung auf eine Fahrt über marode und überfüllte Straßen ohne ordentliche Beleuchtung, Polizeipräsenz oder einen trennenden Mittelstreifen zum Gegenverkehr.

Fünfter Teil

Drei Bestattungen

20

Als Abed das Krankenhaus von Ramallah erreichte, bahnte er sich seinen Weg durch ein Chaos aus panischen Eltern, Kindern auf Tragen, Ärzten, Krankenschwestern, Polizisten, Fotografen und palästinensischen Beamten. An der Rezeption nannte er Milads Namen, doch man wusste nichts von seinem Sohn. Auf der Suche durch die Krankenzimmer sah Abed viele von Milads Klassenkameraden mit ihren Familien. Er freute sich für die Eltern, die ihre Kinder gefunden hatten, auch wenn sie ihn in diesem Tumult kaum bemerkten. Überall erkundigte er sich, ob jemand Milad gesehen habe. Aber ohne Erfolg.

Abed ging zurück zum Rezeptionsschalter und meldete, er habe seinen Sohn überall gesucht, doch nirgends gefunden. „Ihr Kind war in dem zweiten Bus", übertönte jemand den Lärm. „Der war von dem Unfall nicht betroffen. Er ist weitergefahren, nach a-Ram." Das war das erste Mal, dass Abed von einem zweiten Bus hörte. Er rief seinen Freund Ziad Barq an, dessen Kind in Milads Klasse war, und bat ihn, bei seiner Frau nachzufragen: Mufida, die Lehrerin, die Abed mit der Bezahlung für den Ausflug geholfen hatte. Mufida rief umgehend zurück. „Milad war im zweiten Bus. Es geht ihm gut."

Als er das Krankenhaus-Foyer verließ, konnte er die wunderbare Nachricht kaum glauben und stand einen Moment draußen im Regen. Kurze Zeit später teilte ihm jemand mit, man habe Milad von Ramallah ins Hadassah-Krankenhaus in Ein Kerem gebracht. Mit seinem grünen Ausweis hatte Abed dort keinen Zugang, deshalb rief er einen Cousin in Dahiyat a-Salaam an, der einen blauen hatte. Etwa eine Stunde später erstattete dieser Bericht: Einige der verletzten Kinder seien aufgenommen worden, aber nicht Milad. Dann erfuhr Abed, der zweite Schulbus sei auf dem Rückweg nach Anata. Er rief einen seiner Brüder an und bat ihn, dorthin zu fahren. Einige Minuten vergingen, dann rief sein Bruder zurück: „Milad ist nicht hier."

Unter den Familien schwirrten Neuigkeiten und Gerüchte umher, die im Laufe des Tages auch Abed erreichten: Milad ist auf der Militärbasis außerhalb von a-Ram; er ist in einem israelischen Krankenhaus; die Armee lässt die Nour al-Houda-Eltern mit grünen Ausweisen nach Jerusalem. Abed erlebte ein Wechselbad der Gefühle von kochend heiß bis eiskalt. Heiß, kalt, heiß, kalt und wieder heiß und wieder kalt. Er blieb in Ramallah in der Notaufnahme und schüttelte Reporter ab, die ihn immer aufs Neue bedrängten. Sein jüngerer Bruder Bashir, der bei Al Jazeera als Videoeditor arbeitete, gesellte sich mit einem Neffen zu ihm. Fast die ganze Zeit über klingelte sein Handy, wobei die meisten Anrufe von Journalisten und Radiosendern kamen. Abed war zu aufgewühlt, um mit ihnen zu reden. Er gab Bashir sein Handy und sagte ihm, er wolle mit niemandem sprechen außer mit Haifa.

Doch als Haifa dann anrief, wusste auch sie nichts Neues. Sie wartete daheim mit Adam und Abeds vier Töchtern. Lulu, die älteste, inzwischen sechzehn, war am Morgen als Erste nach Hause gekommen. Sie war für Milad wie eine

Mutter, brachte ihn jeden Abend zu Bett. Oft war sie es auch, die ihn weckte und ihm half, sich für die Schule fertigzumachen. Doch der Tag des Ausflugs war eine besondere Ausnahme, da hatte Haifa die Jungs angezogen und ihnen Frühstück gemacht. Also hatte Lulu Milad morgens gar nicht mehr gesehen.

Sie war in der Mädchenschule von Anata gewesen, gleich um die Ecke, als die Lehrerin plötzlich ohne Erklärung alle Schülerinnen nach Hause schickte. Beim Verlassen des Klassenzimmers hörte Lulu eine andere Lehrerin sagen, es habe einen Unfall gegeben. Zu Hause erfuhr sie, dass davon auch die Vorschüler von Nour al-Houda betroffen waren, doch Haifa beharrte darauf, Milad gehe es gut. Als die Nachbarn und das Fernsehen davon berichteten, wurde Lulu immer unruhiger und drängte Haifa dazu, Abed anzurufen. Verschiedene Leute kamen – Lehrerinnen, Klassenkameradinnen, andere Eltern – und äußerten sich widersprüchlich. Jemand behauptete, gesehen zu haben, wie Milad in den zweiten Bus stieg. Jemand anders sagte, er sei im ersten gewesen. Ein Dritter versicherte, er sei überhaupt nicht eingestiegen.

Nicht lange nach Lulu kam auch Adam aus der Nour al-Houda-Schule nach Hause. Man hatte seine Klasse in der ersten Pause heimgeschickt. Er war zunächst begeistert, aber nur bis er die Lehrerinnen weinen sah und von einem Freund erfuhr, dass Milads Bus in den Unfall verwickelt war. Haifas Schwager, der die Jungen jeden Tag zur Schule brachte und wieder abholte, hatte ihn nach Hause gefahren. Als er das Haus betrat, fiel Adam ein, dass er am Morgen sein Mittagessen vergessen hatte und sah es nun auf dem Bett liegen. Er aß sein Ka'ek mit Falafel, legte sich hin und verschlief den restlichen Tag, als wollte sein Gehirn ihm damit die Sorgen ersparen. Als er Stunden später aufwachte, sah er seine vier Schwestern weinen, während sie sich an Milads Kleidung klammerten und ihren Geruch tief einatmeten.

Abed war von seiner Angst so eingenommen, dass er kaum wahrnahm, was um ihn herum geschah. Der palästinensische Präsident und der Premierminister waren beide zum Krankenhaus gekommen, jeweils mit großem Gefolge. Abeds Cousin Abu Jihad ging am Eingang der Unfallstation direkt an ihm vorbei. Abu Jihads Bruder und Schwager hatten beide Kinder, die mit auf dem Ausflug gewesen waren. Die drei Männer waren zur Jaba-Straße gefahren, doch als sie ankamen, waren die Flammen gelöscht und man hatte die Schüler bereits abtransportiert. Es herrschte ein solches Verkehrschaos, dass sie den Wagen am Straßenrand stehen ließen und zu Fuß nach Ramallah aufbrachen. Am Qalandia-Checkpoint nahm sie jemand mit zum Krankenhaus.

Dort wurde das überforderte Personal von Eltern und ganzen Familien mit Fragen bombardiert. Abu Jihad hörte, dass einige der Toten in der Leichenhalle der Klinik waren. Schließlich verwies man ihn auf eine Wand, an der handgeschriebene Listen mit den aufgenommenen Kindern und ihren Zimmernummern hingen. Er fand seinen Neffen Mohammad Bakr und seine Nichte Zeyna auf der Liste und eilte in das betreffende Zimmer. Als er die Tür öffnete, sah er wie Mohammad Bakr Zeynas Hand hielt.

Von Kopf bis Fuß war sie rußverschmiert. Sie hatte eine Schädelfraktur und eine gebrochene Hand. Mohammad Bakr sagte, er habe vorne im Bus gesessen, als der Unfall passierte, sei aber sofort nach hinten gegangen und habe dort Zeyna gefunden, eingeklemmt unter einem Metallteil. Er habe geholfen, sie darunter hervorzuziehen. Abu Jihad lief ins Foyer zu seinem Bruder, Zeynas Vater, der zusammengesackt auf dem Boden hockte, in der Überzeugung, er habe seine Tochter verloren.

Abu Jihad war wieder an Zeynas Bett, als der palästinensische Präsident Abu Mazen ins Zimmer kam, gefolgt von Kamerateams und Fotografen. Mit seinen sechsundsiebzig Jahren und dem vollen weißen Haar strahlte er etwas Großväterliches aus. Mit jedem der Vorschüler wechselte er ein paar Worte. Wenn er weiterging, blieb die Kamera auf einem seiner Begleiter, der ein Spielzeug in einer großen Einkaufstasche überreichte. Einige der Kinder würden später zu Hause feststellen, dass ihr Geschenk, eine Playstation, gar nicht funktionierte.

An Zeynas Bett wandte sich Abu Mazen an Abu Jihad. „Wie stehen die Dinge in Anata?“ Abu Jihad war vielleicht der einzige Salama, der noch weniger von der PA hielt als Abed. Als lokaler Anführer des Islamischen Dschihad fühlte er sich von der PA bedroht. „Ganz Anata ist *zift*“, antwortete er und benutzte dabei ein Wort, das sowohl Asphalt als auch Mist bedeutete. „Die Straßen ausgenommen, die sind ja nicht mal befestigt.“ Abu Mazen lachte.

Dann beschwerte sich Abu Jihad darüber, dass es in der Stadt keinerlei Dienstleistungen gab – nicht einmal eine Bank oder eine Klinik. „Um uns schert sich kein Mensch", sagte er. Abu Mazen versprach, sich darum zu kümmern, und brach dann auf zu einem Fototermin nahe des Krankenhauseingangs, wo er Blut spendete.

Am späten Nachmittag hatten die meisten Eltern ihre Kinder gefunden. Nur Abed und eine Handvoll anderer nicht. Abed wusste nicht, dass im Krankenhaus sechs Leichen lagen, direkt im Zimmer neben ihm. Eine davon war die Lehrerin, Ula Joulani. Die anderen fünf waren Kinder. Drei von ihnen waren wegen der schweren Verbrennungen nicht mehr zu identifizieren. Blieben noch ein Mädchen und ein Junge. Obwohl er sich im Krankenhaus nutzlos fühlte und gerne in a-Ram und Anata nach seinem Sohn gesucht hätte, hatte Abed das deutliche Gefühl, Milad sei ganz in seiner Nähe. Irgendetwas sagte ihm, es wäre besser, zu bleiben.

Eltern, die ihre Kinder wiedergefunden hatten, machten sich bereits nach und nach auf den Heimweg, als Abed endlich von den Leichen im angrenzenden Raum erfuhr. Er wollte unbedingt hinein. Sein Neffe riet ihm dringend davon ab.

Ein Arzt kam aus der Notaufnahme und suchte nach den Eltern der identifizierbaren Leichen. Er fragte Abed nach der Haarfarbe seines Sohnes. „Blond", antwortete er. „Sie müssen noch hier warten", sagte der Arzt. „Dieser Junge hat schwarzes Haar." Der Arzt wandte sich an den Vater, der neben Abed stand. Dessen Sohn hatte dunkles Haar; er durfte eintreten. Als er wieder herauskam, schrie er und schlug sich vor den Kopf.

In diesem Moment sah sich Abed mit der sehr wahrscheinlichen Möglichkeit konfrontiert, dass Milad in diesem Zimmer lag, bis zur Unkenntlichkeit verbrannt. Ein anderer Arzt kam, um Abed Blut für einen DNA-Test abzunehmen, und bat ihn, auch seine Frau und seinen anderen Sohn für einen Bluttest herzubitten. Abed rief Haifa an, die sofort mit Adam aufbrach. Dann wartete er im fluoreszierenden Licht des Krankenhausflurs auf sie und betete unter Tränen auf dem Linoleumboden.

Abed hatte Haifa und Adam nicht gesagt, warum sie im Krankenhaus gebraucht wurden. Haifa erschien mit einem Ausdruck puren Schocks auf dem Gesicht. Adam wirkte völlig fassungslos. Wie jung und hilflos sein neunjähriger Sohn aussah, dachte Abed, viel zu jung, um Zeuge einer solchen Szene zu werden. Sie folgten dem Arzt in einen Raum, der von dem Flur abging, in dem Abed gebetet hatte. Adam weinte und der Arzt fragte, ob er Angst vor Nadeln habe. Adam schüttelte den Kopf.

Nachdem die DNA-Tests gemacht wurden, konnten sie nur noch warten. Bashir fuhr sie nach Hause. Das Haus war voller Frauen – Verwandte, Nachbarinnen und Freundinnen. Haifa sprach kaum. Bashirs Frau, Ruba al-Najjar, fiel auf, dass sie nicht weinte, und sie bot ihr eine Zigarette an. Ruba sagte ihr, sie solle jetzt auf niemanden Rücksicht nehmen. Wenn ihr zum Weinen sei, dann solle sie es tun. Wenn nicht, auch gut. Haifa sagte, es gehe ihr gut.

Ruba kannte diese Art des Schweigens. Als sie sechzehn gewesen war, hatte man ihren Bruder im Verhör schlimm verprügelt und ihn so vorübergehend paralysiert. Sobald sie davon erfuhr, nahm Ruba sich ein Messer, um einen Soldaten anzugreifen. In der Altstadt verletzte sie eine Wache vor einem der Tore zur al-Aqsa-Moschee. Sie wurde festgenommen und zu drei Jahren Gefängnis verurteilt, die sie immer noch verbüßte, als ihr Vater bei einem Unfall getötet wurde. Ruba wurde für einen Besuch zu Hause von den Wachen aus dem Gefängnis geholt. Obwohl niemand ihr den Grund für diesen Besuch mitgeteilt hatte, wusste sie, dass es sich nur um den Tod eines Familienmitglieds handeln konnte.

Später, auf dem Weg zurück ins Gefängnis, klammerte sie sich an ein Foto ihres Vaters. Die Soldaten sangen auf Hebräisch „Ich liebe meinen Vaa-ter! Ich liebe meinen Vaa-ter!" Sie wiederholten es immer wieder, laut und fröhlich. Ruba war entschlossen, nicht vor ihnen zu weinen, was es auch kostete. Ich bin ein Stein, sagte sie zu sich selbst. Als sie wieder im Gefängnis ankam, konnte sie nicht mehr sprechen. Andere inhaftierte Frauen wollten helfen, kniffen und kratzten sie, um sie zum Schreien zu bringen. Nach einigen Tagen des Schweigens, als man sie kräftig am Ohr zerrte, brüllte sie vor Schmerz und begann zu schluchzen. Und konnte wieder sprechen.

Als sie an Haifas Seite ihre Zigarette rauchte, wurde Ruba bewusst, dass diese Stummheit nun bald zwanzig Jahre her war. Sie brach noch heute in Tränen aus, wenn sie darüber sprach, wie grausam die Soldaten gewesen waren und wie viel Willenskraft es ihr abverlangt hatte, den Schmerz zu verbergen. Ruba wollte nicht, dass auch Haifa ihre Sprache verlor.

Abed war zum Jugendclub von Anata hinaufgegangen und hatte dort bis Mitternacht mit einigen Männern zusammengesessen. Als er nach Hause zurückkam, war das Wohnzimmer immer noch voller Frauen, die leise miteinander sprachen und einer Koranlesung im Radio lauschten. Auch wenn er wusste, dass Milads Heimkehr mit jeder verstrichenen Minute unwahrscheinlicher wurde, hatte Abed die Hoffnung noch nicht ganz verloren, dass sein Sohn am Leben war. Es gab mehr Eltern, die ihre Kinder vermissten, als Leichen in jenem Raum, einige Mütter und Väter hatten ihre Kinder jetzt erst gefunden, fünfzehn Stunden nach dem Unglück. Vielleicht war Milad ja doch auf der israelischen Militärbasis. Vielleicht war er in einem anderen Krankenhaus. Möglicherweise hatte eine der Personen, die die Kinder in ihrem Auto mitgenommen hatte, Milad zu sich nach Hause gebracht, nach a-Ram oder Jerusalem, wo die Familie ihm gerade Essen gab und seine Eltern suchte.

Abed ging ins Schlafzimmer, wo Haifa auf dem Bett saß und mit ihrer Schwester sprach. Normalerweise würde Milad dort zwischen seinen Eltern schlafen. Beim Anblick des leeren Bettes brach Abed zusammen. Er ging ins Bad, schloss die Tür hinter sich und weinte laut. Er war zum ersten Mal allein, seit er am Morgen die Nachricht bekommen hatte. Haifa hörte ihn weinen und kam ins Badezimmer. Sie hielt ihren Mann, den es nur so schüttelte, und versuchte, ihn zu beruhigen. Während er in ihren Armen schluchzte, dachte Abed, dass es umgekehrt sein sollte: Er sollte Haifa trösten. Aber sie hatte bislang noch keine einzige Träne vergossen.

21

Nansy Dweik gehörte zu den jüngsten Müttern der Nour al-Houda-Schule. Sie war erst dreiundzwanzig, geheiratet hatte sie mit siebzehn während ihres letzten Jahres auf der höheren Schule. Die ersten Jahre hatte sie in Hebron verbracht, wo ihr Vater herkam, und war dann mit acht in das Jerusalemer Viertel a-Tur auf dem Ölberg gezogen, wo ihre Mutter aufgewachsen war. Ihr Vater hatte einen Ausweis für das Westjordanland und ihre Mutter einen blauen für Jerusalem. Auch Nansy erhielt, da sie zum Zeitpunkt des Umzugs nach a-Tur noch ein Kind war, einen blauen Ausweis.

Nansys Mann Azzam war neunundzwanzig, als sie heirateten. Er reparierte Klimaanlagen von Bussen im Industriegebiet von Talpiot im Westjordanland. Die Hochzeit war auf traditionelle Art arrangiert worden, nachdem Azzam von Nansy gehört und seine Eltern gebeten hatte, sich mit ihren zu treffen. Sie hatte bei der Entscheidung eigentlich kein Mitspracherecht gehabt. Jeder in ihrem Umfeld tat, als käme es einer Katastrophe gleich, wenn sie mit achtzehn noch allein wäre. Kurz nach der Verlobung gestand sie ihren Eltern, dass sie Azzam nicht heiraten wolle. Er sei nicht die Partie, die sie sich erträumt hatte. Doch ihre Familie sagte, dafür sei es zu spät; sie und Azzam seien nicht nur verlobt, sondern nach islamischem Recht bereits verheiratet. Eine Scheidung würde ihre weiteren Chancen schmälern.

Im Vorfeld der Verlobung hatte Azzam eine Wohnung

gekauft, im zweiten Stock eines der hohen Gebäude im gesetzlichen Niemandsland von Ras Shehadeh, nicht weit vom Shuafat-Lager und von Dahiyat a-Salaam. Die Wohnung lag innerhalb der Stadt Jerusalem, war aber im Vergleich zu anderen erheblich billiger, da Ras Shehadeh nun durch die Mauer vom Rest der Stadt abgeschnitten war.

Nansy war daran gewöhnt, sich frei und ohne Angst durch a-Tur bewegen zu können. Doch Ras Shehadeh war ein Ghetto voll Verbrechen und Drogen, wo man immer wieder von Entführung, Mord und Vergewaltigung hörte. Jugendliche fuhren dort ohne Führerschein, ohne jede Furcht vor der Verkehrspolizei. Die ungepflasterten Straßen voller Schlaglöcher waren von Müllhaufen gesäumt, die nachts von den Bewohnern in Tonnen verbrannt wurden. Nansy war von ihrer Familie abgeschnitten und fühlte sich unsicher, wenn sie allein durch die Straßen ging oder auf ihrem Weg zur Schule jenseits der Mauer war. Sie war als schwangere Oberstufenschülerin bis zur Erschöpfung ausgelastet. Wochentags musste sie jeden Morgen mit einem Sammeltaxi zum Shuafat-Checkpoint, wo die Wartezeiten bis zu einer halben Stunde betrugen, stieg dann in einen Bus zum Damaskus-Tor und ging von dort aus zur Schule. Dass sie oft zu spät war, erklärte sie ihren Lehrern damit, dass sie nun in Ras Shehadeh wohnte.

Ihr erstes Kind, Salaah, kam sechs Monate nach ihrer Abschlussfeier. Ihre Tochter Sadine zwei Jahre später. Salaah galt als außergewöhnlich klug. Mit zwei kannte er bereits deutlich mehr Wörter auf Englisch und Arabisch als seine Altersgenossen. Nansy kam er schon beim Eintritt in die Vorschule eher vor wie ein Zehn- oder Elfjähriger. Sie entschied sich für Nour al-Houda, weil es die beste Schule in der Gegend war und keine der anderen Möglichkeiten infrage kam. Sie wollte nicht, dass er jeden Morgen den Checkpoint passieren musste, was die städtischen Schulen – bis auf die im ehemaligen Ziegenpferch – ausschloss. Viele Eltern hinter der Mauer waren der gleichen Meinung und opferten lieber 1 000 Dollar oder mehr pro Jahr für Privatschulen wie Nour al-Houda. Anders war der Checkpoint nicht zu vermeiden.

Nansy war stets in Sorge um Salaahs Sicherheit. Sobald sie ihn aus den Augen ließ, bekam sie es mit der Angst zu tun und stellte sich vor, er würde sich verirren oder irgendwo herunterfallen oder auf andere Weise zu Schaden kommen. Vielleicht lag es daran, dass sie selbst noch so jung und er ihr erstes Kind war, jedenfalls war sie um Sadine nie so besorgt. Vierzig Tage vor dem Unglück hatte Salaah ihr gesagt, er werde sterben. „Ich komme in den Himmel und Sadine wird ein Einzelkind sein", sagte er. Nansy antwortete, er sei noch sehr jung und habe ein langes Leben vor sich. Doch fast täglich quälte er sie mit der gleichen Vorahnung. Schließlich war sie so besorgt, dass sie Salaah und Sadine bei sich schlafen ließ, vorgeblich, um sie bei der winterlichen Kälte warm zu halten.

Im Dezember war Salaah fünf geworden. Er bekam eine Party zu Hause und dann eine bei der Großmutter, doch er wollte unbedingt auch noch in der Schule feiern. Die Party wurde immer wieder verschoben. Jede Woche hatte jemand anders Geburtstag. Dann wurde die Feier auf Donnerstag, den 16. Februar gesetzt, bis man auch den Klassenausflug auf diesen Tag verlegte. Nansy vertröstete ihn auf einige Tage später. „Dann ist es zu spät! Dann ist es zu spät!“, schrie er sie an. „Entweder machen wir die Party vorher oder es wird keine mehr geben!“ Seine Mutter gab nach und plante die Feier in der Woche vor dem Ausflug. Auf seinen Wunsch kam die Großmutter aus a-Tur. Sie zog an diesem Tag mit ihm los und kaufte ihm ein weiteres Geburtstagsgeschenk. Er ging an sämtlichen Spielsachen im Laden vorbei und entschied sich für einen rot-blauen Rucksack mit seinem liebsten Superhelden darauf, Spiderman.

Die Eltern mussten für den Klassenausflug ins „Kids Land“ eine Einverständniserklärung unterschreiben. Azzam war dazu nicht bereit, weil das Wetter schon am Freitag zuvor schlecht war. Salaah war am Boden zerstört. Er weinte und bettelte, musste unbedingt zusammen mit seinen Freunden dabei sein. Er lag Nansy damit derart in den Ohren, dass sie am Dienstagmorgen, zwei Tage vor dem Ausflug, endlich einwilligte. An dem Nachmittag aß er bei seiner Großmutter Fladenbrot mit Zatar, um das er sie vor dem Ausflug noch extra gebeten hatte. „Warum davor? Ich mach es dir nachher“, hatte sie gesagt. Aber er hatte darauf bestanden: „Nein, es muss vorher sein.“ Am selben Abend badete Nansy ihn, zog ihm seinen Spiderman-Schlafanzug an und kämmte sein dichtes schwarzes Haar. Als er im Bett war, umarmte er sie und sagte erneut, er werde in den Himmel kommen und sie „Allein mit einer Tochter“ zurücklassen. Nansy glaubte fast, verrückt zu werden. „Warum tust du mir das an?“, fragte sie.

Am nächsten Abend, dem Vorabend des Ausflugs, kam Salaahs Vater erst spät heim. Salaah hatte ihn über Nansys Handy mehrmals angerufen und ihn gedrängt, nach Hause zu kommen. Er wollte für den Ausflug noch Leckereien kaufen. Es war 21 Uhr, als Azzam mit Salaah in einen Laden ging und ihm dort Schokomilch, Chips und eine Auswahl an Süßigkeiten kaufte. Salaah verstaute alles in seinem neuen Spiderman-Rucksack, den er unbedingt mit ins Bett nehmen wollte. Er hielt ihn umschlungen, als er einschlief.

Der Morgen war kalt und es regnete heftig. Azzam war bereits unterwegs zur Arbeit. Nansy stand am Fenster und fragte sich, wie sie Salaah bei diesem Wetter erst aus dem Bett und dann aus dem Haus bekommen sollte. Es war ohnehin nie leicht, ihn zum Aufstehen zu bewegen. Er verkroch sich bis zum allerletzten Moment unter der Decke. Doch an diesem Morgen konnte er es kaum erwarten, endlich aufzubrechen. Nansy wollte ihm unter seiner grauen Hose noch warme Leggings anziehen, aber darauf ließ er sich nicht ein, er war viel zu aufgeregt und wollte keine Sekunde verlieren. Sie wickelte ihm rasch einen Schal um die Jacke und dann warteten sie unten gemeinsam auf den Bus. Als sie da draußen neben Salaah stand, fühlte sie sich innerlich zerrissen. Dieses Wetter kam ihr vor wie der Zorn Gottes. Doch Salaah war so glücklich. Nansy gab ihm 5 Schekel für das „Kids Land“. „Mama“, sagte er, „ich liebe dich ganz doll.“ Dann stieg er in den Bus.

Nansy ging zurück nach oben, um die Wohnung zu putzen. Alle paar Minuten stellte sie sich dieselbe Frage: Warum hatte sie Salaah gehen lassen? Sie hatte die Kinder schon an weitaus weniger regnerischen Tagen zu Hause behalten. Sadine erwachte erst gegen zehn, als Nansy mit Putzen fertig war. Plötzlich hörte Nansy ihre Nachbarin aufschreien. Es klopfte an der Tür. Als Nansy öffnete, standen da zwei Frauen aus dem Haus – eine Mutter und eine Großmutter von Kindern der Nour al-Houda-Schule – die schluchzten und riefen. „Es gab einen Unfall", sagte eine von ihnen, „und der Bus brennt." Nansy erstarrte in der Türöffnung.

Sadine zerrte an der Hand ihrer Mutter. Nansy nahm sie hoch und hielt sie auf dem Arm. Sie folgten einer der Nachbarinnen in ihre Wohnung. Sie alle tätigten panisch Anrufe. Nansy rief Azzam an, der noch keine Ahnung hatte, was passiert war. Er befand sich auf der anderen Seite der Mauer und sagte, er würde zum Hadassah-Krankenhaus auf dem Skopusberg fahren. Der Fernseher lief, aber Nansy schaute nicht hin. Sie war sicher, dass sie lediglich zur Schule fahren müsste, um Salaah zu finden, leicht verletzt, schlimmstenfalls mit einer gebrochenen Hand. Da Azzam sich nicht zurückmeldete, brach sie kurz entschlossen auf und eilte mit Sadine auf dem Arm die Treppe hinunter.

Bevor sie beim Auto war, rief ihre Mutter an, und Nansy erzählte ihr von dem Unfall. „Keine Angst", sagte ihre Mutter. „Du findest ihn." Zu Hause in a-Tur schaltete die Mutter den Fernseher auf die Nachrichten um und sah Bilder von dem Bus. Sie begann, ihr eigenes Gesicht zu schlagen. Eine Nachbarin kam herein und erkundigte sich, was los sei. „Mein Enkel", weinte sie. „Mein Enkel ist in dem Bus."

Nansy hatte Sadine in ihren blauen Toyota gesetzt und fuhr durch den Regen zur Schule. Die Straßen standen unter Wasser und überall hatte sich Schlamm aufgestaut. Sie blieb mit einem Reifen in einem Schlagloch stecken. Weinend stieg sie aus dem Wagen und rannte mit Sadine zurück zum Haus. Gerade in dem Moment rief Fadi an, einer ihrer Brüder, der versprach, sofort vorbeizukommen. In der Zwischenzeit hatten die Nachbarinnen erfahren, dass ihre beiden Mädchen in Sicherheit waren. Dann meldeten sich Azzam aus Hadassah und ihr Bruder Osama, der in Ramallah für die UN arbeitete, aus dem dortigen Krankenhaus. Sie wollten wissen, was Salaah angehabt hatte. Nansy verstand die Bedeutung dieser Frage nicht.

Fadi kam an und fuhr Nansy und Sadine zur Nour al-Houda-Schule. Das Gebäude war völlig verwaist. Man hatte alle Klassen nach Hause geschickt und auch die Schulleiterin war gegangen. Eltern, die ihre Kinder gefunden hatten, waren bereits wieder zu Hause.

Mit wachsender Panik fuhren Nansy, Sadine und Fadi hoch zur Stadtverwaltung von Anata, wo schon eine Schar verzweifelter Angehöriger nach Neuigkeiten verlangte. Um die Familien zu besänftigen, sprach ein Mitarbeiter der Verwaltung durch ein Megafon. „Ihren Kindern wird schon nichts passiert sein.“ Einige Minuten später fügte er hinzu: „Die Kinder sind unterwegs.“ Und dann: „Ihre Kinder sind auf dem Rückweg zur Schule.“ Ein Lehrer las eine Liste mit Namen vor; Kinder, die im Bus saßen, doch sie war falsch. Es wurden auch Kinder genannt, die an diesem Tag gar nicht zur Schule gegangen waren.

Nansy weinte und fragte wieder und wieder: „Wo ist Salaah?“

Nachdem sie beim Makassed-Krankenhaus gehalten hatten, um Salaah zu suchen, kehrte Nansy mit ihrer Familie zurück zur Wohnung der Eltern in a-Tur. Azzam und Osama meldeten sich wieder – sie hatten Salaah in keinem der anderen Krankenhäuser finden können und fragten erneut nach seiner Kleidung. Osama ging in die Leichenhalle des Krankenhauses in Ramallah und nahm die verkohlten Körper in Augenschein – ein Anblick, den er gern wieder vergessen hätte. Er war nicht sicher, glaubte aber, dass Salaah nicht darunter war. Dann fragte er bei den Fahrern verschiedener Rettungsfahrzeuge nach und gab Nansys Beschreibung von Salaahs Spiderman-Rucksack und seiner Kleidung weiter. Laut ihren Angaben trug Salaah Boxershorts in Blau und Violett mit einem Teddybärmuster. Einer der Mada-Fahrer sagte, man habe einen Jungen in solcher Unterwäsche mit zwei anderen Kindern ins Hadassah-Krankenhaus in Ein Kerem gebracht. Es war schon spät, als Osama das herausbekam.

Also fuhren Nansy und ihre Familie von a-Tur nach Hadassah Ein Kerem, wo sie nach 21 Uhr eintrafen, und Osama kam von Ramallah aus dorthin. Als sie das Krankenhaus betrat, sah Nancy lauter bekannte Gesichter. Sie konnte sich nicht erklären, warum sie alle hier waren, wenn nicht wegen des Todes ihres Sohnes. Es mussten Hunderte sein. Sie entdeckte Azzam, doch er schaute durch sie hindurch. Mit seinen Eltern und seiner Familie war es dasselbe. Während sie alle auf Neuigkeiten warteten, wahrte

Azzam Distanz. So wie seine ganze Familie. Wenn sie zu ihr hinsahen, dann mit glühendem Hass.

Schließlich ging Nansys Mutter hinüber zu Azzam. „Geh zu deiner Frau“, sagte sie. „Tröste sie.“

„Nein, ich will nicht in ihrer Nähe sein“, sagte er. „Sie ist diejenige, die Salaah auf den Ausflug geschickt hat.“

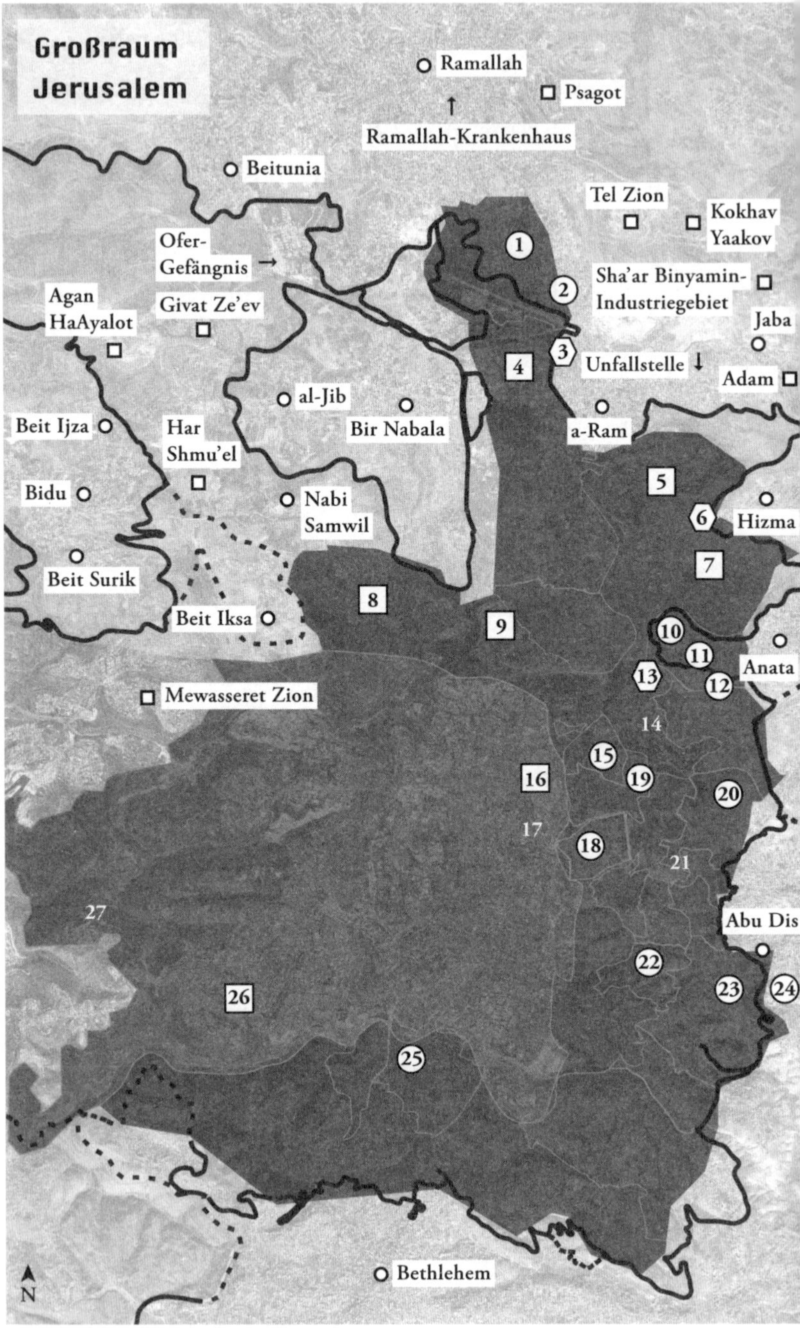

Großraum Jerusalem
Ramallah
Psagot
Ramallah-Krankenhaus
Beitunia
Tel Zion
Kokhav Yaakov
Ofer-Gefängnis
Sha'ar Binyamin-Industriegebiet
Agan HaAyalot
Givat Ze'ev
Jaba
Unfallstelle
Adam
al-Jib
Bir Nabala
a-Ram
Beit Ijza
Har Shmu'el
Bidu
Nabi Samwil
Hizma
Beit Surik
Beit Iksa
Anata
Mewasseret Zion
Abu Dis
Bethlehem
N
1
2
3
4
5
6
7
8
9
10
11
12
13
14
15
16
17
18
19
20
21
22
23
24
25
26
27

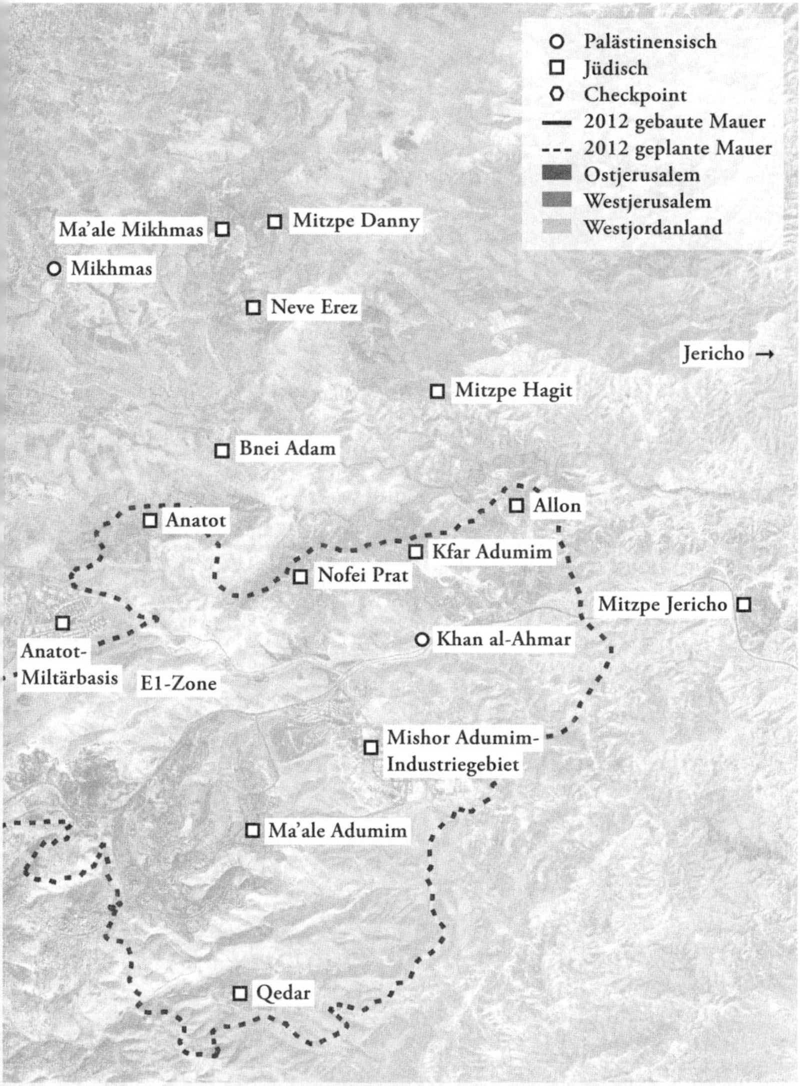

1. Kufr Aqab
2. Qalandia-Lager
3. Qalandia-Checkpoint
4. Atarot-Industriegebiet
5. Neve Yaakov
6. Hizma-Checkpoint
7. Pisgat Ze'ev
8. Ramot
9. Ramat Schlomo
10. Shuafat-Lager
11. Ras Shehadeh
12. Dahiyat a-Salaam
13. Shuafat-Checkpoint
14. Krankenhaus-Skopusberg
15. Scheich Dscharrah
16. Mea Shearim
17. Moscobiya-Gefängnis
18. Altstadt
19. Wadi Joz
20. a-Tur
21. Makassed-Krankenhaus
22. Jabal Mukaber
23. Westliches Sawahre
24. Östliches Sawahre
25. Beit Safafa
26. Kiryat Menachem
27. Krankenhaus-Ein Kerem

22

Hadassah Ein Kerem war in Jerusalem das größte Krankenhaus mit einer Station speziell für Verbrennungen. Eigentlich leitete Livnat Wieder ein Team von Sozialarbeitern in der Onkologie für Erwachsene, doch an diesem Morgen wurde ihre Hilfe bei einem Ansturm palästinensischer Familien, die meisten davon aus Ostjerusalem, benötigt. Sie fühlte sich wenig geeignet, denn viele davon sprachen kein Hebräisch und sie selbst hatte keine Arabischkenntnisse. Auch was den Umgang mit Traumata oder Kindern anging, hatte sie nicht viel Erfahrung. Ihre Arbeit mit Krebspatienten und deren Angehörigen war ganz anderer Art: langzeitliche palliative Pflege, bei der es galt, eine enge Bindung zu den Familien aufzubauen.

Bevor die Opfer des Unfalls in die Notaufnahme gebracht wurden, aktivierte das Krankenhaus seinen Einsatzplan für einen Massenanfall von Verletzten, den man während der zweiten Intifada erarbeitet hatte. Dazu gehörte die Einrichtung von drei Zentralen, eine für Informationen, die Anrufe von Angehörigen und Medien annahm, eine zweite für Ersteinschätzungen und eine dritte für Familienbetreuung durch Sozialpädagogen. Im Informationszentrum gingen hunderte von Anrufen ein, viele von Eltern mit grünen Ausweisen, die noch vor Freigabe der Checkpoints durch die Armee nach einer Möglichkeit suchten, Jerusalem zu betreten. Das Krankenhauspersonal wandte sich an Dalia Basa von der Zivilverwaltung, die für palästinensische Patienten zuständig war, und bat sie wegen des Transports und der

Bewilligungen um Hilfe. Livnat wurde in die Zentrale für Familien versetzt, wo man Tische und Stühle mit Tee und Keksen und Kaffee und Wasser aufgebaut hatte. Alle Angehörigen wurden dorthin verwiesen. Normalerweise wurde jeder Familie ein Sozialpädagoge zugeteilt, doch angesichts der anstürmenden Menge von Angehörigen waren Livnat und ihr Team völlig überfordert.

In der Familienzentrale gab es nur drei arabischsprachige Mitarbeiter – Huda Ibrahim war eine davon. Sie war eine Achtundvierzigerin aus Abu Gosh, westlich von Jerusalem, Sozialpädagogin, unverheiratet und arbeitete mit Kindern in der Hämato-Onkologie. Livnat bewunderte sie. Für sie war Huda die beste Sozialpädagogin in ganz Israel. Hudas tiefe Empathie war eine Gabe, die man nicht lernen konnte. Livnat hatte Dutzende von Sozialpädagogen geschult und war zu dem Schluss gekommen, dass die Eignung im Wesentlichen angeboren war: entweder man hatte sie oder man hatte sie nicht. Doch niemand kam an Huda heran. Sie verstand es, ganz für die Patienten da zu sein und hatte ein Gespür für ihre Bedürfnisse.

Livnat, die in Elazar lebte, einer von amerikanischen Juden gegründeten Siedlung, bedeckte ihr Haar im modern-orthodoxen Stil mit einem Barett. Sie bewunderte die Art, wie Huda ihr Kopftuch trug, ähnlich wie auch in ihrer Gemeinde. Die anderen Sozialpädagogen benutzten für Huda eine hebräisierte Form ihres Namens, Yehudit Avraham, als Zeichen ihrer Wertschätzung und Akzeptanz.

Livnat arbeitete mit einem anderen Achtundvierziger zusammen, Khalil Khoury, ein altgedienter Krankenpfleger aus Haifa. Für ihn war das Krankenhaus einer der wenigen Orte in Israel, in dem palästinensische Bürger zu einem gewissen Grad so behandelt wurden wie ihre jüdischen Kollegen. Obwohl es auch hier an Rassismus nicht mangelte – Hadassah legte arabische Entbindungspatientinnen auf Anfrage jüdischer Mütter getrennt – fühlte sich Khalil von seinen Kollegen gut aufgenommen. Einmal hatte eine Patientin ihn angefahren, er solle doch zurück nach Gaza gehen, aber seine jüdische Vorgesetzte hatte sich eingeschaltet und ihr vorgeschlagen, sie könne sich jederzeit woanders behandeln lassen. Als Ariel Scharon 2005 einen Schlaganfall erlitt, half Khalil bei der Pflege des Premierministers und schrieb darüber im *American Journal of Nursing,* wobei er nicht unerwähnt ließ, dass „die Präsenz von Arabern im Behandlungsteam [des Premierministers] höchst ungewöhnlich war". Als Achtundvierziger war Khalil Anfeindungen von beiden Seiten gewohnt. Vertreter der PA mit Einreiseerlaubnis nach Israel kritisierten ihn dafür, dass er dem Staat Steuern zahlte und für eine zionistische Institution arbeitete. „Meine Eltern sind auf unserem Land geblieben und ihr seid gegangen", antwortete er dann. „Und jetzt wollt ihr hier behandelt werden!"

Khalil und Huda erstellten gemeinsam mit Livnat eine Liste der vermissten Kinder. Die der Schule schien nicht zu stimmen. Mit Khalils und Hudas Hilfe beim Übersetzen ging Livnat durch die Zimmer, um Information zu sammeln – Namen, Identifikationsmerkmale, Kleidung, Fotos – und gab sie in eine nationale Datenbank der Krankenhäuser ein. So konnte sie herausfinden, ob die vermissten

Kinder anderswo registriert waren. Doch fast alle Opfer befanden sich in Ramallah, das mit der Datenbank nicht verlinkt war.

Der Tumult im Foyer schwappte über in die Familienzentrale. Bei einem Massenanfall von Verletzten zog es die Familien gewöhnlich in die Zimmer der Opfer. Allerdings gab es hier kaum Opfer, nur hunderte von Angehörigen, die sich an zwei Orten zusammendrängten. Livnat sah viel mehr wartende Männer als Frauen. Man sagte ihr, in den Familien aus dem Westjordanland verfügten die Männer häufiger über eine Arbeitserlaubnis, die ihnen den Zugang nach Jerusalem ermöglichte. Von ihren eigenen sechs Kindern war das jüngste fast im Vorschulalter, und bei diesem Gedanken taten Livnat die Mütter leid, die nicht nach ihren Kleinen suchen konnten.

Etwas später am selben Tag wurde Livnat damit betraut, drei Kinder zu identifizieren, die man aus dem Hadassah-Krankenhaus auf dem Skopusberg eingeliefert hatte. Das erste war ein Junge namens Fadl, der auf einer Gesichtshälfte und am Ohr Verbrennungen erlitten hatte und schon bald wieder bei seinen Eltern war. Fadl war in weit besserer Verfassung als die anderen beiden. Tala Bahri, die Eldad Benshtein in seinem Rettungswagen hergebracht hatte, und ein zweiter Junge, der zwar noch lebte, doch aufgrund seiner schweren Verbrennungen nicht zu identifizieren war.

Livnat konnte ihn keinem Namen und keiner Familie zuordnen. Stunden vergingen und niemand kam, um ihn mitzunehmen. Dann erschienen gegen Ende ihrer Schicht zwei Mütter im Krankenhaus, auf der Suche nach ihren Söhnen. Beide hatten gehört, es gäbe hier einen Jungen, der vielleicht der ihre sein könnte. Mittlerweile gab es nur noch sehr wenige Kinder ohne Zugehörigkeit. Beide Frauen wussten, sollte dieser Junge nicht ihrer sein, stieg die Wahrscheinlichkeit, dass ihr Sohn tot war. Es erinnerte Livnat an die biblische Geschichte über das Urteil Salomons, als zwei Mütter vor den König traten und Anspruch auf dasselbe Kind erhoben, während sie ein totes Baby der anderen zusprachen.

Haya al-Hindi erreichte das Krankenhaus zuerst. Ihr Sohn Abdullah war einer von Tala Bahris besten Freunden. Sie saßen in der Klasse nebeneinander und taten sich bei bei Schulaktivitäten immer zusammen. Die Hindis wohnten an der Hauptstraße des Shuafat-Lagers nicht weit von den Bahris, und so fuhren Tala und Abdullah oft gemeinsam mit dem Bus. Haya hatte ihr ganzes Leben im Shuafat-Lager verbracht, ihre Familie war 1948 aus Jimzu, einem Dorf bei Ramle, vertrieben worden. Sie und ihr Mann Hafez wohnten im sechsten Stock eines UNRWA-Gebäudes in der Mitte des Lagers. Beide hatten blaue Ausweise. Hafez passierte jeden Morgen den Checkpoint auf dem Weg zur Arbeit in einer Krankenhausapotheke der Shaare Zedek-Klinik in Westjerusalem.

An jenem Morgen hatte Haya ihre beiden Söhne Abdullah und Ahmad für den Ausflug fertiggemacht. Als es Zeit wurde aufzubrechen, blieb Abdullah auf der Couch sitzen und starrte sie an. Sein Blick verunsicherte sie. Unten stießen die beiden auf einen älteren Cousin, der sich anbot, sie durch den Regen zum Bus zu begleiten. Sie brachen um 7:30 Uhr auf. Etwas über eine Stunde später konnte Haya beim Frühstück plötzlich nichts mehr essen. Sie hatte eine dunkle Vorahnung. Kurz darauf vibrierte ihr Handy – es war Hafez, der wissen wollte, ob die Jungen auf dem Ausflug waren. Haya rief Abdullahs Lehrerin an, Ula Joulani, aber sie nahm nicht ab. Haya versuchte es noch einige Male. Dann hörte sie von dem Unfall. Sie zog eine Abaya an und machte sich schnell auf den Weg zum Shuafat-Checkpoint.

Die Fahrt zum Krankenhaus im vierzehn Kilometer entfernten Ramallah dauerte fast zwei Stunden, weil sehr viel Verkehr herrschte und zwei Checkpoints auf dem Weg lagen. Ein Mann mit einer Namensliste sagte ihr, Ahmad und Abdullah seien beide dort. Ihre Suche führte von einem Zimmer zum anderen. Noch wusste sie nichts von der Schwere des Unfalls, dass der Bus umgekippt war und gebrannt hatte. Endlich fand sie Ahmad, nackt auf einem Bett sitzend. In den Zimmern war es kalt, draußen regnete es immer noch. Sie wollte ihn mit einem Laken bedecken, fand jedoch keines. „Warum ist er nackt?“, rief sie, als der Arzt erschien. „Weil alle Kinder Verbrennungen erlitten haben“, sagte er.

Ahmads Rücken wies einige Prellungen auf, ansonsten war er unverletzt. Er sagte, ein Mann habe ihn aus einem der Busfenster geworfen. Ahmad wusste noch, dass Abdullah mit ihm zusammen gleich hinter dem Fahrer sitzen wollte. Aber er selbst wollte lieber weiter nach hinten. Gleich hinter dem Checkpoint, sagte er, habe es ein Erdbeben gegeben und der Bus sei umgestürzt. Es habe alle Kinder und Lehrerinnen durch den Bus geschleudert. Dann sei ein Feuer ausgebrochen und es habe graue Flocken geregnet. Manche Kinder hatten das für Schnee gehalten. Ein Mann sei in den Bus gekommen und habe die Kinder hochgehoben. Nachdem er nach draußen gelangt sei, habe er Abdullah nicht mehr gesehen.

Haya suchte die restlichen Zimmer ab, konnte Abdullah jedoch nicht finden. Etwas später hörte sie von Hafez' Brüdern, dass es in Hadassah Ein Kerem einen Jungen gab, bei dem es sich um Abdullah handeln könnte. Also verließen sie gemeinsam Ramallah und gerieten beim Qalandia-Checkpoint in stockenden Verkehr, wodurch sie Ein Kerem erst lange nach Hafez erreichten. Als sie aus dem Auto stieg, sah sie Hunderte von Angehörigen des Hindi-Clans. Es war eine der größten Familien im Shuafat-Lager.

Man brachte sie in einen Raum, wo Huda Ibrahim wartete. Huda berichtete ihr von einem eingelieferten Jungen in sehr schlechter Verfassung und bat sie um eine DNA-Probe. Eine Schwester nahm einen Abstrich aus ihrem Mund. Dann brachte eine Polizistin ihr die Kleidung des Jungen, die zum Teil stark versengt war. Haya sagte, es seien nicht die Kleider ihres Sohnes. Die Polizistin forderte sie auf, noch mal genau hinzusehen. Haya wiederholte, das seien mit Sicherheit nicht die Kleider ihres Sohnes. Die Polizistin hakte nach: Andere Leute hätten gesagt, sie gehörten Abdullah. „Sie stehen unter Schock", sagte sie.

Haya wurde wütend. Die Polizistin wollte ihr etwas suggerieren. Huda griff ein, um sie zu beruhigen. „Okay, der

Junge im Nebenraum ist nicht Ihr Sohn. Suchen Sie weiter nach ihm.“ Die Familie wartete auf die DNA-Resultate, um völlig sicherzugehen. Dann erlaubte man Hafez’ Brüdern, sich den verbrannten Jungen anzusehen, um zu bestätigen, dass es sich wirklich nicht um Abdullah handelte. Als sie wiederkamen, weinten sie zwar, aber bei diesem Jungen war am Hals ein Muttermal zu erkennen. Abdullah wurde also weiterhin vermisst. Inzwischen war es Abend geworden.

Nansy Dweik und ihre Mutter wurden zu Livnat und Huda hereingebeten, die ihnen von dem Jungen berichteten, der noch nicht hatte identifiziert werden können. Sie baten Nansy um eine DNA-Probe und darum, sich die Kleidung des Jungen anzusehen. Im Wesentlichen waren sie zu einem geschwärzten Klotz zusammengeschmolzen, doch das Stück einer Jacke war noch zu erkennen. Sie gehörte Salaah. Dann sah sie die Teddybär-Boxershorts, die irgendwie verschont geblieben waren. Nansy wusste nun, dass Salaah Verbrennungen erlitten hatte, konnte deren Ausmaß jedoch nicht abschätzen.

Nansy und ihre Mutter verließen den Raum, um auf die Resultate des DNA-Tests zu warten, und setzten sich neben eine andere Mutter. Es war Haya. Als Nansy zu weinen begann, versuchte Haya, sie zu trösten. „Ich habe einen meiner Söhne gefunden“, sagte sie. „Ich finde auch den zweiten, und Sie werden Ihren finden.“ Nansy schluchzte, dass sie soeben die Kleidung ihres Jungen gesehen hatte.

Eine Schwester gab Nansy und ihrer Familie die Erlaubnis, das Zimmer des Jungen zu betreten. Azzam ging zuerst. Als er wieder herauskam, beobachtete Nansys Mutter ganz genau sein Gesicht, doch es zeigte keinerlei Regung. Azzams Vater war ihm gefolgt, aber auch seinem Gesicht war nichts abzulesen. Nansys Mutter schöpfte Hoffnung: Vielleicht war Salaah ja doch nicht in so schlechter Verfassung. Als Nächstes wurde Osama hereingebeten – und rasch wieder hinausgeführt, weinend und schreiend. Als er den Raum verließ, würgte er und wurde ohnmächtig. Sobald er zu sich kam, packte er einen Stuhl und schleuderte ihn gegen Türen und Fenster. Daraus schloss man im Krankenhaus, er sei der Vater. Osama kniete zu Füßen seiner Mutter nieder, weinte und küsste ihr die Hand. *„Inshallah khair, inshallah khair."* So Gott will, wird alles gut. Als Nansys Bruder Faisal den Raum betrat, schlug er mit der Faust so hart gegen die Tür, dass er sich die Hand brach.

Faisal und Osama flehten ihre Mutter an, Nansy nicht hineingehen zu lassen. „Du wirst deine Tochter verlieren", sagte Osama. Einer der Sozialpädagogen nahm Nansys Mutter beiseite und teilte ihr mit, dass von Salaah nur wenig übrig geblieben war. Wäre da nicht das Muttermal, hätte man ihn nicht identifizieren können. Doch Nansy wollte Salaah trotzdem sehen.

Die Familie sagte, sie solle lieber warten, bis man ihn operiert und ihm neue Haut transplantiert hatte. Das sei noch ein langer, schwerer Weg. Sie solle nach Hause gehen und sich ausruhen. Als sie sich aufmachten, das Krankenhaus zu verlassen, sah Nansy den Arzt aus Salaahs Zimmer kommen. Sie hielt ihn auf und fragte ihn, wie es ihrem Sohn gehe. Der Arzt deutete zum Himmel: Jetzt liege es bei Gott.

Haya verließ Ein Kerem nach 22 Uhr. Es gab keinen Grund, noch länger zu bleiben. Die Identität aller Jungen war geklärt, auch wenn sich noch niemand nach Tala Bahri erkundigt hatte. Talas Vater hatte die Suche nach ihr morgens begonnen, war vom Shuafat-Lager aus in den Stau vor dem Hizma-Checkpoint geraten, wo er sein Auto hatte stehen lassen und zur Unfallstelle gelaufen war. Während sich seine Schwester in Ramallah umschaute, erwischte er eine Mitfahrgelegenheit zum Rafidia-Krankenhaus in Nablus und ging dann weiter bis Ein Kerem. Erst Stunden nach Einbruch der Dunkelheit erkannte er Talas gelbe Jacke auf einem Bild in der eingerichteten Familienzentrale.

Obwohl es nichts Neues gab, kehrte Haya mit Hafez und ihrer Familie zurück ins Krankenhaus von Ramallah. Auf dem Weg dorthin dämmerte ihr, dass Abdullah tot sein musste. Seit dem Unglück waren mehr als dreizehn Stunden vergangen. Verschiedene Angehörige hatten sämtliche Krankenhäuser in Jerusalem überprüft. Nach ihrer Kenntnis befanden sich die einzigen noch nicht identifizierten Kinder in der Leichenhalle in Ramallah. Als sie das Krankenhaus erreichten, ging sie direkt zur Leichenhalle und bat die Wache um Einlass. „Was wollen Sie da sehen?“, fragte die Wache. „Holzkohle?“

Haya verlor das Bewusstsein. Sie erwachte in einem Bett mit einem Infusionsschlauch im Arm. Blut tropfte aus dem

Katheter in ihrer Vene. Sie verfluchte das Krankenhaus, die Wache und das nutzlose Personal. Ihr Kopf schmerzte so heftig, als sei sie körperlich bemüht zu verarbeiten, was ihre Psyche nicht wahrhaben wollte. Die Schwestern setzten sie in einen Rollstuhl und Hafez schob sie über den Flur zu Ahmads Zimmer, der über Nacht dabehalten wurde. Vor der Tür legte sie die Hände auf ihren pochenden Schädel und weinte. Hayas Mutter sagte, Hafez solle sie nach Hause bringen. Es gab genug andere, die über Nacht bei Ahmad bleiben konnten.

Als Haya und Hafez in ihrer Wohnung ankamen, war es schon weit nach Mitternacht. Dort waren Nachbarn und Angehörige versammelt. Sie fragten im Krankenhaus nach, aber die Resultate der DNA-Tests ließen auf sich warten. Haya blieb die ganze Nacht wach und starrte aus dem Fenster. Es gab Gerüchte, einige der Kinder seien von Beduinen in Jaba aufgenommen worden, und vielleicht erschien ja eine solche Familie unten auf der Straße und brachte Abdullah nach Hause. Vor Sonnenaufgang sprach Haya ihr Morgengebet, zog sich dann um und betete noch zwei weitere Male. Einer von Hafez' Brüdern kam in die Küche und fand sie weinend auf dem Boden. Um sie zu beruhigen, sagte er ihr, Abdullah sei am Leben, man habe ihn gefunden. Da weinte sie nur noch mehr. Einen Augenblick später verkündete der Lautsprecher der Moschee den Tod von Abdullah al-Hindi.

23

Am Morgen nach dem Unfall saßen Abed und Haifa in der Küche von Abeds Mutter und warteten auf Neuigkeiten. Sie hatte Alzheimer und wusste nichts von dem Unfall oder der Suche nach Milad. Die Ergebnisse der DNA-Tests ließen weiter auf sich warten. Ibrahim kam herüber und telefonierte mit Bekannten bei der PA, um Neues zu erfahren. Eine jüdische Freundin, die nicht weit von Hadassah Ein Kerem wohnte, hatte er darauf angesetzt, sich dort nach Milad zu erkundigen. Sie rief zurück, noch während Ibrahim bei Abed war: Konnten die Eltern vielleicht äußere Merkmale beschreiben? Sie hatte gehört, es gebe da einen Jungen mit einem Muttermal vorn am Hals. Haifa sagte, Milad habe ein Muttermal, allerdings im Nacken. Auch die Haarfarbe stimmte nicht, schwarz statt blond. Das ist nicht mein Sohn, sagte Abed.

Besucher kamen und gingen, und am Vormittag erschien bei den Salamas eine Delegation im Namen des Lkw-Fahrers Ashraf Qayqas. Obwohl Ashraf direkt gegenüber von Abed aufgewachsen war, stammte die Familie Qayqas nicht aus Anata. Sie waren nach 1967 aus Arraba hergezogen, einem Dorf im Norden bei Dschenin. Dass eine Familie durch das halbe Westjordanland in eine kleine Stadt wie Anata zog, wo jeder jeden kannte, war ungewöhnlich. Das tat man normalerweise nur, um irgendwelchen Schwierigkeiten zu entgehen. Ashrafs Vater und seine Söhne hatten blaue Ausweise für Jerusalem, was verdächtig war, da sie diese nicht durch Heirat erworben hatten und nicht aus

Jerusalem stammten. Für eine Familie aus Dschenin war es praktisch unmöglich, an blaue Ausweise zu kommen.

In Anata glaubte man, sie seien Kollaborateure. In diesem Fall ständen sie unter dem Schutz der israelischen Sicherheitskräfte. Im Gefängnis hatten Abeds Bruder und sein Cousin Abu Jihad von Gefangenen aus Arraba erfahren, dass Ashrafs Vater aus dem Dorf hatte fliehen müssen, nachdem bekannt geworden war, dass er eine Zelle der Fatah denunziert hatte. Aber die Salamas sprachen die Qayqas' nie darauf an und die beiden Familien pflegten einen respektvollen Umgang miteinander. Ashrafs Familie war nach dem Oslo-Abkommen nach Dahiyat a-Salaam gezogen, wo sie ihre blauen Ausweise behalten durften, und Ashraf heiratete und zog nach Beit Safafa, ein Viertel auf der Jerusalemer Seite der Mauer. Dass Ashraf der Fahrer des Lkws war, erfuhr Abed jetzt erst. In den Stunden seit dem Unfall hatte er nicht danach gefragt. Es war ihm egal. Über den Zusammenstoß und die Schuldfrage wusste er nichts. Nun war die Delegation von Ashrafs Familie erschienen, um die Salamas um ein *atwa* zu bitten, einen Interimsfrieden nach Stammesgesetz. Doch Abed spürte kein Verlangen, jemanden zu strafen. Nach Rache hatte ihm noch nie der Sinn gestanden.

Adam war einmal aus dem Haus gelaufen, als Kinder ihm seine Spielsachen wegnehmen wollten. Er rannte auf die Straße, wo ihn ein Taxi erfasste und durch die Luft schleuderte, wonach er mit dem Kopf auf dem Boden aufschlug. Er war verletzt, hatte sich aber nichts gebrochen. Abeds Angehörige gingen sofort auf den Taxifahrer los, doch Abed ging dazwischen. Der Fahrer war nicht aus Anata. Er entschuldigte sich tausendmal und schrieb seine Telefonnummer auf einen Zettel. Abed sagte ihm, das sei nicht nötig. „Es war mein Fehler", sagte er. „Er ist mein Sohn und ich hätte besser auf ihn aufpassen müssen."

Abed wollte nicht an Ashraf denken. Er wollte bloß Milad wiederfinden. Er gewährte das *atwa*.

Es war nun Mittag und man hatte keine weiteren Kinder gefunden. Die Hoffnung, Milad könnte plötzlich vor Abeds und Haifas Tür stehen, schwand. Am Nachmittag trafen sich Abed und Bashir im Krankenhaus von Ramallah, um dort auf die Ergebnisse der DNA-Tests zu warten, während Haifa mit Adam und den Mädchen und einer Vielzahl von Besuchern zu Hause blieb. Dann meldete sich Ibrahim. Es war ihm gelungen, über seine Bekannten an die Resultate zu kommen. Eines der Kinder in der Leichenhalle des Krankenhauses war Milad.

Obwohl erst Nachmittag war, hatte sich der Himmel schon verdunkelt und es regnete. Freunde, Angehörige und Nachbarn der Salamas versammelten sich in Anata, um die Leiche in Empfang zu nehmen. Adam war nicht zu Hause und hatte die Neuigkeit noch nicht mitbekommen, doch schon bald erfuhr er sie von einem Cousin. „Du lügst", sagte Adam. Kurz darauf kam die Meldung durch die Lautsprecher der Moschee: Milad Salama war tot.

Abed wollte das Krankenhaus nicht verlassen, ohne seinen Sohn gesehen zu haben, doch Bashir hielt ihn zurück. Dann sagte Abed, er wolle mit Milad zur Moschee fahren.

Auch davon konnte Bashir ihn abhalten, denn er fürchtete, Abed würde es nicht ertragen, allein mit Milad im Krankenwagen zu sein. Schließlich fuhren Abed und Bashir gemeinsam hinter dem Wagen her. Bashir war dankbar dafür, dass Abed wenigstens der Anblick von Milads Leichnam erspart blieb, bevor man ihn zur Ruhe bettete.

Wäre er eines normalen Todes gestorben, hätte man Milad nach Hause gebracht und die Männer der Familie hätten ihn gewaschen und gereinigt. Man hätte seine linke Hand auf den Bauch gelegt und Abed und seine Brüder hätten ihn vor und zurück gewiegt, bis der Körper aller Verunreinigung ledig war. Dann hätte man ihn drei, fünf oder beliebige Male in ungerader Anzahl gewaschen. Abed und seine Brüder hätten dann *wudu*, die Gebetswaschung, an Milads Händen und Füßen durchgeführt, alle Körperöffnungen mit Baumwolle verschlossen, ihn mit Kampfer-Parfüm eingesprüht, mit pulverisiertem Henna bestreut und in weiße Tücher gehüllt. Doch das alles war jetzt nicht mehr möglich.

Milads war zu stark verbrannt für diese Rituale. Auf jeden Fall galten laut der *sulta*, die drei Tage Staatstrauer angekündigt hatte, die Toten als Märtyrer, und Märtyrer sollten in ihren Kleidern beerdigt werden. Nicht, dass Abed viel auf Verkündigungen der *sulta* gegeben hätte. Im Krankenhaus hatte man Milads Leichnam in ein weißes Leichentuch gehüllt und eine braune Decke darübergelegt. Man brachte ihn direkt zur Moschee, entsprechend dem Brauch, die Toten ohne Verzögerung zu bestatten.

Als sie Anata erreichten, fand Abed dort Tausende von

Menschen versammelt, um am Begräbnis teilzunehmen. Nicht nur die großen Familien der Stadt, sondern Trauernde aus dem ganzen Westjordanland. Die Frauen hatten sich in Abeds und in benachbarten Häusern eingefunden, während die Männer sich auf den Straßen zur Moschee drängten. Milads Leichnam wurde aus dem Krankenwagen in eine grüne Kiste gehoben. Die große Ansammlung von Männern sprach das Totengebet mit dem zusätzlichen Bittgesuch für Eltern, die den Verlust eines Kindes betrauerten. Dann ertönte eine weitere Ankündigung durch die Lautsprecher: Milad Salama werde nun zu Grabe getragen.

Die Männerschar ging die kurze Entfernung von der Moschee zum Friedhof oben am Hang, nur einen Steinwurf von Abeds Haus entfernt. Von dort oben konnte man die ganze Szenerie des Unfalls überblicken: Hinter der Mauer sah man die Villen und Spielplätze von Pisgat Ze'ev, dahinter die Kommandozentrale der IDF in Neve Yaakov, den Verlauf der Mauer zwischen Neve Yaakov und a-Ram und hinter a-Ram die Jaba-Straße, Jaba und die Siedlung Adam.

Die Begräbniszeremonie und die Beerdigung gingen so schnell vonstatten, dass Abed keinen Moment allein mit Milad hatte. Die Menge war so groß, dass er nicht zu ihm vordringen konnte. Von allen Seiten umringten ihn Freunde und Familie, hielten ihn davon ab, sich dem Grab zu nähern. Sein alter Freund Osama Rajabi, der in der Sowjetunion studiert hatte, wich die ganze Zeit über nicht von seiner Seite. Ganz oben auf dem Hügel hatte Abeds Cousin ein Grabmal für den engsten Familienkreis errichtet. Das Dach war ein Rechteck aus rosenfarbenen Steinziegeln, das senkrecht zum Hang gebaut war, während vier aufgereihte Platten noch ungenutzte Gräber andeuteten. Das nördlichste war für Milad vorgesehen.

Abeds Bruder Wa'el trug Milads umhüllten Leichnam und betrat die Grabstätte. Gemäß islamischem Gesetz wurde der Tote auf die Seite gedreht, Mekka zugewandt. Milads Beine waren in den Knien gebeugt, und in dieser Haltung ließ Wa'el ihn liegen, so wie er gestorben war.

Nach dem Begräbnis wurde Abed von der Menge zum Jugendclub von Anata getrieben, während Haifa und die Frauen des Ortes zu Hause blieben. Im Club, wo Politiker und Prominente Reden hielten, bekam Abed einen Anruf von jemandem, der sich als „Noah" meldete und als Anführer der Schabak in Anata zu erkennen gab. „Noah" sprach sein Beileid aus und Abed dankte ihm für seine Worte.

Am nächsten Abend kam erneut ein Anruf, dieses Mal vom palästinensischen Geheimdienst. Eine Gruppe wütender Eltern und Angehöriger hatte sich vor der Nour al-Houda-Schule versammelt und drohte, das Gebäude in Brand zu setzen. Könnte Abed bitte dort hingehen und die Leute beruhigen? Der Geheimdienstoffizier sagte, er wisse, dass Abed die Schule für das Unglück nicht verantwortlich machte. Man wandte sich an ihn, weil er in Anata respektiert wurde und als trauernder Vater eine moralische Instanz darstellte. Die Streitkräfte der PA waren in Anata nicht geduldet und selbst wenn sie sich darüber hinweggesetzt hätten, wären sie nicht mehr rechtzeitig gekommen. Abed erklärte sich dazu bereit. Die vor der Schule versammelte Menge war überschaubar und sein Cousin Abu Jihad und dessen Brüder waren anscheinend die Anführer. Es machte sie wütend, dass die Schule den Ausflug bei einem so heftigen Sturm unternommen hatte, und dann noch mit einem siebenundzwanzig Jahre alten Bus, der offenbar bereits in mehrere Unfälle verwickelt gewesen war. Vonseiten der Schule hatte es noch kein Wort des Bedauerns gegeben, niemand hatte sich in den Krankenhäusern blicken lassen oder sich auch nur nach den verletzten Kindern erkundigt.

Abed hörte zu und ergriff dann das Wort. Niemand hatte einen größeren Verlust erlitten als er. Dennoch hielt er Nour al-Houda für eine gute Schule, die beste in Anata. Sie war für diese Stadt von großem Wert, nicht nur für die Kinder, sondern die ganze Gemeinschaft. Sie bot dutzenden von Anatas Bürgern Arbeit. Haifas Schwester unterrichtete hier. Abed würde Adam weiter auf diese Schule schicken. „Und käme Milad wieder zurück", sagte er, „dann würde auch er weiter in Nour al-Houda bleiben." Abu Jihad und die anderen gingen nach Hause.

Am zweiten Tag des *azza*, der dreitägigen Trauer und öffentlichen Totenwache, kam Ghazl zu Abeds Haus. Das *azza* der Frauen fand im Wohnraum statt. Die Trauerhalle der Männer im Jugendclub von Anata öffnete erst in einigen Stunden, nach dem Mittagsgebet.

Seit er vor mehr als fünfzehn Jahren ihr Büro im Bildungsministerium betreten hatte, waren Ghazl und Abed nun zum ersten Mal wieder im selben Raum. Mittlerweile unterrichtete sie Naturwissenschaften und Literatur in der Oberstufe ihrer alma mater, der Mädchenschule von Anata, wo sie bei Abeds ältesten Töchtern Lulu und Fufu als Vertrauenslehrerin sehr beliebt war. Zusammen mit anderen Frauen der Schule war sie hergekommen, um ihr Mitgefühl auszudrücken.

Für Abed kam dieser Besuch unerwartet und als er sie sah, stand er auf, um zu gehen. Haifa drängte ihn jedoch zu bleiben. Während Ghazl und die anderen Lehrerinnen Haifa und ihren Schwestern ihr Beileid aussprachen, lehnte sich Abed zurück. Er und Ghazl saßen genau dort, wo sie ihm einst die vermisste Halskette in die Hand gedrückt hatte. Doch auch wenn zwischen ihnen kein Wort fiel, war jede Verbitterung verblasst, belanglos angesichts Abeds Trauer.

Nach dem *azza* war Haifa in sich gekehrt. Nie erwähnte sie den Unfall oder Milad, sprach nicht einmal seinen Namen aus. Um ihretwillen versuchten auch andere, es in ihrem Beisein zu vermeiden. Alle außer Abed. Er nahm sich nicht zurück und sprach über seinen Sohn, so oft er es ertragen konnte. Wenn er es tat, verließ Haifa unter irgendeinem Vorwand das Zimmer. Abed war um sie besorgt und fragte sich, wann der Schmerz endlich aus ihr herausbrechen würde. Vielleicht niemals.

24

Alles, was Nansy von Azzam gewollt hatte, war eine Umarmung, ein wenig Trost. Nach Verlassen des Krankenhauses fuhr er mit Nansy zu ihren Eltern nach a-Tur, wo Sadine auf sie wartete. Auch dort zeigte er sich abweisend. Später fand Nansy keinen Schlaf. Dies war der längste Tag ihres Lebens und er wollte einfach kein Ende nehmen. Sie konnte sich sicher sein, dass Salaahs Spiderman-Rucksack wieder und wieder in den Nachrichten und auf Social Media erschien, auf Fotos und Videos von dem Unfall. Sie lag hellwach, starrte die Decke an und malte sich aus, wie alles abgelaufen war – wo Salaah im Bus gesessen hatte, welcher seiner Freunde bei ihm gewesen war, ob er seine Süßigkeiten noch gegessen hatte, was er gerade getan hatte, als der Bus umstürzte, ob er nach ihr gerufen hatte.

Am Morgen wollte sie zurück ins Krankenhaus. „Was, wohin?“, fragte Azzam. „Es gibt kein Gesicht, keine Nase. Einfach gar nichts mehr.“ War dieser Mann völlig gefühllos? Wie hatte er so gleichgültig aus dem Zimmer treten können, während ihre Brüder die Besinnung verloren und geschrien hatten, einer sogar seine Hand gebrochen hatte? Im Krankenhaus weigerte sich Azzams Mutter immer noch, mit ihr zu sprechen. Sie musterte Nansy mit feindseligem Blick. Azzams Vater sagte, Nansy solle sich Salaah ruhig anschauen. „Sie hat ihn auf diesen Ausflug geschickt, dann soll sie auch sehen, was dabei herausgekommen ist.“

Also wollte Nansy erneut zu Salaah. Und erneut flehten ihre Brüder die Mutter an, das nicht zuzulassen. Osama hielt das Gesicht der Mutter und starrte ihr in die Augen. „Du musst deine Tochter daran hindern. Sie wird wahnsinnig werden – du wirst sie verlieren. Wenn ich zur Toilette gehe, versprich mir, dass du sie nicht zu Salaah gehen lässt.“ Wieder erkundigte sich Nansy nach dem Stand der Dinge und derselbe Arzt deutete mit demselben Finger gen Himmel. Man sagte ihr, dass Salaah unter dem Einfluss starker Beruhigungsmittel stand und keine Schmerzen litt. Also kehrte sie zurück zu Sadine in a-Tur.

Während der nächsten zwei Tage fuhr Nansy immer wieder ins Hadassah-Krankenhaus. Es gab keine Neuigkeiten und sie betrat weiterhin nicht Salaahs Zimmer. Ihre Schwiegereltern wollten wissen, warum sie immer noch nicht bei ihm gewesen war, ihre Familie lehnte genau das kategorisch ab. In a-Tur sagten die Nachbarn ihrer Eltern, Salaah würde sich wieder erholen. Sie brachten Essen, das sie kaum anrührte. Sie war schwach, blass, ausgezehrt.

Am Abend des dritten Tages erschien Salaah ihr im Traum. Er trug seinen roten Lieblingsmantel, den er zum Ausflug nicht mitgenommen hatte, und spielte mit den fünf toten Kindern. Nansys Mutter und ihre Tante träumten in dieser Nacht ebenfalls von Salaah. Im Traum der Großmutter hatte Salaah zu ihr gesprochen. „Tata, ich gehe jetzt zu meinen Freunden“, sagte er und ging dann zu Ula und den fünf Kindern. Nansys Tante träumte, der Prophet Ibrahim habe den toten Kindern aus dem Koran vorgelesen und ihnen dann erzählt, ihr Freund werde nun zu ihnen kommen.

Nansy fühlte sich völlig ausgelaugt. An diesem Tag ging

sie nicht ins Krankenhaus. Ihre Familie drängte sie, sich auszuruhen. Ihre Mutter hielt sie dazu an, um Gnade für Salaah zu beten, selbst wenn das seinen Tod bedeutete. Vor Sonnenuntergang fühlte sie einen Schmerz in ihrer Brust, als habe sich eine Faust um ihr Herz geschlossen. Ihr erster Gedanke war, dass Salaahs Seele seinen Körper verließ. Sie zog sich an und sagte ihrer Familie, sie müsse jetzt zu Salaah. Diesmal, sagte sie, werde sie sein Zimmer betreten, um ihn mit eigenen Augen zu sehen. Ungeduldig wartete sie im Treppenhaus, ging dann schon hinunter, um sich ins Auto zu setzen. Beim Verlassen des Hauses bekam ihre Mutter einen Anruf von Azzams Schwester, die ihr mitteilte, dass Salaah gestorben war.

Nansys Mutter stieg in den Wagen und sagte ihrer Tochter nichts davon. Sie warteten auf den Vater, der in der benachbarten Moschee das Gebet zum Sonnenuntergang sprach. Beim Verlassen der Moschee nahm er einen Anruf entgegen und erstarrte. Nansy sah, dass etwas nicht stimmte, doch auch er hielt die Wahrheit vor ihr geheim. Er sagte, sie könnten nicht ins Krankenhaus fahren, weil Salaah sich eine bakterielle Infektion zugezogen habe. Ohne den äußeren Schutz der Haut seien Brandopfer dafür besonders anfällig. Also gingen sie alle zurück ins Haus.

Nachbarn folgten ihnen in die Wohnung und Nansy spürte, dass sich etwas verändert hatte. Schließlich sprach jemand aus, was sie bereits ahnte. Nansy empfand keinen Schock, nur Reue. Sie hätte nicht auf ihre Familie hören, hätte Salaah auf der Intensivstation besuchen sollen, wie er es verdiente. Bisher hatte sich Nansy nur schuldig gefühlt, weil sie die Einverständniserklärung für den Ausflug unterzeichnet hatte, jetzt kam das tiefe Bedauern hinzu, dass sie sich nicht von Salaah verabschiedet hatte.

Im Wohnzimmer sagten die Nachbarn, von Nansys Gesicht gehe ein Strahlen aus. Nie hätten sie etwas Vergleichbares gesehen. Es war, als würde es den Raum in ein ganz anderes Licht tauchen, kurz nach Sonnenuntergang. Doch was Nansys Mutter in den Augen ihrer Tochter sah, war kein Strahlen, sondern Leid.

Azzam beerdigte Salaah auf demselben Friedhof wie Abdullah al-Hindi; Bab al-Asbat nahe der Altstadtmauer. Nach dem Begräbnis verbrachte Nansy drei Tage in Azzams Elternhaus in Wadi Joz, um Beileidsbekundungen entgegenzunehmen. Während der ganzen Zeit wurde sie von ihren Schwiegereltern weiterhin gemieden. Wenn sie überhaupt je das Wort an sie richteten, dann nur, um ihr Stiche zu versetzen. „Du bist seine Mutter. Warum hast du dich nicht von ihm verabschiedet?“ Sie hörte, wie ihr Schwiegervater sich beschwerte, dass sie dieselbe Jacke trug wie am Tag des Unfalls, und sie sei nicht schwarz.

Nansy brachte es nicht über sich, in die Wohnung in Ras Shehadeh zurückzukehren, wo Salaahs Zeichnungen waren, seine Spielsachen, seine Kleidung. In jedem kleinen Gegenstand steckte eine Erinnerung an ihren Jungen. Also blieb sie bei ihren Eltern in a-Tur. Leute aus ihrer Nachbarschaft, von der Schule, aus Anata fragten, wann sie auf die andere Seite der Mauer kommen würde, damit sie die letzte Ehre erweisen konnten. Wegen ihrer grünen Ausweise hatten sie sie nicht aufsuchen können. Nansy fürchtete sich davor, in das ummauerte Ghetto zurückzukehren.

Außerdem machte sie sich Sorgen um Sadine. Seit dem Tag des Unglücks riss sie sich das Haar aus und zerkratzte sich das Gesicht. Mehr als einen Monat lang sprach sie kein Wort. Dann verkündete Azzam, er wolle Nansy und Sadine auf einen Ausflug mit nach Ramallah nehmen. Es war die erste sanfte Geste gegenüber seiner Frau. Nansy sah einen Hoffnungsschimmer. Er war so distanziert gewesen, so grausam. Sogar gewalttätig. Einige Tage nach dem Begräbnis hatte er sich an ihr vergangen.

Nach dem Unfall war Nansy bereit, vieles zu entschuldigen. Azzam tat ihr leid. Ebenso wie sie war er gebrochen und in tiefer Trauer, auch wenn er es nicht zeigte. So fuhren sie zu dritt auf der Jaba-Straße nach Ramallah. Azzam hielt auf dem Seitenstreifen und sagte, genau hier sei der Unfall passiert. Nansy brach schluchzend zusammen; seine Gehässigkeit war zu viel für sie. Sadine saß auf der Rückbank und sah ihre Mutter weinen. Nansy wollte sich verkriechen und sterben. Hätte Azzam ihr Tabletten oder ein Messer gegeben und ihren Selbstmord verlangt, hätte sie es auf der Stelle getan. Später sagte er, er habe sie nicht verletzen wollen – er dachte, sie wolle den Unfallort sehen.

Am Ende der traditionellen vierzigtägigen Trauerzeit erfuhr Nansy, dass sie schwanger war. Freunde und Familie sahen das als göttliche Fügung. Gott hatte sie ihres Kindes beraubt und gewährte ihr nun ein anderes, besseres. Wie Menschen nur so dumm sein konnten, dachte sie. Als könnte es je ein besseres geben.

Die Schwangerschaft belastete die Ehe zusätzlich. Nansy hatte den Eindruck, es machte Azzams Familie Spaß, sie zu quälen. „Du hast ihn umgebracht“, sagte ihre Schwiegermutter bei jeder sich bietenden Gelegenheit. Im sechsten Monat ihrer Schwangerschaft fühlte sich Nansy kraftlos und erschöpft, verbrachte viel Zeit im Bett und verlor sich in Erinnerungen an ihren Sohn. Als sie erfuhr, dass sie einen Jungen bekommen würde, wollte sie ihn Salaah nennen. Doch sie hatte Träume, die sie davor zu warnen schienen. Im ersten überreichte ein Scheich ihr ein Baby, das er Mohammad nannte. Im zweiten gab Salaah ihr einen blauen Strampler und sagte, der sei für seinen Bruder Mohammad. Also nannte Nansy den Jungen Mohammad. Er kam an Sadines viertem Geburtstag zur Welt, gut neun Monate nach Salaahs Tod.

Dann wurde Nansy erneut schwanger. Nicht vorsätzlich. Sie hatte sogar verhütet. Nun wollte Azzam die Scheidung, doch zuerst verlangte er, sie sollte auf die Abfindung verzichten, die sie für Salaahs Tod erhalten hatten. Den Inhabern blauer Ausweise wurde Geld von Karnit ausgezahlt, einem Fonds der israelischen Regierung für Opfer von Verkehrsunfällen. Laut gesetzlicher Regelung stand diese Entschädigung jedem zu, der durch ein Fahrzeug eines israelischen Bürgers zu Schaden gekommen war, ganz gleich, wo sich dieser Unfall ereignet hatte. Das galt jedoch nur dann, wenn es sich bei den Opfern um Israelis oder Touristen handelte. Inhaber eines grünen Ausweises wie Abed und Haifa bekamen von Israel keinen Cent.

Azzam und Nansy hatten etwas mehr als 200 000 Dollar

erhalten. Laut Azzam sollte sie nicht nur auf ihren Teil des Geldes verzichten, sondern auch auf alles andere: ihren gemeinsamen Besitz, den Kindesunterhalt und die *mahr,* Nansys Mitgift in Gold.

Als Nansy nein sagte, schlug Azzam sie. Er ließ von einem Anwalt einen Scheidungsvertrag aufsetzen und legte ihn ihr alle paar Tage vor. Jedes Mal, wenn sie sich weigerte zu unterzeichnen, schlug er sie. Manchmal so hart, dass sie ins Krankenhaus musste. Nach einer dieser Attacken befürchtete sie eine Fehlgeburt. Azzam ließ nicht locker. „Hast du nicht genug?", fragte er. „Unterschreib und du kannst gehen." Dann drohte er ihr damit, sie in eine psychiatrische Anstalt einliefern zu lassen und redete ihr ein, sie würde den Verstand verlieren. Er räumte das Spielzeug der Kinder an willkürliche Orte in der Wohnung und schob es ihr in die Schuhe. Da sie ihn verdächtigte, ihr etwas in die Getränke zu mischen, trank sie den Kaffee, den er machte, nicht mehr. Er sagte ihr, seine Schwester habe Bilder von Salaah im Krankenhaus – was stimmte – und drohte damit, sie ihr zu zeigen, wenn sie nicht unterzeichnete.

Nansy entschuldigte sein Verhalten damit, dass die Trauer ihn verrückt gemacht hatte. Trotzdem beschloss sie, eine Aufnahme-App auf sein Handy herunterzuladen. Sie hörte, wie seine Schwester und sein Vater ihn dazu anstifteten, sie zu schlagen, alles zu tun, um sie loszuwerden. Eine Aufnahme enthüllte den Vorschlag seines Vaters, einen Auftragsmörder auf sie anzusetzen. Nansy fing an, um ihr Leben zu fürchten.

Im März 2014 bekam sie wieder eine Tochter. Im Sommer, als das Baby vier Monate alt war, bat Nansy ihren Vater um Geld, um dem Kind an Eid al-Fitr etwas zu kaufen. Als sie mit Taschen voller Babykleidung nach Hause kam, wurde Azzam wütend und schlug sie zusammen. Diesmal rief sie ihren Bruder Osama an, er solle sie abholen. Mit nichts am Leib als ihrem Nachthemd nahm Nansy ihre drei Kinder und verließ Azzam für immer.

Sie zog zu ihren Eltern nach a-Tur, auf die andere Seite der Mauer, aber ihre Situation blieb nach wie vor prekär. Israel hatte den fünfstöckigen Wohnblock zum Abriss freigegeben. Palästinenser bekamen üblicherweise keine Erlaubnis, im annektierten Ostjerusalem zu bauen – nur 13 % der palästinensischen Wohnviertel waren für Neubauten vorgesehen und das meiste davon war bereits erschlossen. Es blieb nichts übrig, als illegal zu bauen oder wegzuziehen. Wie viele andere zahlten auch Nansys Eltern jeden Monat hunderte Dollar Gebühren an die Stadtverwaltung, in der Hoffnung, damit den Abriss abwenden zu können.

Nansy wollte, dass Azzam auch nach der Scheidung noch für seine Kinder da war. Doch er verlangte sie nur selten zu sehen. Es waren Nansy und ihre Eltern, die sie aufzogen. Der Unfall hatte Nansys Leben ruiniert und ihre Familie zerstört, aber sie glaubte nicht, dass das etwas Besonderes war. Er hatte alle Familien zerstört, jede auf ihre eigene Weise.

Epilog

Einen Monat nach dem Unfall stand ein Fernsehteam vor Abeds Tür. Sie drehten ein Feature für die Wochenend-Nachrichten auf Channel 10, einem der größten israelischen Sender. Es sollte an einem Samstagabend Ende März ausgestrahlt werden. Der Titel des Beitrags lautete „Tod eines Araberkindes, Ha Ha Ha Ha". Der Reporter, Arik Weiss, wurde als links betrachtet – wenn er die Abendnachrichten moderierte, weigerten sich manche rechten Politiker, mit ihm gezeigt zu werden.

Der Aufhänger für die Story war nicht der Unfall selbst, sondern die Reaktion junger Israelis, die sich über den Tod der palästinensischen Vorschüler gefreut hatten. Die Flut von Facebook-Posts und Online-Kommentaren, die den Verlust von Menschenleben feierten, entsetzten Arik. „Hahahaha zehn Tote hahahaha, guten Morgen." – „Nur ein Bus voller Palästinenser. Und? Schade, dass es nicht mehr waren." – „Großartig! Ein paar Terroristen weniger!!!!" – „Hört man gern gleich früh am Morgen." – „Hat mir den Tag versüüüüüüüßt."

Der Inhalt der Kommentare war schlimm genug, doch noch mehr hatte Arik geschockt, dass viele der Verfasser ganz offen ihre Identität zur Schau stellten. Wie es in seinem Voiceover hieß, schrieben sie, „ohne sich hinter einer anonymen Tastatur zu verstecken, ohne jedes Schamgefühl". Und viele der Posts stammten von Mittel- und Oberschülern. Für Arik war das verwirrend. Diese Teenager lebten in vergleichsweise friedlichen Zeiten. Einige waren zu jung, um sich noch an die Gewalt von 1990 und die zweite Intifada erinnern zu können, und doch erschienen sie rassistischer als ältere Generationen. Arik wollte der Frage nachgehen, warum die israelische Jugend stärker von Hass erfüllt war als ihre älteren Familienmitglieder. Und es ging ihm darum, der israelischen Gesellschaft mit dieser Story den Spiegel vorzuhalten.

In einer höheren Schule der Küstenstadt Hadera, auf halbem Wege zwischen Haifa und Tel Aviv, befragte er einige der Schüler, die unter eigenem Namen Kommentare gepostet hatten. In dem Beitrag sieht man ihn, wie er einem Jungen dessen Post vorliest: „Diese kleinen Palästinenser hätten die potenziellen Attentäter von morgen sein können. Hört mir auf mit dem Scheiß, dass wir doch alle Menschen sind. Sie sind Hurensöhne, keine Menschen, und sie verdienen es, zu sterben." Die Kamera zoomt auf das Gesicht des Jungen, der weltlich und athletisch daherkommt, mit Hollister T-Shirt unter dem Kapuzenpullover mit offenem Reißverschluss.

„Du hast das geschrieben …", fragt Arik im Ansatz.

„… wie ich es meine", sagt der Junge.

Er steht vor einem Basketballfeld, hinter ihm sieht man vorpubertäre Kinder beim Spiel. Arik fragt ihn, ob er das allen Ernstes so gemeint habe. „Wir sprechen hier über Vier- bis Fünfjährige, das ist dir klar?"

„Kleine Kinder, na und?"

In der nächsten Einstellung sieht man den Jungen zusammen mit einigen Freunden, von denen er einen fragt: „Sag mal ganz ehrlich: Wenn du davon hörst, dass viele palästinensische Kinder getötet wurden, was empfindest du dann, körperlich? Bist du froh, ekstatisch?"

„*Walla*", antwortet der Freund. „Die Wahrheit? Ekstatisch."

Die Kamera zoomt auf die Facebook-Kommentare und Arik sagt im Voiceover: „Egal ob man nun links oder rechts steht – angesichts der Tatsache, dass jemand den Tod anderer feiert, sollten wir für einen Moment innehalten und uns fragen: Wie zur Hölle ist es so weit gekommen?"

An anderer Stelle des Beitrags steht Abed am Straßenrand bei der Unfallstelle. Auf dem schmutzigen Grund des Seitenstreifens hat jemand Pfähle mit Bildern von Milad und Salaah aufgestellt. Auf der Fahrt dorthin, ohne laufende Kameras, fragte Arik Abed auf Hebräisch, ob er die freudigen Posts gesehen habe. Abed hatte davon gehört. So wie auch die anderen Eltern. So wie jeder in Anata und dem Shuafat-Lager. Die meisten, mit denen Abed gesprochen hat, waren der Ansicht, dass der Tod der Kinder von den israelischen Behörden gewollt gewesen war. Es war allgemein bekannt, wie schnell die israelischen Streitkräfte auf Straßen im Westjordanland zur Stelle waren, sobald dort ein Jugendlicher mit Steinen warf. Und doch hatten die Soldaten am Checkpoint, die Truppen im Stützpunkt von Rama, die Löschfahrzeuge in den nahen Siedlungen nicht das Geringste unternommen und den Bus mehr als eine halbe Stunde lang brennen lassen.

Arik stellte fest, dass einige der Posts von Studenten in Givat Shaul stammten, dem Jerusalemer Stadtteil, der Deir Yassin einschließt, den Ort des berüchtigten Massakers jüdischer paramilitärischer Einheiten noch vor der Staatsgründung Israels. Abed ließ sich dadurch nicht aus der Reserve locken. „Extremisten gibt es überall", antwortete er. „Bei uns genauso wie bei euch."

Im Verlauf der Sendung trifft Arik zwei Siedler, die nicht weit entfernt vom Unfallort leben. Arik Vaknish ist aus Adam, wo er seit 2000 lebt. Er beendete seinen Militärdienst als Grenzsoldat in Ramallah im selben Jahr, in dem Abed in der dortigen Haftanstalt der Prozess gemacht wurde. Wie Beber Vanunu war er in einem marokkanischen Elternhaus in Jerusalem aufgewachsen und sprach gut Arabisch. Er war Geschäftsführer bei der Firma Anglo-Saxon Real Estate und verkaufte Immobilien an neue jüdische Siedler im Westjordanland.

Das große Schild mit Beileidsbekundungen auf Hebräisch und Arabisch, das nach dem Unfall an der Kreuzung in Adam installiert wurde, war ein Gemeinschaftswerk von Beber und Vaknish. Aufgrund dieses Schildes hatte Channel 10 mit Vaknish Kontakt aufgenommen und ihn gebeten, Abed zu Hause in Anata zu treffen.

Der zweite Siedler, Duli Yariv aus Anatot, hatte für die trauernden Familien Spenden in seiner Nachbarschaft gesammelt und an die 1 000 Dollar zusammenbekommen. Auch er war in Jerusalem aufgewachsen, nicht weit von Beber und Vaknish. Nach seinem Dienst bei der Luftwaffe machte sich Duli auf die Suche nach einer Wohnung. Ihn zog es aufs Land, aber seine Eltern wollten ihn in ihrer Nähe wissen, und Gemeinden innerhalb der Grünen Linie waren zu teuer. Also schaute er sich in Anatot um. Es war schön, nicht allzu teuer und in der Nähe seiner Familie. Hier war einer der wenigen Orte, wo er eine zweigeschossige Villa bauen konnte, die seinem Konzertflügel und den Gemälden seiner Schwestern Platz bot.

Vor laufender Kamera sagt Duli zu Arik Weiss, dass es ihm widerstrebe, Anata zu betreten. „Es ist kein freundlicher Ort, auf eigene Faust würde ich nicht hinfahren, ohne vorher sicherzustellen, dass ich auch wieder rauskomme." Der Beitrag zeigt, wie Vaknish und Duli knapp anderthalb Kilometer von Anatot nach Anata fahren, vorbei an mit Graffiti beschmierten Wänden, über Straßen voller Schlaglöcher, auf denen Kinder spielen, weil es keine Bürgersteige gibt. „Anderthalb Kilometer trennen die Siedlung Anatot von Anata", erläutert Arik im Voiceover. „Fünf Minuten Fahrt bringen einen in eine ganz andere Welt." Abed und sein Bruder Wa'el begrüßen das TV-Team und die Siedler. Die Sendung bezeichnet Wa'el fälschlich als „Selbstmordattentäter", der auf seinem Weg, einen Anschlag zu verüben, verhaftet wurde, vermerkt aber wahrheitsgemäß die Wandlung zum Friedensaktivisten nach seiner Freilassung. Es waren die Verbindungen in diese Kreise, die nun dazu geführt hatten, dass ein israelisches Fernsehteam vor Abeds Tür stand. Abed hatte Wa'els israelisch-palästinensische Versöhnungsbestrebungen nicht gutgeheißen. Was sollte dabei herauskommen, dachte er, außer Zugeständnissen an die Israelis und einem falschen Bild von Eintracht zwischen Unterdrücker und Unterdrückten?

Wa'el und Abed sitzen auf einer Couch, Vaknish und Duli

ihnen gegenüber. Gelbe Vorhänge schützen das Wohnzimmer vor dem Sonnenlicht. Die Salamas haben einen Styroporteller mit Süßem für ihre Gäste bereitgestellt. Arik fragt Abed nach Bildern von seinem Sohn. Abed erhebt sich von der Couch und kommt mit einem rosafarbenen Album und einem großen gerahmten Foto von Milad zurück. Die Israelis schauen sich die Fotos an, dann wendet sich Duli direkt an Abed und Wa'el: „Ich möchte Ihnen sagen, dass ich in Anatot lebe. Ich bin Siedler. Als wir im Radio von dem Unfall erfuhren, ging mir zuerst durch den Kopf, dass es einer von unseren Bussen ist – und hätte Gott sich um zwei Sekunden vertan, hätte das gut sein können." Duli fährt fort: „Ich glaube nicht, dass irgendjemand aus den Siedlungen hier in der Gegend so was denken könnte wie: Gut, dass es arabische Kinder waren. Weil es morgen auch unsere Kinder sein können." Die Kamera bleibt auf Abed, der Duli skeptisch ansieht.

Nachdem Duli und Vaknish gegangen sind, folgt die Kamera Abed ins Schlafzimmer, wo er ein Video auf seinem Handy aufruft. Darin sieht man Milad in Mütze und Wintermantel, lächelnd, lachend, während er seinem Vater Witze erzählt.

In Anspielung auf ein Sprichwort darüber, dass Verliebtsein etwas Aufreibendes ist, sagt Milad: „Es war einmal ein Weizenkorn, das sich verliebte und schließlich als Mehl endete."

Dann ist Abeds Stimme zu hören. „Erzähl noch einen."

„Noch einen?", fragte Milad.

„Noch einen."

„Vom Teufel?“, schlägt Milad vor und beginnt: „Ein Mann geht ins Bad.“ Anstatt des üblichen Gebets zur Abwendung des Übels flüstert der Mann das falsche: „‚Im Namen Gottes, dem Gütigsten, dem Gnädigsten‘, sagt der Mann, und der Teufel bepisst sich vor Lachen!“ Milad lacht und man hört auch Abed kichern.

Abed kann nicht mehr hinschauen, er bedeckt sein Gesicht und fängt an zu weinen. Mit dieser Einstellung endet der Beitrag.

Fast ein Jahr nach dem Unfall starb Abeds Mutter. Dank ihrer Alzheimer-Erkrankung hatte sie nie in vollem Umfang begriffen, was Milad zugestoßen war. Nur Tage nach dem Begräbnis betrauerten die Salamas den Verlust eines weiteren Kindes, eines acht Monate alten Jungen, der an einer tödlichen Krankheit gestorben war. Der Vater des Babys war Ahmad, Abeds Cousin, der viele Jahre zuvor mit ihm gekämpft hatte und auf den dann im Makassed-Krankenhaus Na'el mit einem Skalpell losgegangen war.

Ahmad war ein strenger und obendrein ein geiziger Mann. Eine eigene Gedenkfeier für seinen Sohn war ihm zu teuer, deshalb nutzte er die Trauerhalle für Abeds Mutter. Er bot seinen Gästen Getränke und Datteln an, die Abeds Familie bereitgestellt hatten und lud nur für zwei Tage ein anstatt der üblichen drei, weil dann die *azza* für Abeds Mutter endete.

Als die Beerdigung näher rückte, wollte Ahmad seinen Sohn in dasselbe Grabmal legen, in dem auch Milad seine letzte Ruhe gefunden hatte. Er lehnte es aber ab, dass der

Name des Kindes auf einen Grabstein graviert wurde – wegen der Kosten – und wollte auch keine eigene Grabstätte. Also schlug er vor, ihn bei Milad zu beerdigen.

Zuerst hielt Abed nicht viel von der Idee. Doch dann betrachtete er das als Chance. Er hatte nach dem Unfall keine Gelegenheit gehabt, Milad noch einmal zu sehen oder mit ihm alleine zu sein. Man hatte ihn überhaupt nicht alleingelassen. Einige Monate zuvor hatte er an einer Haddsch nach Mekka teilgenommen und in Medina hatte er Milads Gesicht gesehen, wo er auch hinging – auf den Säulen der Moschee, in den Seiten des Korans, in den Augen jedes vorübergehenden Jungen. Auf dieser Gruppen-Pilgerreise, ohne Freunde und Familie, war er wenigstens einmal für sich gewesen.

Zu Hause fühlte er sich eingeengt und von allen bevormundet – von der Menge auf dem Friedhof, die ihn von Milads Grab ferngehalten hatte, von Angehörigen, die sich um ihn und seinen Kummer scharten, von einer Gesellschaft, die einer trauernden Familie nicht einen Moment der Zurückgezogenheit erlaubte, von einer Kultur, die darauf bestand, dass ein Mann immer stark sein musste. Er wünschte, er hätte alldem für nur eine Stunde entkommen, einen Berg erklimmen und alles herausschreien können. Stattdessen versuchte er nach Kräften, es herunterzuschlucken und in der Öffentlichkeit keine Tränen zu vergießen.

Doch das Unterdrücken des Kummers hatte seinen Preis. Er bekam Herzprobleme und das Gehen fiel ihm schwer. Wegen eines Blutgerinnsels musste er ins Krankenhaus. Ein Echokardiogramm deutete auf „Akute Herzinsuffizienz“ hin. Der Arzt zeigte sich erstaunt, dass Abed überhaupt noch lebte. Eigentlich wollte er gar nicht mehr leben. Er liebte Haifa und Adam und seine Töchter, doch wonach er sich am meisten sehnte, war unmöglich.

Noch immer konnte Abed nicht akzeptieren, dass sein Sohn wirklich für immer gegangen war. Nach dem Fernsehinterview löschte er alle Videos von Milad und alle Fotos bis auf zwei. Der Anblick war zu schmerzhaft. Später bereute er es. Er wollte Milad sehen und über ihn sprechen, um ihm nahe zu sein, selbst wenn er damit die Wunde wieder aufriss. Wenn das Festhalten der verblassenden Erinnerung an seinen Sohn ewigen Kummer bedeutete, dann war er bereit, diesen Preis zu zahlen. Anhand der schmerzlichen Erinnerungen konnte Abed Milad im Herzen bewahren.

Haifa erging es ganz anders. Nach wie vor war sie nicht bereit, über Milad zu sprechen. Sie lehnte ab, als ihre älteste Tochter Lulu ihr Kind nach ihm benennen wollte. Abed gab den Versuch auf, mit Haifa über ihren Jungen zu reden. Wiederholt sah er sich eine Fernsehsendung über den Propheten Yusuf an. Er sah sich selbst in Yusufs Vater Ya'qub, der nicht glauben wollte, dass sein Sohn tot war. Laut Koran wurden seine Augen weiß, die Sorge ließ ihn erblinden.

Und so stimmte Abed Ahmads Bitte zu. Auf dem Friedhof schoben Ahmad und seine Familie den Stein vom Eingang zu Milads Grabstelle. Bevor sie ihr Baby zur Ruhe betteten, ließen sie Abed etwas Zeit allein. Abed kroch unter das steinerne Dach des Grabmals, dorthin, wo seine Familie eines Tages auch ihn bestatten würde. Als er sich auf die Erde neben seinen Sohn hockte, konnte er Milads Leichnam sehen, gehüllt in das weiße Leichentuch, in dem man ihn begraben hatte. Eines Tages würde Abed ihm folgen. Für einige Minuten kniete er so am Grab. Endlich konnte er von Milad Abschied nehmen.

Einige Jahre später arbeitete Abed als Taxifahrer und fuhr eines Tages eine Mutter und ihre Kinder ins Shuafat-Lager. Als sie sich dem Unfallort näherten, flüsterte Abed die Fatiha. „Möge Gott sie beschützen", sagte die Mutter auf der Rückbank. Abed war überrascht. „Sie wissen von dem Unglück?", fragte er. Die Frau sagte, ihr Sohn, der neben ihr saß, sei in dem Bus gewesen.

Abed bestand darauf, die Familie zu sich zum Essen einzuladen. Sie kamen an Nour al-Houda vorbei, wo Abed an jedem Jahrestag des Unfalls den Kindern in Milads Klassenzimmer Überraschungseier schenkte. Abed hielt an einem Laden, um für Milads alten Schulkameraden ein Spielzeug zu kaufen. Zu Hause stellte er den Jungen und die Familie Haifa und seinen Töchtern vor. Haifa legte dem Jungen die Hand auf den Kopf und bat die Mutter und ihre Kinder ins Wohnzimmer. Als Abed neben dem Jungen auf der Couch saß, nahm er seinen Mut zusammen und fragte ihn, ob er sich noch daran erinnerte, wie Milad an dem Tag gewesen war. „Milad saß vorne im Bus", sagte der Junge. „Er hatte Angst und kroch unter den Sitz."

Nachdem in Anata die Erinnerung an das Unglück verblasste, lebten Abed und Haifa zurückgezogen. Die Menschen im Ort bekamen sie kaum noch zu sehen. Als der siebte Jahrestag bevorstand, sah Abed einen Facebook-Post von Milads siebzehnjähriger Cousine Rama. Sie hatte zwar dieselbe Schule besucht, war aber fünf Jahre älter als Milad. Abed war nicht bewusst, dass sie sich nahegestanden hätten, und doch schrieb Rama liebevoll über Milad und erwähnte das bevorstehende Datum. Abed ging zu Rama nach Hause und fragte, was sie nach all den Jahren dazu gebracht hatte, etwas über seinen Sohn zu posten. „Ich habe ihn als Letzte geküsst", sagte sie. „Bevor Milad in den Bus stieg, gab er mir ein Schokoladenei und ich küsste ihn auf die Wange."

Ashraf Qayqas wurde zu dreißig Monaten Gefängnis verurteilt, eine auffallend milde Strafe für einen Akt grober Fahrlässigkeit, der sieben Menschen das Leben gekostet hatte. Während des Prozesses erkrankte er an Leukämie und nach Einschätzung seines palästinensischen Verteidigers, eines Achtundvierzigers aus Akkon, war die Krebserkrankung der Grund für die milde Strafe. Als Ashraf Berufung einlegte, lehnte Israels Supreme Court sein Gesuch ab. „Jede Person ist eine Welt für sich", begründete Richter Neal Hendel diese Entscheidung. „Der Tod von sieben Menschen ist eine Katastrophe, die sich nicht mathematisch erfassen lässt. Der Verlust geht über den reinen Zahlenwert weit hinaus."

Der Prozess und die polizeilichen Ermittlungen beschränkten sich strikt auf die Handlungen des Fahrers und ließen dabei die weiteren Ursachen für den Unfall, für die Todesopfer und für die viel zu spät eingeleiteten

Notfallmaßnahmen außer Acht. Einige der israelischen Rettungswagen aus Jerusalem waren von der Armee aufgehalten worden, die das Öffnen eines Tores der Sperranlage am Qalandia-Checkpoint hinausgezögert hatte. Auch die Rettungskräfte, die aus den Siedlungen im Westjordanland oder über den Hizma-Checkpoint kamen, waren verspätet gewesen, in ihrem Fall wegen Disponenten, die sie zum falschen Ziel geschickt hatten; zum Kreisverkehr bei Adam. Sprachen Israelis von Orten im Westjordanland, nutzten sie den Namen der nächsten Siedlung, weil die meisten mit den palästinensischen Straßen und Dörfern nicht vertraut waren.

Andere Ersthelfer berichteten israelischen Medien, es habe sie „einiges an Zeit gekostet, den genauen Ort auf palästinensischem Gebiet zu finden." Doch die Jaba-Straße befand sich gar nicht auf palästinensischem Gebiet. Sie wurde zwar von hunderttausenden Palästinensern genutzt, war aber vollständig unter israelischer Kontrolle.

Tage nach dem Unfall bildete die PA einen amtlichen Ausschuss zur Untersuchung des Falls. Der Bericht merkte an, „die nächsten israelischen Rettungsdienste, Einsatzkräfte und Feuerwachen sind nur anderthalb Minuten entfernt", während die Entsendung „palästinensischer Rettungsdienste und Einsatzfahrzeuge" zur Jaba-Straße „Koordination mit Israel erfordert". Zudem wurden palästinensische Einsatzkräfte durch die „verstopften Straßen" an den Checkpoints von Qalandia und Jaba behindert, und palästinensische Gesuche für eine Installation von Beleuchtung und Fahrbahnteilern seien „von Israel abgelehnt" worden.

Alles in allem lag damit die „moralische und legale Verantwortung auf israelischer Seite“. Die hinterbliebenen Eltern wiesen den Bericht als stümperhaft, voreilig und unpräzise zurück, offenbar wollte die PA damit nur ihre eigene unzureichende Hilfeleistung und die vernachlässigte Verantwortung für die Schulen und ihre Sicherheit vertuschen.

An Schuldzuweisungen mangelte es nicht, doch niemand – weder Ermittler noch Anwälte noch Richter – benannte die wahren Gründe für das Desaster. Keiner erwähnte den allgegenwärtigen Mangel an Klassenräumen in Ostjerusalem, ein Defizit, das dazu führte, dass Eltern ihre Kinder in kaum beaufsichtigte Schulen im Westjordanland schickten. Niemand verwies auf die Sperranlage und das Bewilligungssystem, das eine Vorschulklasse dazu zwang, einen gefährlichen Umweg bis zum Rande Ramallahs zu machen, anstatt direkt zu den Spielplätzen von Pisgat Ze'ev zu fahren, die nur einen Steinwurf entfernt lagen.

Kein Mensch schlug vor, dass Israels Fonds für Unfallopfer auch Familien von Inhabern grüner Ausweise entschädigen sollte, deren Kinder auf einer von Israel kontrollierten und von israelischer Polizei überwachten Straße zu Tode kamen. Niemand erklärte, dass eine einspurige, schlecht erhaltene Verkehrsader für den Nord-Süd-Transit von Palästinensern in der Metropolregion von Jerusalem und Ramallah unzureichend war oder bemängelte, dass die Checkpoints missbraucht wurden, um die Bewegungsfreiheiten von Palästinensern einzuschränken und den Verkehr für Siedler während der Rushhour zu vermindern. Niemand stellte fest, dass fehlende Einsatzkräfte auf einer Seite der Sperranlage früher oder später zur Tragödie führen mussten. Niemand sprach offen aus, dass man die Palästinenser der Region benachteiligte, weil der jüdische Staat bemüht war, sie aus dem Großraum Jerusalem, dem Ort, den Israel am meisten begehrte, zu vertreiben. Für diese Taten wurde niemand je zur Verantwortung gezogen.

Anmerkungen

1 PLO
Palestine Liberation Organization
Palästinensische Befreiungsorganisation

2 DFLP
Democratic Front for the Liberation of Palestine
Demokratische Front zur Befreiung Palästinas

3 IDF
Israel Defense Forces
Israelische Verteidigungsstreitkräfte

4 UNRWA
United Nations Relief and Works Agency for Palestine Refugees in the Near East
Hilfswerk der Vereinten Nationen für Palästina-Flüchtlinge im Nahen Osten

5 PLA
Palestine Liberation Army
Palästinensische Befreiungsarmee

6 UNLU
United National Leadership of the Uprising

Kommentar des Autors

Bei dem vorliegenden Werk handelt es sich um einen Tatsachenbericht. Alle Personen im Buch werden mit ihren wahren Namen genannt, nur in vier Fällen (Abu Hassan, Azzam, Ghazl und Hassan) wurde aus Rücksicht auf die Privatsphäre davon abgesehen.

Bei der Transkription aus dem Arabischen und Hebräischen bin ich nicht durchgehend nach demselben Prinzip verfahren. Wann immer möglich, habe ich mich – trotz aller Uneinheitlichkeit – für Schreibweisen entschieden, die sich im Englischen bereits durchgesetzt haben (Gleiches gilt im Deutschen, *Anmerkung des Übersetzers*). Bei Wörtern, die im Englischen noch nicht geläufig sind, bin ich im Sinne der in diesen Sprachen unkundigen Leser vorgegangen und habe versucht, bei der Transkription die Lesbarkeit mit den Ausspracheregeln so weit wie möglich in Einklang zu bringen.

Danksagung

Mein Dank geht zuallererst an die Protagonisten und Protagonistinnen dieses Buches, die sehr Vertrauliches aus ihrem Leben preisgegeben und in einigen Fällen zum ersten Mal seit fast zehn Jahren über die Tragödie gesprochen haben. Dabei bin ich Abed Salama ganz besonders verpflichtet. Es war ein Privileg, dass ich ihn durch einen großen Teil der vergangenen drei Jahre begleiten durfte. Ich hoffe, ich bin seiner Geschichte und der Milads gerecht geworden. Mein Dank gilt Haifa und der gesamten Familie Salama – Lulu, Fufu, Thana'a, Mayar, Adam, Fidaa, Wa'el, Naheel, Abu Wisaam, Bashir, Ruba, Jessenia, Jad, Ibrahim, Sahar, Aboud, Abu Jihad, und Tha'er –, die mich ehrenhalber in ihren Kreis aufgenommen haben.

Huda Dahbour nahm sich immer wieder Zeit, mir ihre Geschichten anzuvertrauen. Danken möchte ich auch den Familien von Salaah

Dweik, Abdullah Hindi und Ula Joulani; Tala Bahri und ihrer Familie, Radwan Tawam und Familie sowie Salem Abu Markhiye.

Die Aussagen vieler anderer sind in diese Seiten eingegangen. Mein Dank gilt Dvir Adani, Amnon Amir, Eldad Benshtein, Itzhak Bloch, Itai Elias, Namir Idilby, Wadah Khatib, Khalil Khoury, Mira Lapidot, Yaakov Lapidot, Nader Morrar, Bentzi Oiring, Shlomo Petrover, Rita Qahwaji, Ron Shatzberg, Ami Shoshani, Adi Shpeter, Dany Tirza, Saar Tzur, Arik Vaknish, Beber Vanunu, Arik Weiss, Dubi Weissenstern, Livnat Wieder, Duli Yariv und Maysoon Zahalka.

Zu denen, die mir ihre Zeit und ihr Wissen zur Verfügung gestellt haben, gehören auch Milena Ansari, Kjersti Gravelsæter Berg, Mick Dumper, Dror Etkes, Raphael Herbst, Shawan Jabarin, Eitay Mack, Nadav Matzner, Quamar Mishirqi- Assad, David Myers, Mansour Nasasra, Ilay Peled, Michael Sfard und Aviv Tatarsky.

Es war mir eine Ehre, während meiner Recherche mit zwei außergewöhnlichen Journalisten zusammenzuarbeiten, Ashira Darwish und Sami Sockol, und anfangs außerdem Bashar Mashni, der im Januar 2023 verstorben ist.

Zwei Jahre Nachforschungen und Schreiben wurden möglich gemacht durch die Förderung der Open Society Foundations. Mein aufrichtiger Dank gebührt Issandr El Amrani, dem verantwortlichen Direktor für den Mittleren Osten und Nordafrika, den ich das Glück hatte, in den gemeinsamen Tagen bei der International Crisis Group meinen Kollegen nennen zu dürfen. Zudem geht mein Dank an Noor Shoufani, Abier Al-Khateeb und Lenny Benardo für ihre wertvolle Unterstützung.

Die abschließende Arbeit am Buch erfolgte im Bard College, wo ich 2022–23 ein akademisches Jahr als Writing Fellow verbrachte. Mein Dank richtet sich an Tom Keenan, Jonathan Becker und Leon Botstein für ein idyllisches Jahr mit meiner Familie im Hudson Valley und für ihre anhaltende Unterstützung, allen Widrigkeiten zum Trotz.

Das Projekt geht auf einen Artikel in der *New York Review of Books* zurück. Auch wenn am Ende weniger als eine Seite des Artikels ins Buch eingeflossen ist, verdankt es seine Entstehung der *Review* und dort allen voran ihren drei Großmeistern: Patrick Hederman, Emiliy Greenhouse und vor allem Matt Seaton.

Sehr verbunden bin ich Sara Kayyali, Jeremy Kleiner und David Remnick für die Ermutigung, aus dem Artikel ein Buch zu machen, und Mark Denner, Kathleen Peratis und David Shulman, die das Projekt wohlwollend begleitet haben.

Im Mittleren Osten standen mir drei Kollegen beruflich und persönlich außerordentlich nahe und haben zu diesem Buch mehr beigetragen, als mit Worten zu beschreiben ist: Omar Shakir, Yehuda Shaul und besonders Hagai El-Ad durch seine Hilfsbereitschaft. Tausendfach unterstützt wurde ich außerdem von Sana'a Allan in Jerusalem und Azmi Keshawi in Gaza, zwei ganz besonderen Menschen, die meine Familie mit offenen Armen empfangen haben. Da sind Freunde, die das Manuskript in einem frühen Stadium teilweise oder ganz durchgesehen und wertvolles Feedback gegeben haben: Tareq Baconi, Sara Bershtel, Rob Malley und Josh Yaffa, der mir von Anfang an zur Seite stand.

Wie bereits das vorherige habe ich auch dieses Buch in Musara, im Haus unserer lieben Freunde Adina Hoffman und Peter Cole, geschrieben, die unseren Aufenthalt in Jerusalem so angenehm gemacht haben und auf deren Urteilsvermögen ich jederzeit und in jeder Hinsicht bauen kann.

Dieses Buch wäre nicht ohne meine äußerst versierte Lektorin Riva Hocherman zustande gekommen. Ihr Anteil daran – ihre hellsichtige und einfühlsame Textbearbeitung – kann nicht hoch genug gelobt werden. Das Gleiche gilt für ihr großes Engagement. Bei der Durchsicht unzähliger Textversionen hat sie stets eine geradezu übermenschliche Ausdauer und Detailgenauigkeit bewiesen. Das Buch hätte nicht in besseren Händen sein können.

Bei Metropolitan / Henry Holt & Company geht mein Dank an

Devon Mazzone, Chris O'Connell, Carolyn O'Keefe und Julia Ortiz. Bei Allen Lane / Penguin Press in Großbritannien gestaltete sich die Zusammenarbeit mit meiner Herausgeberin Maria Bedford auf das Glücklichste, ebenso mit Noosha Alai-South, Rosie Brown und Maddie Watts. Levente Szabo gestaltete das Cover der britischen, Christopher Sergio das der amerikanischen Ausgabe. Daleen Saah steuerte die innovativen Landkarten bei. Mein Agent Edward Orloff brachte dieses Buch auf den Weg und Michael Taeckens begleitete es gekonnt hinaus in die Welt.

Den größten Dank schulde ich meiner Frau Judy Heiblum, versierte Lektorin und meine erste und letzte Leserin. Was ich auch schreibe, bekommt erst von ihren Händen den letzten Schliff. Und das ist nur die geringste ihrer Möglichkeiten, wie sie mich besser dastehen lässt. Unsere drei Töchter Juno, Tessa und Zoe sind in Jerusalem aufgewachsen, von den Kindern in diesem Buch nur durch die Mauer getrennt. Auch wenn für mich selbst das Niederreißen dieser Barriere für immer ein Traum bleiben mag, so habe ich dieses Buch doch in der Hoffnung geschrieben, dass sie das noch erleben dürfen.

Quellen

Zitat

Cavell, Stanley. *The Senses of Walden: An Expanded Edition.* Chicago: U Chicago Press, 1992.

Prolog

Interviews mit Dror Etkes, Abed Salama, Adam Salama, Haifa Salama und Mohammad (Abu Wisaam) Salama.

Altman, Yair. „Truck, Bus Collide in Jerusalem; 8 Dead." *Ynet* [Hebräisch], 16. Februar 2012.

Applied Research Institute – Jerusalem. „Jericho City Profile." 2012.

Etkes, Dror. „Anata." Unveröffentlichter Aufsatz, 2015.

Israeli Civil Administration for Judea and Samaria. „Arcgis – Information for the Public" [Hebräisch]. Abgerufen 26. Juli 2022.

Ma'an Development Center. „Anata: Confinement to a Semi Enclave." Dezember 2007.

Palestinian Central Bureau of Statistics. „Jerusalem Statistical Yearbook No. 12" [Arabisch]. Juni 2010.

Seitz, Charmaine. „Jerusalem's Anata Out of Options." *Jerusalem Quarterly,* Nr. 32, Herbst 2007.

Thrall, Nathan. „A Day in the Life of Abed Salama." *New York Review of Books* (online), 19. März 2021.

Erster Teil | Drei Hochzeiten

Interviews mit Dror Etkes, Abed Salama, Bashir Salama, Haifa Salama, Ibrahim Salama, Mohammad (Abu Wisaam) Salama, Naheel Salama und Wa'el Salama.

Adalah. „The October 2000 Killings." 11. August 2020.

American Friends Service Committee. „Palestine Refugee Relief, Bulletin No. 1." März 1949.

Amnesty International. „50 Years of Israeli Occupation: Four Outrageous Facts About Military Order 101." 25. August 2017.

⇨ „1990 Report." 1990, S. 129–132.

Applied Research Institute – Jerusalem. „Anata Town Profile." 2012.

Beinin, Joel und Lisa Hajjar. „Palestine, Israel and the Arab-Israeli Conflict: A Primer." Middle East Research and Information Project, 2014.

Blankfort, Jeffrey. „Massacre at Rishon Lezion: Killer of Gaza." *Middle East Labor Bulletin* 2, Nr. 3, Sommer 1990.

B'Tselem. „Acting the Landlord: Israel's Policy in Area C, the West Bank." Juni 2013.

⇨ „Banned Books and Authors, Information Sheet." 1. Oktober 1989.

⇨ „Detained Without Trial: Administrative Detention in the Occupied Territories Since the Beginning of the Intifada." Oktober 1992.

⇨ „Fatalities in the first Intifada." Abgerufen am 12. November 2022.

⇨ „Freedom of Movement." 11. November 2017.

⇨ „Information Sheet." 1. August 1989.

⇨ „Statistics on Revocation of Residency in East Jerusalem." 7. April 2021.

⇨ „Statistics on Settlements and Settler Population." Abgerufen 26. Juli 2022.

Canada: Immigration and Refugee Board of Canada. „Palestine: Whether a Palestinian Formerly Residing in East Jerusalem Who Had His Israeli Identity Card Revoked Is Able to Live in the West Bank or the Gaza Strip." 1. Februar 1999.

⇨ „Palestine: Whether a Permit Is Required from Israel for a Palestinian Resident of Bethlehem to Travel to Work in Ramallah and Back, Whether a Permit Guarantees Free Movement Past Checkpoints." 4. Juli 2001.

Chatty, Dawn und Gillian Lewando Hundt, Hgg. *Children of Palestine: Experiencing Forced Migration in the Middle East.* New York: Berghahn, 2005.

Ciotti, Paul. „Israeli Roots, Palestinian Clients: Taking the Arab Cause to Court Has Earned Jewish Lawyer Lea Tsemel the Wrath of Her Countrymen." *Los Angeles Times,* 27. April 1988.

Foundation for Middle East Peace. „Comprehensive Settlement Population 1972–2011." 13. Januar 2012.

Government of Israel. „Commission of Inquiry into the Clashes Between Security Forces and Israeli Citizens in October 2000." August 2003.

⇨ „The Counter-Terrorism Law, 5776–2016." 2016.

⇨ „Prevention of Terrorism Ordinance No 33, 5708–1948." 1948.

Hammami, Rema. „Women, the Hijab and the Intifada." *Middle East Report,* Mai/Juni 1990, S. 164–165.

Hass, Amira. „Israel's Closure Policy: An Ineffective Strategy of Containment and Repression." *Journal of Palestine Studies* 31, Nr. 3, Frühjahr 2002, S. 5–20.

Hiltermann, Joost R. *Behind the Intifada: Labor and Women's Movements in the Occupied Territories.* Princeton: Princeton UP, 1991.

⇨ „Trade Unions and Women's Committees: Sustaining Movement, Creating Space." *Middle East Report,* Nr. 164/165, Mai–August 1990, S. 32–53.

Hiroyuki, Suzuki. „Understanding the Palestinian Intifada of 1987: Historical Development of the Political Activities in the Occupied Territories." *Annals of Japan Association for Middle East Studies* 29, Nr. 2, S. 171–197.

Hoffman, David. „The Intifada's Lost Generation." *Washington Post,* 7. Dezember 1992.

⇨ „Palestinians Reconsider Their Tactics." *Washington Post,* 27. Juni 1993.

Human Rights Watch. „Justice Undermined: Balancing Security and Human Rights in the Palestinian Justice System." 13, Nr. 4 (E), November 2001.

⇨ „Prison Conditions in Israel and the Occupied Territories." April 1991.

Inbar, Efraim. „Israel's Small War: The Military Response to the Intifada." *Armed Forces & Society* 18, Nr. 1, 1991, S. 29–50.

Israeli Central Bureau of Statistics. „Statistical Abstract of Israel, 1992–2008." 2009.

Israel Defense Forces. „Order No. 101: Order Regarding Prohibition of Incitement and Hostile Propaganda Actions" [Hebräisch]. 22. August 1967.

Jerusalem Institute for Israel Studies. „Statistical Yearbook of Jerusalem, 1991–2008." 2009.

Johnson, Penny und Rema Hammami. „Change & Conservation: Family Law Reform in Court Practice and Public Perceptions in the Occupied Palestinian Territory." Institute of Women's Studies, Birzeit University, Dezember 2013.

Landau, Efi. „Ilan Biran: Barak, Ben-Eliezer Promised to Privatize Bezeq Within Year." *Globes,* 26. September 1999.

Lesch, Ann M. „Prelude to the Uprising in the Gaza Strip." *Journal of Palestine Studies* 20, Nr. 1. Herbst 1990, S. 1–23.

Lieber, Dov. „In the Heart of Jerusalem, a Squalid Palestinian ‚Refugee Camp' Festers." *Times of Israel,* 26. Dezember 2016.

Lybarger, Loren D. *Identity and Religion in Palestine: The Struggle Between Islamism and Secularism in the Occupied Territories.* Princeton: Princeton UP, 2007.

Ma'oz, Moshe. *Palestinian Leadership on the West Bank: The Changing Role of the Arab Mayors Under Jordan and Israel.* New York: Routledge, 1984.

Neff, Donald. „The Intifada Erupts, Forcing Israel to Recognize Palestinians." *Washington Report on Middle East Affairs,* Dezember 1997, S. 81–83.

Norwegian Refugee Council. „Undocumented and Stateless: The Palestinian Population Registry and Access to Residency and Identity Documents in the Gaza Strip." Januar 2012.

Oren, Aya. „The Indictment Against Ami Popper: Murdered Seven and Tried to Murder Ten." *Ma'ariv* [Hebräisch], 19. Juni 1990.

Palestinian Central Bureau of Statistics. „Jerusalem Statistical Yearbook", Nr. 12 [Arabisch], Juni 2010.

Pedatzur, Reuven. „More Than a Million Bullets." *Haaretz,* 29. Juni 2004.

Peretz, Don. „Intifadeh: The Palestinian Uprising." *Foreign Affairs,* 1988.

Reuters. „Israeli Acquitted in Traffic Mishap That Sparked Arab Riots." 7. März 1992.

Rinat, Zafrir. „Jews Have a Discount, Arabs the Full Price." *Haaretz* [Hebräisch], 26. Juli 2013.

Sofer, Roni. „The Indictment Against the Driver Who Is Considered One of the Causes of the Intifada." *Ma'ariv* [Hebräisch], 6. Dezember 1989.

Tzaitlin, Uriel. „30 Years: This Is the Story of the Intifada." *Kol Hazman* [Hebräisch], 15. Dezember 2017.

UN Division for Palestinian Rights. „Chronological Review of Events Relating to the Question of Palestine – October 2000." 31. Oktober 2000.
U. S. Department of State. „Country Reports on Human Rights Practices for 1984: Report Submitted to the Committee on Foreign Relations, U. S. Senate, and Committee on Foreign Affairs, U.S. House of Representatives", S. 1260–1268.
⇨ „Key Officers of Foreign Service Posts: Guide for Business Representatives." September 1990.
U. S. Embassy in Israel. „History of the U.S. Diplomatic Presence in Jerusalem & of Our Agron Road Location." Abgerufen am 26. Juli 2022.
Usher, Graham. *Dispatches from Palestine: The Rise and Fall of the Oslo Peace Process.* London: Pluto, 1999.
Yesh Din und Emek Shaveh. „Appropriating the Past: Israel's Archaeological Practices in the West Bank." Dezember 2017.
Zureik, Elia, David Lyon und Yasmeen Abu-Laban, Hgg. *Surveillance and Control in Israel/Palestine: Population, Territory, and Power.* New York: Routledge, 2011.

Zweiter Teil | Zwei Feuer

Interviews mit Salem Abu Markhiye, Milena Ansari, Huda Dahbour, Ashraf Joulani, Imm Ashraf Joulani, Mohannad Joulani, Saadi (Abu Ashraf) Joulani, Saadi Joulani, Mira Lapidot, Yaakov Lapidot, Mansour Nasasra und Rita Qahwaji.
Abdul Jawwad, Saleh. „The Classification and Recruitment of Collaborators." In *The Phenomenon of Collaboration in Palestine.* Jerusalem: PASSIA, 2001.
Abu Ras, Thabet. „The Arab-Bedouin Population in the Negev: Transformations in an Era of Urbanization." The Abraham Fund Initiatives. März 2012.
Adalah. „Bedouin Citizens of Israel in the Naqab (Negev): A Primer." 2019.
Al-Haq. „Waiting for Justice – Al-Haq: 25 Years Defending Human Rights (1979–2004)." Juni 2005.
Ali, Ahmed. *Al-Qur'an: A Contemporary Translation.* Princeton: Princeton UP, 2001.

Aloni, Shlomo. *Israeli F-15 Eagle Units in Combat.* Oxford: Osprey, 2006.

Angrist, Joshua. „The Palestinian Labor Market Between the Gulf War and Autonomy." MIT Department of Economics, Arbeitspapier. Mai 1998.

Applied Research Institute – Jerusalem. „Abu Dis Town Profile." 2012.

⇨ „As Sawahira ash Sharqiya Town Profile." 2012.

Bergman, Ronen. *Rise and Kill First: The Secret History of Israel's Targeted Assassinations.* New York: Random House, 2018.

Bimkom. „The Bedouin Communities East of Jerusalem – A Planning Survey." Abgerufen 26. Juli 2022.

⇨ „Survey of Palestinian Neighborhoods in East Jerusalem: Planning Problems and Opportunities." 2013.

B'Tselem. „Collaborators in the Occupied Territories: Human Rights Abuses and Violations." 1994.

⇨ „The Military Courts." 11. November 2017.

⇨ „No Minor Matter: Violation of the Rights of Palestinian Minors Arrested by Israel on Suspicion of Stone Throwing." Juli 2011.

⇨ „Palestinian Minors Killed by Israeli Security Forces in the West Bank, Before Operation ‚Cast Lead.'" B'Tselem-Website. Abgerufen 26. Juli 2022.

⇨ „Statistics: Palestinians Killed by Israeli Security Forces in the West Bank, Before Operation ‚Cast Lead.'" B'Tselem-Website. Abgerufen 26. Juli 2022.

B'Tselem und HaMoked. „Forbidden Families Family Unification and Child Registration in East Jerusalem." Januar 2004.

Cook, Jonathan. „Bedouin in the Negev Face New ‚Transfer.'" *Middle East Report Online,* 10. Mai 2003.

Dahbour, Ahmad. *Diwan* [Arabisch]. Beirut: Dar al-'Awdah, 1983.

⇨ *Huna, Hunak* [Arabisch]. Amman: Dar al-Shurouq, 1997, übersetzt von Khaled Furani in Khaled Furani, *Silencing the Sea: Secular Rhythms in Palestinian Poetry.* Stanford: Stanford UP, 2012.

⇨ „We Died for Kufr Kanna to Live." In Kawther Rahmani, „A Portrait of the Late Palestinian Poet Ahmad Dahbour." *Shafaqna,* 25. Mai 2017.

Defense for Children International-Palestine. „No Way to Treat a Child,

Palestinian Children in the Israeli Military Detention System." April 2016.

Druckman, Yaron. „99,7% of Palestinians Are Convicted in Military Courts." *Ynet* [Hebräisch], 6. Januar 2008.

Dunstan, Simon. *The Yom Kippur War 1973 (1): The Golan Heights.* Oxford: Osprey, 2003.

Falah, Ghazi. „How Israel Controls the Bedouin in Israel." *Journal of Palestine Studies* 14, Nr. 2, Winter 1985, S. 35–51.

Furani, Khaled. *Silencing the Sea: Secular Rhythms in Palestinian Poetry.* Stanford: Stanford UP, 2012.

GISHA. „A Guide to the Gaza Closure: In Israel's Own Words." 2011.

HaMoked. „Temporary Order? Life in East Jerusalem Under the Shadow of the Citizenship and Entry into Israel Law." September 2014.

Human Rights Watch. „Children Behind Bars: The Global Overuse of Detention of Children." 2016.

⇨ „Stateless Again: Palestinian-Origin Jordanians Deprived of Their Nationality." 1. Februar 2010.

Israeli Air Force. „The Long Leg." Abgerufen 26. Juli 2022.

⇨ „Operation ‚Wooden Leg.'" Abgerufen 26. Juli 2022.

Israeli Ministry of Foreign Affairs. „Address to the Knesset by Prime Minister Rabin on the Israel-Palestinian Interim Agreement." 5. Oktober 1995. Abgerufen 1. Oktober, 2016.

JTA Staff. „Arafat Cries After Learning Rabin Is Dead." *Jewish Telegraphic Agency,* 10. November 1995.

Khalidi, Walid. „The Fall of Haifa Revisited." *Journal of Palestine Studies* 37, Nr. 3, Frühjahr 2008.

Kimmerling, Baruch und Joel S. Migdal. *The Palestinian People: A History.* Cambridge: Harvard UP, 2003.

al-Labadi, Dr. Abdel Aziz. *My Story with Tel al-Za'atar* [Arabisch]. Beirut: Editions Difaf, 2016.

Labidi, Arwa. „October 1, 1985. The Day the Israeli Occupation Army Bombed Tunisia." *Inkyfada,* 1. Oktober 2021.

Levinson, Chaim. „Nearly 100 % of All Military Court Cases in West Bank End in Conviction, Haaretz Learns." *Haaretz,* 29. November 2011.

Middle East Research and Information Project. „Why Syria Invaded Lebanon.“ *MERIP Reports,* Nr. 51, Oktober 1976, S. 3–10.

Morris, Benny. *The Birth of the Palestinian Refugee Problem Revisited.* Cambridge: Cambridge UP, 2004.

⇨ *Israel's Border Wars, 1949–1956.* Oxford: Oxford UP, 1993.

⇨ *1948: A History of the First Arab-Israeli War.* New Haven: Yale UP, 2009.

Nasasra, Mansour. *The Naqab Bedouins: A Century of Politics and Resistance.* New York: Columbia UP, 2017.

⇨ „Two Decades of Bedouin Resistance and Survival Under Israeli Military Rule, 1948–1967.“ *Middle Eastern Studies* 56, Nr. 1, 2020, S. 64–83.

al-Osta, Adel. „A Family Is Looking for Their Children … Maryam al-‚Asra.‘“ *Romman* [Arabisch], 6. Juni 2017.

Palestinian Central Bureau of Statistics. „Estimated Population in Palestine Mid-Year by Governorate, 1997–2021.“ Abgerufen 26. Juli 2022.

⇨ „Press Release on the Occasion of Palestinian Prisoners Day: More Than 650,000 Palestinian Were Exposed to Detention Since 1967, of Whom 9,400 Are Still in Prison.“ 17. April 2006.

Palmer, E. H. *The Survey of Western Palestine: Arabic and English Name Lists.* London: The Committee of the Palestine Exploration Fund. 1881.

Parsons, Nigel. *The Politics of the Palestinian Authority: From Oslo to al-Aqsa.* New York: Routledge, 2005.

Prial, Frank J. „Israeli Planes Attack P.L.O. in Tunis, Killing at Least 30; Raid ‚Legitimate‘, U.S. Says.“ *New York Times,* 2. Oktober 1985.

Rees, Matt. „Untangling Jenin's Tale.“ *Time,* 13. Mai 2002.

Reilly, James A. „Israel in Lebanon, 1975–1982.“ *Middle East Report,* Nr. 108, September / Oktober 1982.

Rothschild, Walter. „Arthur Kirby and the Last Years of Palestine Railways: 1945–1948.“ Promotionsarbeit, King's College, London, Dezember 2007.

Sayigh, Yezid. *Armed Struggle and the Search for State: The Palestinian National Movement, 1949–1993.* New York: Oxford UP, 1999.

Shulman, David. „The Bedouins of al-Khan al-Ahmar Halt the Bulldozers of Israel.“ *New York Review of Books* (online), 26. Oktober 2018.

Smith, William E. „Israel's 1,500-Mile Raid.“ *Time,* 14. Oktober 1985.

Suwaed, Muhammad Youssef. „Bedouin-Jewish Relations in the Negev 1943–1948." *Middle Eastern Studies* 51, Nr. 5, 2015, S. 767–788.

Tarazi, Monica. „Planning Apartheid in the Naqab." *Middle East Report,* Nr. 253, Winter 2009.

Tartir, Alaa. „The Evolution and Reform of Palestinian Security Forces 1993–2013." *Stability: International Journal of Security and Development* 4, Nr. 1, 2015.

Thrall, Nathan. *The Only Language They Understand: Forcing Compromise in Israel and Palestine.* New York: Metropolitan, 2017.

UN Division for Palestinian Rights. „Chronological Review of Events Relating to the Question of Palestine." Mai 2004.

UN Human Rights Council. „Report of the Special Rapporteur on the Situation of Human Rights in the Palestinian Territories Occupied Since 1967, John Dugard." 21. Januar 2008.

UN Office for the Coordination of Humanitarian Affairs. „The Impact of Israel's Separation Barrier on Affected West Bank Communities." März 2004.

⇨ „Protection of Civilians Weekly Report." 3.–9. August 2011.

UN Office of the Special Coordinator in the Occupied Territories. „Economic and Social Conditions in the West Bank and Gaza Strip." 15. April 1998.

UN Relief and Works Agency. „Fifteenth Progress Report Covering March and April 2002." 2002.

⇨ „Profile: Abu Dis, East Jerusalem." März 2004.

UN Special Committee on Palestine. „Report to the General Assembly." Offizielle Aufzeichnung der zweiten Sitzung der Generalversammlung, Supplement Nr. 11, 3. September 1947.

Warren, Col. Sir Charles und Capt. Claude Reigner Conder. *The Survey of Western Palestine: Jerusalem.* London: Committee of the Palestine Exploration Fund, 1884.

Dritter Teil | Massenanfall von Verletzten

Interviews mit Salem Abu Markhiye, Dvir Adani, Amnon Amir, Ghadeer Bahri, Ibrahim Bahri, Imm Mohammad Bahri, Mohammad Bahri, Muhannad Bahri, Rula Bahri, Tala Bahri, Eldad Benshtein, Itzhak Bloch, Itai Elias, Raphael Herbst, Namir Idilby, Wadah Khatib, Nadav Matzner, Nader Morrar, Bentzi Oiring, Ilay Peled, Shlomo Petrover, Ami Shoshani, Fathiya Tawam, Mustafa Tawam, Nageebeh Tawam, Saar Tzur, Arik Vaknish, Beber Vanunu, Dubi Weissenstern und Maysoon Zahalka.

Altman, Yair. „8 Dead When a Children's Bus Overturned Near Jerusalem." *Ynet* [Hebräisch], 16. Februar 2012.

Applied Research Institute – Jerusalem. „Beit Duqqu Village Profile." 2012.

⇨ „Jaba Village Profile." 2012.

⇨ „Tuqu Town Profile." 2010.

Breiner, Josh. „Prominent Haredi Rescue Organization Inflated Data, and Received Millions of Shekels as a Result." *Haaretz,* 18. Dezember 2022.

B'Tselem. „Statistics on Settlements and Settler Population." Abgerufen 26. Juli 2022.

Emek Shaveh. „On Which Side Is the Grass Greener? National Parks in Israel and the West Bank." Dezember 2017.

Goldberg, Haim. „19 Years Later: Bentzi Oiring Celebrated the Engagement of the Baby He Saved." *Kikar Hashabbat* [Hebräisch], 4. Februar 2021.

Israeli Central Bureau of Statistics. „Table 2.53: Immigrants, by Period of Immigration and Last Continent of Residence." 13. Oktober 2021.

Israeli Civil Administration for Judea and Samaria. „Arcgis – Information for the Public." Abgerufen 26. Juli 2022.

Israeli Police. „Testimony of Ashraf Qayqas Before Police Officer Shmuel Ozeri" [Hebräisch]. 16. Februar 2012.

Israeli Police, Shai (Shomron-Yehuda) District, Traffic Division. „Expert Opinion: Analysis of the Tachnograph Disc" [Hebräisch]. 28. Februar 2012.

⇨ „Incident Report" [Hebräisch]. 2012.

⇨ „Presentation of the Results of the Examination of the Vericom" [Hebräisch]. 10. April 2012.

⇨ „Testimony of Ashraf Qayqas Before Traffic Investigator Eliyahu Mizrahi" [Hebräisch]. 21. Februar 2012.
⇨ „Traffic Examiner Report" [Hebräisch]. 8. Mai 2012.
Jerusalem District Court. „The State of Israel v. Ashraf Qayqas: Hearing on 29 March 2015" [Hebräisch], 29. März 2015, S. 25–136.
⇨ „The State of Israel v. Ashraf Qayqas: Hearing on 16 June 2015" [Hebräisch], 16. Juni 2015, S. 26–120.
⇨ „The State of Israel v. Ashraf Qayqas: Hearing on 9 June 2016" [Hebräisch], 9. Juni 2016, S. 29–91.
⇨ „The State of Israel v. Ashraf Qayqas: Hearing on 14 June 2016" [Hebräisch], 14. Juni 2016, S. 28–99.
⇨ „The State of Israel v. Ashraf Qayqas: Hearing on 15 June 2016" [Hebräisch], 15. Juni 2016, S. 28–74.
⇨ „The State of Israel v. Ashraf Qayqas: Hearing on 23 March 2017" [Hebräisch], 23. März 2017, S. 32–92.
⇨ „The State of Israel v. Ashraf Qayqas: Sentence" [Hebräisch], 29. März 2018, S. 1–17.

Palestinian Authority Government. „The Full Report of the Ministerial Committee in Charge of Investigating the Traffic Accident in Jaba." *Wafa* [Arabisch], 18. März 2012.

Palestinian Central Bureau of Statistics. „Localities in Jerusalem Governorate by Type of Locality and Population Estimates, 2007–2016." Abgerufen 26. Juli 2022.

Solomon, Zahava und Rony Berger. „Coping with the Aftermath of Terror-Resilience of ZAKA Body Handlers." *Journal of Aggression, Maltreatment & Trauma* 10, Nr. 1–2, 2005, S. 593–604.

Union of Fire and Rescue Services in Judea and Samaria and the Jordan Valley. „Investigation of the Burning of the Children's Bus." 22. Februar 2012.

ZAKA. „ZAKA Again in the Top Three" [Hebräisch]. 28. November 2016.

Vierter Teil | Die Mauer

Interviews mit Ghadeer Bahri, Ibrahim Bahri, Mohammad Bahri, Rula Bahri, Abed Salama, Ibrahim Salama, Ron Shatzberg, Yehuda Shaul, Adi Shpeter, Dany Tirza, Saar Tzur, Arik Vaknish und Beber Vanunu.

Akevot. „Erasure of the Green Line." Juni 2022.

Almog, Shmuel. „Between Zionism and Antisemitism." *Patterns of Prejudice* 28, Nr. 2, 1994, S. 49–59.

⇨ „‚Judaism as Illness': Antisemitic Stereotype and Self-Image." *History of European Ideas* 13, Nr. 6, 1991, S. 793–804.

Alroey, Gur. „Two Historiographies: Israeli Historiography and the Mass Jewish Migration to the United States, 1881–1914." *The Jewish Quarterly Review* 105, Nr. 1, Winter 2015, S. 99–129.

Aly, Götz. *Europe Against the Jews, 1880–1945.* New York: Metropolitan Books, 2020.

Aran, Amnon. *Israeli Foreign Policy Since the End of the Cold War.* Cambridge: Cambridge UP, 2021.

Arens, Moshe. „Tear Down This Wall." *Haaretz,* 5. März 2013.

Arieli, Shaul. „Messianism Meets Reality: The Israeli Settlement Project in Judea and Samaria: Vision or Illusion, 1967–2016." Economic Cooperation Foundation, November 2017.

Arieli, Shaul und Doubi Schwartz, mit Beteiligung von Hadas Tagari. „Injustice and Folly: On the Proposals to Cede Arab Localities from Israel to Palestine." Floersheimer Institute for Policy Studies, Veröffentlichung Nr. 3/48e, 2006.

Associated Press Staff. „Middle East – Reactions to Hebron Agreement." Associated Press, 15. Januar 1997.

Backmann, René. *A Wall in Palestine.* New York: Picador, 2010.

Barkan, Noam. „The Secret Story of Israel's Transit Camps." *Ynet* [Hebräisch], 3. März 2019.

Baumann, Hanna und Manal Massalha. „‚Your Daily Reality Is Rubbish': Waste as a Means of Urban Exclusion in the Suspended Spaces of East Jerusalem." *Urban Studies* 59, Nr. 3, 2022, S. 548–571.

Ben-Gurion, David. *Memoirs, David Ben-Gurion.* New York: World, 1970.

Bimkom. „Survey of Palestinian Neighborhoods in East Jerusalem: Planning Problems and Opportunities.“ 2013.

Bishara, Azmi. „On the Question of the Palestinian Minority in Israel.“ *Theory and Criticism* [Hebräisch] 3, 1993, S. 7–20.

Bloom, Etan. „What ‚The Father' Had in Mind? Arthur Ruppin (1876–1943), Cultural Identity, Weltanschauung and Action.“ *History of European Ideas* 33, Nr. 3, September 2007, S. 330–349.

Bradley, Megan. *Refugee Repatriation: Justice, Responsibility and Redress.* Cambridge: Cambridge UP, 2013.

B'Tselem. „Arrested Development: The Long Term Impact of Israel's Separation Barrier in the West Bank.“ Oktober 2012.

⇨ „Behind the Barrier: Human Rights Violations as a Result of Israel's Separation Barrier.“ März 2003.

⇨ „Impossible Coexistence: Human Rights in Hebron Since the Massacre at the Cave of the Patriarchs.“ September 1995.

⇨ „Judgment of the High Court of Justice in Beit Sourik.“ 1. Januar 2011.

⇨ „Playing the Security Card: Israeli Policy in Hebron as a Means to Effect Forcible Transfer of Local Palestinians.“ September 2019.

⇨ „Statistics: Israeli Civilians Killed by Palestinians in the West Bank, Before Operation Cast Lead.“ B'Tselem-Website. Abgerufen 26. Juli 2022.

⇨ „Statistics: Israeli Civilians Killed by Palestinians in the West Bank, Since Operation Cast Lead.“ B'Tselem-Website. Abgerufen 26. Juli 2022.

⇨ „Statistics: Israeli Security Force Personnel Killed by Palestinians in the West Bank, Before Operation Cast Lead.“ B'Tselem-Website. Abgerufen 26. Juli 2022.

⇨ „Statistics: Israeli Security Force Personnel Killed by Palestinians in the West Bank, Since Operation Cast Lead.“ B'Tselem-Website. Abgerufen 26. Juli 2022.

Cattan, Henry. „The Question of Jerusalem.“ *Arab Studies Quarterly* 7, Nr. 2/3, Frühjahr/Sommer 1985, S. 131–160.

Davis, Uri. *Apartheid Israel: Possibilities for the Struggle Within.* New York: Zed, 2003.

Dekel, Udi und Lia Moran-Gilad. „The Annapolis Process: A Missed

Opportunity for a Two-State Solution?“ INSS. Juni 2021.
Doron, Joachim. „Classic Zionism and Modern Anti-Semitism: Parallels and Influences (1883–1914).“ *Studies in Zionism* 4, Nr. 2, 2008, S. 169–204.
Dumper, Michael. „Policing Divided Cities: Stabilization and Law Enforcement in Palestinian East Jerusalem.“ *International Affairs* 89, Nr. 5, 2013, S. 1247–1264.
Economic Cooperation Foundation. „Summary of a Meeting Between the Head of the Tanzim in Anata and the Representative of the Anatot Settlement“ [Hebräisch], 9. November 2000.
Eitan, Uri, Aviv Tatarsky, Oshrat Maimon, Ronit Sela, Nisreen Alyan und Keren Tzafrir. „The Failing East Jerusalem Education System.“ Ir Amim und die Association for Civil Rights in Israel, August 2013.
Eldar, Akiva. „Sharon's Bantustans Are Far from Copenhagen's Hope.“ *Haaretz,* 13. Mai 2003.
Enderlin, Charles. *Shattered Dreams: The Failure of the Peace Process in the Middle East, 1995–2002.* New York: Other, 2003.
Ephron, Dan. *Killing a King: The Assassination of Yitzhak Rabin and the Remaking of Israel.* New York: Norton, 2015.
Erlanger, Steven. „Militants' Blast Kills 2 Palestinians by Israel Checkpoint.“ *New York Times,* 12. August 2004.
Ettinger, Shmuel. „The Modern Period.“ In Haim Hillel Ben-Sasson, Hg., *A History of the Jewish People.* Cambridge: Harvard UP, 1976.
Fezehai, Malin. „The Disappeared Children of Israel.“ *New York Times,* 20. Februar 2019.
Fischbach, Michael R. *Records of Dispossession: Palestinian Refugee Property and the Arab-Israeli Conflict.* New York: Columbia UP, 2003.
Gellman, Barton. „Palestinians, Israeli Police Battle on Sacred Ground.“ *Washington Post,* 28. September 1996.
Gil, Avi. *Shimon Peres: An Insider's Account of the Man and the Struggle for a New Middle East.* New York: I. B. Tauris, 2020.
Goldenberg, Suzanne. „Snipers Return to Hebron Hill After Israeli Raid.“ *Guardian,* 25. August 2001.
Goodman, Micah. *The Wondering Jew: Israel and the Search for Jewish Identity.*

Übersetzt von Eylon Levy. New Haven: Yale UP, 2020.
Gorenberg, Gershom. „The One-Fence Solution.“ *New York Times Magazine,* 3. August 2003.
Gorny, Yosef. *Zionism and the Arabs* 1882–1948: *A Study of Ideology.* Oxford: Oxford UP, 1987.
Government in the United Kingdom of Great Britain and Northern Ireland. „Mandate for Palestine – Report of the Mandatory to the League of Nations.“ 1932.
Greenberg, Joel. „Hebron Is a Bit Quieter, but Certainly Not Peaceful.“ *New York Times,* 28. Juni 1994.
Greenberg, Stanley B. *Race and State in Capitalist Development: Comparative Perspectives.* New Haven: Yale UP, 1980.
Grinberg, Lev Luis. *Politics and Violence in Israel/Palestine: Democracy Versus Military Rule.* New York: Routledge, 2009.
Haberman, Clyde. „Hunger Strike Lights a Spark Among Palestinians.“ *New York Times,* 12. Oktober 1992.
Hacohen, Dvora. „British Immigration Policy to Palestine in the 1930s: Implications for Youth Aliyah.“ *Middle Eastern Studies* 37, Nr. 4, Oktober 2001, S. 206–218.
Harel, Israel. „Sharon Grants Victory to Arafat.“ *Haaretz,* 13. Juni 2002.
Hedges, Chris mit Joel Greenberg. “West Bank Massacre; Before Killing, Final Prayer and Final Taunt.“ *New York Times,* 28. Februar 1994.
Herschman, Betty und Yudith Oppenheimer. „Redrawing the Jerusalem Borders: Unilateral Plans and Their Ramifications.“ In „Fragmented Jerusalem: Muncipal Borders, Demographic Politics and Daily Realities in East Jerusalem.“ PAX. April 2018.
Herzl, Theodor. *The Jewish State: An Attempt at a Modern Solution of the Jewish Question.* Bearbeitet von Jacob de Haas. Übersetzt von Sylvie d'Avigdor. Whithorn: Anados, 2018.
Herzog, Chaim (aktualisiert von Shlomo Gazit). *The Arab-Israeli Wars: War and Peace in the Middle East.* New York: Vintage, 2005.
Hoffman, David. „8 Killed, 40 Injured in Car Bomb Blast at Israeli Bus Stop.“ *Washington Post,* 7. April 1994.

Human Rights Watch. „A Threshold Crossed: Israeli Authorities and the Crimes of Apartheid and Persecution." April 2021.

International Crisis Group. „Leap of Faith: Israel's National Religious and the Israeli-Palestinian Conflict." *Middle East Report,* Nr. 147, 21. November 2013.

International Court of Justice. „Legal Consequences of the Construction of a Wall in the Occupied Palestinian Territory: Advisory Opinion." 9. Juli 2004.

Ir Amim. „Displaced in Their Own City: The Impact of Israeli Police in East Jerusalem on the Palestinian Neighborhoods of the City Beyond the Separation Barrier." Juni 2015.

⇨„Jerusalem Neighborhood Profile: Shuafat Refugee Camp." August 2006.

Israeli Central Bureau of Statistics. „Table 5.04 – Casualties in Road Accidents in the Judea and Samaria Area, by Locality, Severity, Type and Age of Casualty." 2010, 2011 und 2012.

Israeli Knesset. „Israeli-Palestinian Interim Agreement on the West Bank and the Gaza Strip – Annex V, Protocol on Economic Relations." 28. September 1995.

Israeli Ministry of Foreign Affairs. „Israeli-Palestinian Interim Agreement on the West Bank and the Gaza Strip." 28. September 1995.

Israeli Ministry of Justice. „Road Accident Victims Compensation Law, 5735–1975" (Geändert 1989, 1994 1995, 1997, 1998). *Laws of the State of Israel* 29, 5735. 1974/1975.

Jabareen, Yosef. „Territoriality of Negation: Co-production of ‚Creative Destruction' in Israel." *Geoforum* 66, 2015, S. 11–25.

The Jewish Publication Society. *The Holy Scriptures According to the Masoretic Text: A New Translation, with the Aid of Previous Versions and with Constant Consultation of Jewish Authorities.* Philadelphia: The Jewish Publication Society of America, 1917.

Jerusalem Municipality. „Local Outline Plan – Jerusalem 2000." August 2004.

Kaplansky, Tamar. „Israeli Health Ministry Report Admits Role in Disappearance of Yemenite Children in 1950s." *Haaretz,*

8. Dezember 2021.
Kaufman, Yehezkel. „Anti-Semitic Stereotypes in Zionism: The Nationalist Rejection of Diaspora Jewry.“ *Commentary,* März 1949.
Kerem Navot. „A Locked Garden: Declaration of Closed Areas in the West Bank.“ März 2015.
Khalidi, Walid. *All That Remains: The Palestinian Villages Occupied and Depopulated by Israel in 1948.* Washington, D.C.: Institute for Palestine Studies, 1992.
Kim, Hannah. „Hi There, Green Line.“ *Haaretz,* 6. Juni 2002.
Koren, David. „Arab Neighborhoods Beyond the Security Fence in Jerusalem: A Challenge to Israeli National Security Policy.“ Jerusalem Institute for Strategy and Security, 17. Januar 2019.
Laskier, Michael M. „Jewish Emigration from Morocco to Israel: Government Policies and the Position of International Jewish Organizations, 1949–56.“ *Middle Eastern Studies* 25, Nr. 3, 1989, S. 323–362.
Lesch, Ann Mosely. „Israeli Settlements in the Occupied Territories, 1967–1977.“ *Journal of Palestine Studies* 7, Nr. 1, Herbst 1977, S. 26–47.
Levinson, Chaim. „Israel Demolishes Three Illegal Houses in West Bank Outpost, Six Arrested.“ *Haaretz,* 5. September 2011.
Levinson, Chaim und Avi Issacharoff. „Settlers Set Fire to West Bank Mosque After Israel Demolishes Illegal Structures in Migron.“ *Haaretz,* 5. September 2011.
Levinson, Chaim, Anshel Pfeffer und Revital Hoval. „Settlers Vandalize Military Base in First ‚Price Tag‘ Attack Against IDF.“ *Haaretz,* 8. September 2011.
Levy-Barzilai, Vered. „Ticking Bomb (1 of 2).“ *Haaretz,* 15. Oktober 2003.
Lidman, Melanie. „Barkat Proposes Changing Jerusalem's Borders.“ *Jerusalem Post,* 17. Dezember 2011.
Lloyd, Robert B. „On the Fence: Negotiating Israel's Security Barrier.“ *The Journal of the Middle East and Africa* 3, 2012.
Lustick, Ian S. „The Holocaust in Israeli Political Culture: Four Constructions and Their Consequences.“ *Contemporary Jewry* 37, Nr. 1,

April 2017, S. 125–170.

Masland, Tom. „Shot All to Hell." *Newsweek,* 6. Oktober 1996.

McCarthy, Justin. *The Population of Palestine: Population History and Statistics of the Late Ottoman Period and the Mandate.* New York: Columbia UP, 1990.

Mekorot. „The National Water Carrier." Mekorot-Website. Abgerufen 14. Mai 2021.

Michael, Kobi und Amnon Ramon. „A Fence Around Jerusalem: The Construction of the Security Fence Around Jerusalem, General Background and Implications for the City and Its Metropolitan Area." Jerusalem Institute for Israel Studies. 2004.

Morris, Benny. *The Birth of the Palestinian Refugee Problem Revisited.* Cambridge: Cambridge UP, 2004.

⇨ „Camp David and After: An Exchange (1. An Interview with Ehud Barak)." *New York Review of Books,* 13. Juni 2002.

Mualem, Mazal. „Creeping Separation Along the ‚Seam.'" *Haaretz,* 19. Dezember 2001.

Murphy, Verity. „Mid-East Cycle of Vengeance." BBC News Online, 5. Oktober 2003.

Newsweek Staff. „Presenting a New Face to the World." *Newsweek,* 19. Februar 2006.

Norwegian Refugee Council. „Driven Out: The Continuing Forced Displacement of Palestinian Residents from Hebron's Old City." Juli 2013.

Nunez, Sandy. „Warring Communities Separated by Wall." ABC News, 6. Juni 2002.

Osherov, Eli. „East Jerusalem: The Authorities Have Abandoned It, Hamas and the Tanzim Took Over." *Ma'ariv* [Hebräisch], 13. Juli 2010.

Ottenheijm, Eric. „The ‚Inn of the Good Samaritan': Religious, Civic and Political Rhetoric of a Biblical Site." In Pieter B. Hartog, Shulamit Laderman, Vered Tohar und Archibald L. H. M. van Wieringen, Hgg., *Jerusalem and Other Holy Places as 2Foci of Multireligious and Ideological Confrontation.* Leiden: Brill, 2021, S. 275–96.

Oxfam International. „Five Years of Illegality. Time to Dismantle the Wall and Respect the Rights of Palestinians." Juli 2009

Palestine Royal Commission. „Notes of Evidence Taken on Thursday 7th January 1937, Forty-Ninth Meeting (Public).“ 1937.

Palestinian Authority Government. „The Full Report of the Ministerial Committee in Charge of Investigating the Traffic Accident in Jaba.“ *Wafa* [Arabisch], 18. März 2012.

Palestinian Authority Ministry of Transportation. „Road Traffic Accidents in the West Bank, Annual Report.“ *Wafa* [Arabisch], 2010, 2011 und 2012.

⇨ „Vehicle Registration – 6055040“ [Arabisch]. 21. Februar 2012.

Palestinian Centre for Human Rights. „IOF Use Excessive Force and Kill Demonstrator in Peaceful Demonstration in al-Ram Village, North of Occupied Jerusalem.“ 26. Februar 2012.

Parsons, Nigel. *The Politics of the Palestinian Authority: From Oslo to al-Aqsa.* New York: Routledge, 2005.

PASSIA. „Palestinian Planning Imperatives in Jerusalem with a Case Study on Anata.“ August 2000.

Peace Now. „Officers' Letter“ [Hebräisch]. 7. März 1978.

Ravitzky, Aviezer. „Exile in the Holy Land: The Dilemma of Haredi Jewry.“ In Peter Y. Medding, Hg., *Israel: State and Society,* 1948–1988. Oxford: Oxford UP, 1989, S. 89–125.

Raz, Avi. *The Bride and the Dowry: Israel, Jordan, and the Palestinians in the Aftermath of the June 1967 War.* New Haven: Yale UP, 2012.

Reuters Staff. „Settlers Suspected in West Bank Mosque Vandalism.“ *Reuters,* 19. Juni 2012.

Robinson, Shira. *Citizen Strangers: Palestinians and the Birth of Israel's Liberal Settler State.* Stanford: Stanford UP, 2013.

Ross, Dennis. *The Missing Peace: The Inside Story of the Fight for Middle East Peace.* New York: Farrar, 2004.

Al-Sahili, Khaled und Hozaifa Khader. „Reality of Road Safety Conditions at Critical Locations in Nablus City with a Road Map for Future Interventions.“ *An-Najah University Journal for Research – Natural Sciences* 30, Nr. 1, 2016.

Savir, Uri. *The Process: 1 100 Days That Changed the Middle East.* New York: Vintage, 1998.

Segev, Tom. „The Makings of History: Revisiting Arthur Ruppin." *Haaretz,* 8. Juni 2009.

⇨ *The Seventh Million: The Israelis and the Holocaust.* New York: Hill and Wang, 2019.

⇨ *A State at Any Cost: The Life of David Ben-Gurion.* New York: Farrar, 2019.

Setton, Dan und Tor Ben Mayor. „Interview: Benjamin Netanyahu." In „Shattered Dreams of Peace: The Road from Oslo." *Frontline,* 27. Juni 2002.

Sfard, Michael. *The Wall and the Gate: Israel, Palestine, and the Legal Battle for Human Rights.* New York: Metropolitan, 2018.

Shapira, Anita. „Anti-Semitism and Zionism." *Modern Judaism* 15, Nr. 3, Oktober 1995, S. 215–232.

⇨ *Israel: A History.* Waltham, MA: Brandeis UP, 2012.

⇨ *Land and Power: The Zionist Resort to Force, 1881–1948.* Stanford: Stanford UP, 1992.

⇨ „The Origins of the Myth of the ‚New Jew': The Zionist Variety." In Jonathan Frankel, Hg., *The Fate of the European Jews, 1939–1945: Continuity or Contingency?* New York: Oxford UP, 1997.

Shimoni, Gideon. *The Zionist Ideology.* Hannover, New Hampshire: UP of New England, 1995.

Shindler, Colin. *A History of Modern Israel.* Cambridge: Cambridge UP, 2013.

Shlaim, Avi. *The Iron Wall: Israel and the Arab World.* New York: Norton, 2014.

Shragai, Nadav und Ori Nir. „Yesha Lobbying for Separation Fence Along Area A Border." *Haaretz,* 13. Juni 2002.

Singer, Joel. „Twenty-Five Years Since Oslo: An Insider's Account." *Fathom Journal,* 21. August 2018.

Stanislawsky, Michael. *Zionism: A Very Short Introduction.* New York: Oxford UP, 2016.

Al Tahhan, Zena. „A Timeline of Palestinian Mass Hunger Strikes in Israel." *Al Jazeera,* 28. Mai 2017.

Thrall, Nathan. „BDS: How a Controversial Non-violent Movement Has Transformed the Israeli-Palestinian Debate." *Guardian,* 14. August 2018.

⇨ „The Separate Regimes Delusion: Nathan Thrall on Israel's Apartheid." *London Review of Books* 43, Nr. 2, 21. Januar 2021.

Time Staff. „A Majority of One." *Time,* 13. November 1995.

Tirza, Danny. „The Strategic Logic of Israel's Security Barrier." Jerusalem Center for Public Affairs. 8. März 2006.

UN Division for Palestinian Rights. „Chronological Review of Events Relating to the Question of Palestine." März 2002.

⇨„Israeli Settlements in Gaza and the West Bank (Including Jerusalem): Their Nature and Purpose." 31. Dezember 1982.

UN Human Rights Council. „A/HRC/49/87: Report of the Special Rapporteur on the Situation of Human Rights in the Palestinian Territories Occupied Since 1967." 21. März 2022.

UN Office for the Coordination of Humanitarian Affairs. „Barrier Update: Seven Years After the Advisory Opinion of the International Court of Justice on the Barrier: The Impact of the Barrier in the Jerusalem Area." 2011.

⇨ „The Monthly Humanitarian Monitor." 29. Februar 2012.

⇨ „New Wall Projections." 9. November 2003.

UN Security Council. „S/RES/1073." 28. September 1996.

UN Special Committee on Palestine. „Report to the General Assembly: Volume 1." Offizielle Aufzeichnungen der zweiten Sitzung der Generalversammlung, Supplement Nr. 11, 1947.

US State Department Cable. „Deputy Defense Minister Sneh Describes to Ambassador MOD Steps to Reduce Obstacles to Movement." WikiLeaks.org.

⇨ „MOI DG Salamah: Hamas Will Not Collapse Quickly." WikiLeaks.org.

Veidlinger, Jeffrey. *In the Midst of Civilized Europe: The Pogroms of 1918–1921 and the Onset of the Holocaust.* New York: Metropolitan 2019.

Verter, Yossi und Aluf Benn. „King Solomon Also Handed Over Territories from the Land of Israel." *Haaretz* [Hebräisch], 22. April 2005.

Vital, David. „The Afflictions of the Jews and the Afflictions of Zionism: The Meaning and Consequences of the ‚Uganda' Controversy." In Jehuda Reinharz und Anita Shapira, *Essential Papers on Zionism.* New York: New York UP, 1996, S. 119–132.

Waked, Ali. „Heart Attack Death Blamed on IDF Delays." *Ynet* [Hebräisch], 24. Mai 2006.

Weiss, Efrat. „Qalandia Blast: Palestinian Killed, 3 Border Police Officers Seriously Injured." *Ynet* [Hebräisch], 11. August 2004.

Weiss, Yfaat. „The Transfer Agreement and the Boycott Movement: A Jewish Dilemma on the Eve of the Holocaust." *Yad Vashem Studies* 26, 1998, S. 131–199.

Willacy, Mark. „Israeli Conscripts Break the Silence." ABC Radio Australia. 5. September 2005.

Winer, Stuart. „Israel Reportedly Offering Land and Its 300,000 Residents to Palestinians." *Times of Israel,* 1. Januar 2014.

Wolf-Monzon, Tamar. „‚The Hand of Esau in the Midst Here Too' – Uri Zvi Grinberg's Poem ‚A Great Fear and the Moon' in Its Historical and Political Contexts." *Israel Studies* 18, Nr. 1, Frühjahr 2013, S. 170–193.

Zipperstein, Steven J. *Pogrom: Kishinev and the Tilt of History.* New York: Liveright, 2019.

Fünfter Teil | **Drei Bestattungen**

Interviews mit Mahmoud (Abu Jihad) Alawi, Ghadeer Bahri, Ibrahim Bahri, Imm Mohammad Bahri, Mohammad Bahri, Muhannad Bahri, Rula Bahri, Tala Bahri, Ahmad al-Hindi, Hafez al-Hindi, Haya al-Hindi, Namir Idilby, Saadi Joulani, Wadah Khatib, Khalil Khoury, Ruba al-Najjar, Abed Salama, Adam Salama, Fufu Salama, Haifa Salama, Lulu Salama, Nansy Qawasme, Sahar Qawasme, Ami Shoshani und Livnat Wieder.

Applied Research Institute – Jerusalem. „Deir Jarir Village Profile." 2012.
⇨ „Kafr Malik Town Profile." 2012.

Arutz Sheva Staff. „Elazar: An American Experiment in Gush Etzion." *Israel National News,* 9. Oktober 2015.

Association for Civil Rights in Israel. „East Jerusalem in Numbers."

Mai 2012.
BBC News. „Palestinian Pupils Killed in West Bank School Bus Crash.“ 16. Februar 2012.
Berg, Kjersti G. „Mu'askar and Shu'fat: Retracing the Histories of Two Palestinian Refugee Camps in Jerusalem.“ *Jerusalem Quarterly* 88, Winter 2021, S. 30–54.
Cassel, Matthew. „Occupied and High in East Jerusalem.“ *AJ+*, 28. April 2015.
Dumper, Michael. *The Politics of Jerusalem Since 1967.* New York: Columbia UP, 1997.
⇨ T*he Politics of Sacred Space: The Old City of Jerusalem in the Middle East Conflict.* Boulder, CO: Lynne Rienner, 2003.
Efrati, Ido. „‚Another Terrorist Is Born‘: The Long-Standing Practice of Racism and Segregation in Israeli Maternity Wards.“ *Haaretz,* 5. April 2016.
Hasson, Nir. „In East Jerusalem's War on Drugs, Residents Say Police Are on the Wrong Side.“ *Haaretz,* 14. Dezember 2019.
Ir Amim. „Displaced in Their Own City.“ Juni 2015.
Israeli High Court of Justice. „HCJ 2164/09, ‚Yesh Din‘ – Volunteers for Human Rights v. The Commander of the IDF Forces in the West Bank, et al.“ [Hebräisch]. 26. Dezember 2011.
Israeli Knesset. „Israeli-Palestinian Interim Agreement on the West Bank and the Gaza Strip – Annex V, Protocol on Economic Relations.“ 28. September 1995.
Israeli Ministry of Defense. „Settlement Database“ [Hebräisch], veröffentlicht von *Haaretz,* 30. Januar 2009.
Lefkovits, Etgar. „Sharon Back at Work After Stroke.“ *Jerusalem Post,* 20. Dezember 2005.
Morris, Benny. *The Palestinian Refugee Problem Revisited.* Cambridge: Cambridge UP, 2004.
Peace Now. „Jerusalem Municipal Data Reveals Stark Israeli-Palestinian Discrepancy in Construction Permits in Jerusalem.“ 12. September 2019.
Purkiss, Jessica. „East Jerusalem Youth Find Escape in Drugs.“ *Deutsche Welle,*

15. Juli 2015.
UN Office for the Coordination of Humanitarian Affairs. „Record Number of Demolitions, Including Self-Demolitions, in East Jerusalem in April 2019.“ 14. Mai 2019.
UN Security Council. „Summary by the Secretary-General of the Report of the United Nations Headquarters Board of Inquiry into Certain Incidents That Occurred in the Gaza Strip Between 8 July 2014 and 26 August 2014.“ 27. April 2015.
U. S. Congressional Record. „Celebrating Nursing and Khalil Khoury, MSc Pharm, BSN, RN.“ E1435. 18. Juli 2006.
Yesh Din. „The Great Drain – Israeli Quarries in the West Bank: High Court Sanctioned Institutionalized Theft.“ September 2017.

Epilog

Interviews mit Dvir Adani, Amnon Amir, Eldad Benshtein, Itzhak Bloch, Itai Elias, Raphael Herbst, Namir Idilby, Wadah Khatib, Nadav Matzner, Nader Morrar, Bentzi Oiring, Ilay Peled, Shlomo Petrover, Abed Salama, Haifa Salama, Ibrahim Salama, Nahil Salama, Wa'el Salama, Ami Shoshani, Arik Vaknish, Beber Vanunu, Arik Weiss, Dubi Weissenstern und Duli Yariv.
Ali, Ahmed. *Al-Qur'an: A Contemporary Translation.* Princeton: Princeton UP, 2001.
Commitee of the Families of the Victims of the Jaba Accident. „Letter to Prime Minister Salam Fayyad“ [Arabisch]. 1. Mai 2012.
Dar, Yoel. „A New Watchtower in the Western Galilee.“ *Davar* [Hebräisch], 7. November 1980.
Dolev, Aharon. „Settlement Nucleus of ‚Gilon' Is Too Big.“ *Ma'ariv* [Hebräisch], 6. April 1979.
Israeli Police. „Testimony of Ashraf Qayqas Before Police Officer Shmuel Ozeri“ [Hebräisch]. 16. Februar 2012.
Israeli Police, Shai (Shomron-Yehuda) District, Traffic Division. „Expert Opinion: Analysis of the Tachnograph Disc“ [Hebräisch]. 28. Februar 2012.
⇨ „Incident Report“ [Hebräisch]. 2012.

⇨ „Presentation of the Results of the Examination of the Vericom" [Hebräisch]. 10. April 2012.

⇨ „Testimony of Ashraf Qayqas Before Traffic Investigator Eliyahu Mizrahi" [Hebräisch]. 21. Februar 2012.

⇨ „Traffic Examiner Report" [Hebräisch]. 8. Mai 2012.

Israeli Supreme Court. „Judgment by Justice Neal Hendel in Ashraf Qayqas v. The State of Israel." 24. Februar 2019, S. 1–6.

Jerusalem District Court. „The State of Israel v. Ashraf Qayqas: Hearing on 29 March 2015" [Hebräisch]. 29. März 2015, S. 25–136.

⇨ „The State of Israel v. Ashraf Qayqas: Hearing on 16 June 2015" [Hebräisch]. 16. Juni 2015, S. 26–120.

⇨ „The State of Israel v. Ashraf Qayqas: Hearing on 9 June 2016" [Hebräisch]. 9. Juni 2016, S. 29–91.

⇨ „The State of Israel v. Ashraf Qayqas: Hearing on 14 June 2016" [Hebräisch]. 14. Juni 2016, S. 28–99.

⇨ „The State of Israel v. Ashraf Qayqas: Hearing on 15 June 2016" [Hebräisch]. 15. Juni 2016, S. 28–74.

⇨ „The State of Israel v. Ashraf Qayqas: Hearing on 23 March 2017" [Hebräisch]. 23. März 2017, S. 32–92.

⇨ „The State of Israel v. Ashraf Qayqas: Sentence" [Hebräisch]. 29. März 2018, S. 1–17.

Macintyre, Donald. „Bassam Aramin's Search for Justice." *The Independent,* 18. August 2010.

Palestinian Authority Government. „The Full Report of the Ministerial Committee in Charge of Investigating the Traffic Accident in Jaba."

Rosenberg, Oz. „Hundreds of Beitar Jerusalem Fans Beat Up Arab Workers in Mall; No Arrests." *Haaretz,* 23. März 2012.

Thrall, Nathan. „A Day in the Life of Abed Salama." *New York Review of Books* (online), 19. März 2021.

Weiss, Arik. „An Arab Kid Died, Ha Ha Ha Ha." Channel 10, 31. März 2012.

Yiftachel, Oren. „The Internal Frontier: Territorial Control and Ethnic Relations in Israel." *Regional Studies* 30, Nr. 5, 1996, S. 493–508.

Index

Die kursiv gedruckten Seitenzahlen beziehen sich auf die Karten.

A

Abu Dis (Stadt), S. 135, *250*

Adam Siedlung (Geva Binyamin), S. *164, 197,* 209, 213–214, *250*

al-Aqsa-Märtyrerbrigaden, S. 172

Allon (Siedlung), S. 189, *251*

Anata, S. 16, 23–25, *44–45, 165, 197,* 217–220, 235–236, *250–251*

Anatot (Siedlung), S. *45, 164–165, 197,* 217–220

Ansar III-Gefängnis *Siehe* Ketziot-Gefängnis

„Apartheidsstraßen", S. *45,* 191–192

Arafat, Jassir, S. 132–133, 196

a-Ram, S. *165,* 185–186, *250*

Aschkenasische Juden, S. 210, 212

B

bayanaat (Kommuniqué der Intifada), S. 33

Ben-Gurion, David, S. 190, 210–211

Benshtein, Eldad, S. 156–159, 161–163

Besetzte Gebiete, S. 53–54, 84–85, 121–122, 124–125, 132–133, 143. *Siehe auch* Ostjerusalem; Westjordanland; *und bestimmte Städte und Orte*

C

Checkpoints, S. *44,* 53–54, *164–165, 250–251*

D

Dahbour, Ahmad (Onkel von Huda; Dichter), S. 121–124

Dahbour, Huda, S. 105–148

⇨ Familiengeschichte, S. 115–122

⇨ Hammam Chott-Bombardierung, S. 122–125

⇨ Hirnblutung, S. 136–137

⇨ Mann Ismail, S. 127–130

⇨ Schulbusunfall, S. 109–113, 145–148

⇨ Sohn Hadi, S. 135, 137–143

⇨ UNRWA, S. 107

Dahiyat a-Salaam (Neu-Anata), S. 27, *44,* 187, 221–223, 225, *250–251*

Deir Yassin-Massaker (1948), S. 79

DFLP, S. 30–35
Dschenin, S. *197,* 265–266
Dweik, Salaah, S. 243–245

E
Erste Intifada (1987–1993), S. 28–30, 53–54, 73

F
Familien von Anata, S. 23, 26

G
Geva Binyamin (Siedlung, Adam), S. 213–214
Siehe auch Adam
Goldstein, Baruch
Siehe Hebron-Massaker
Großraum Jerusalem-Ramallah, S. 186–187
Grüne Linie, S. *114,* 201

H
Haifa (Stadt), S. *114. Siehe auch* Operation Bi'ur Chametz
Hamas, S. 199
Hamdan, Ghazl, S. 23, 26–28, 35, *44*
⇨ Beziehung mit Abed, S. 41–43, 56–57, 62–63, 68–69, 73–74, 271–272
Hamdan, Haifa (Frau von Abed), S. *44,* 90–94, 98–101, 237, 272
Hammam Chott-Bombardierung (1985), S. 122–125
Hebron-Massaker 1994, S. 192–193
UNRWA, S. 105–107
Siehe auch Homs
Hindi, Haya al-, S. 257–260, 262–263
Homs (Lager von Homs), S. *114,* 118

I
Israel, S. 73, *114,* 115–116, 130–131, 189–190, 199, 202–204
Siehe auch Oslo Verträge
Israelische Sperranlagen (die Mauer), S. *44–45, 164–165,* 172, 186–188, 192–196, *197,* 199–204, 221–223, 225–227, *250–251,* 293–294

J
Jaba, S. 151–152, *164, 197,* 213–214, *250,* 292
Jaba-Straße, S. 108–109, 154, *164,* 292
Jahalin-Beduinen, S. 105–107
Jericho, S. 15, *197, 251*
Jerusalem, S. 24–25, 135, 166, 172, 200, 221–223, 225–227, 293–294
Siehe auch bestimmte Orte
⇨ Landkarten, S. *44–45, 114, 165, 197, 250–251*
Jordanien, S. 30, 202–204

K
Karnit, S. 278
Ketziot-Gefängnis (Naqab/Negev), S. 49–51
Kfar Adumim (Siedlung), S. 188–189, 194, *197, 251*
Khan al-Ahmar, S. 105–106, *251*
Kokhav HaShahar (Siedlung), S. 176–177, *197*
Krieg von 1948, S. 105–107, 116–117
Kufr Aqab, S. 14, 154, 225–227, *250–251*

L
Landkarten
⇨ Anata und Umgebung, S. *44–45*
⇨ Gebiet um die Jaba-Straße, S. *164–165*
⇨ Großraum Jerusalem, S. *250–251*
⇨ Palästina und Israel
(Teilungsplan von 1947), S. *114*
⇨ Westjordanland und die Mauer, S. *197*
Libanon, S. *114,* 120–121

M
Ma'ale Adumim (Siedlung), S. 194, *197, 251*
Massenanfall von Verletzten S. 253
Mea Shearim (Stadtviertel), S. 166, *250–251*
Mizrachim-Juden, S. 209–214
Morrar, Nader, S. 154–156
Moscobiya-Gefängnis, S. 34, *250–251*

N
Nakba, S. 116
Naqab-Gebiet (Negev), S. 49–50, 105–106, *114*
Naqab-Gefängnis (Negev) *Siehe* Ketziot-Gefängnis
Netanja-Park Hotel-Anschlag 2002, S. 199
Neve Yaakov (Siedlung), S. *165, 250–251,* 269
Nofei Prat (Siedlung), S. 189, *251*
Nour al-Houda-Schule, S. *45, 165,* 227, 243, 270–271

O
Operation Bi'ur Chametz, S. 116–117
Oslo Verträge, S. 73, 79, 84, *114,* 129–133, 188, 191–192, 195–196, 205, 207
⇨ Oslo II, S. 130–131, 195–196
Ostjerusalem, S. 53–54, *197,* 227, *250–251,* 280 *Siehe auch bestimmte Stadtteile und* Jerusalem

P
Palästina, S. *114,* 115–117, 130–131, 189–190, *197*

Siehe auch Oslo Verträge *und* Israelische Sperranlagen
⇨ Bürgerkrieg (1947–48), S. 115–116
Palästinenser, S. 25–26, 35–36, 48–52, 53–54, 79–81, 84–85 115–117, 143, 200–201
Siehe auch Palästina; *und bestimmte Organisationen, Orte und Ereignisse*
⇨ Achtundvierziger-Palästinenser, S. 81, 86, 255
⇨ Einschränkungen und Lebensumstände, S. 53–54, 79–81, 191–193, 225–227, 278, 281–283, 292–293
⇨ Palästinensische Heimkehrer, S. 130–132
PA, *sulta*, S. 54, 73, 84, 98–99, 132–133, 175–176, 185–187, 225–226, 235–236, 268, 292–293
⇨ Abu Mazen (Präsident der PA), S. 235–236
PLA, S. 120–121
PLO, S. 30–31, 50–51, 54, 115, 120, 122–125, 129–130.
Siehe auch Oslo Verträge
Palästinensisches Innenministerium, S. 133
Popper, Ami
Siehe Rishon Letzion-Massaker

Q

Qalandia-Checkpoint, S. 171–172, *250–251,* 292
Qawasme, Nansy (Dweik), S. 241–249, 260–262, 273–280
Qayqas, Ashraf, S. 176–179, 265–267, 291

R

Ramallah, S. 84–85, *197, 250*
Siehe auch Großraum Jerusalem-Ramallah
Ramallah-Haftanstalt, S. 47, 58–60
Ras Khamis, S. 222
Ras Shehadeh, S. 222, 242, *250–251*
„Regenbogenbehörde“, S. 191–192
Rifai, Abdel Salaam, S. 23, *45*
Rishon Letzion-Massaker, S. 58
Route 4370
Siehe „Apartheidsstraßen“

S

Salama, Abed, S. 13–20, 23–43, *44,* 47–52, 53–57, 60–63, 65–71, 73–83, 85–87, 89–101, 231–240, 265–272, 281–291
⇨ Beerdigung von Milad und *azza* (öffentliche Totenwache), S. 268–270, 271–272, 288–290
⇨ Besänftigung der Eltern vor der Nour al-Houda-Schule, S. 270–271
⇨ Beziehung mit Ghazl Hamdan,

S. 41–43, 56–57, 62–63, 68–69, 73–74, 271–272
⇨ DFLP, S. 30–35, 38, 47
⇨ Verlobung und Ehe mit und Scheidung von Asmahan, S. 65–71, 75–78, 95–98
⇨ Fatah, S. 31–32
⇨ Gefängnisstrafe, S. 47–52
⇨ Heirat mit Haifa, S. 89–95
⇨ Heiratsantrag und Trennung von Jameela, S. 81–83, 85–87
⇨ Schulausflug und Unfall von Sohn Milad, S. 13–20
⇨ Streit mit den Cousins Ahmad und Ameen, S. 36–41
⇨ Suche nach Milad, S. 231–232, 236–237, 239–240, 265, 267
Salama, Abu Wisaam (Mann von Naheel), S. 30–32
Salama, Asmahan (erste Frau von Abed), S. *44,* 65–71, 75–78, 95–98, 98–99
Salama, Ibrahim (leitender Beamter im Innenministerium der PA), S. 173–176, 185–186, 205–208, 217–220
Salama, Layla (Frau von Abeds Bruder Wa'el), S. 57, 60–62
Salama, Na'el (Bruder von Abed), S. 39–41
Salama, Naheel (Schwester von Abed), S. 28, 33–34, *44,* 65–66, 95–96
Salama, Wa'el (Bruder von Abed), S. 57–60, 210–11, 285
Salem (Ersthelfer bei dem Schulbusunfall), S. 110–113, 145–146, 159–161
Sawahre, S. 131, 135, *250–251*
Schabak (israelischer Geheimdienst), S. 48, 59
Scharon, Ariel, S. 84, 201–202
Schulbusunfall, S. 18, 108–113, 145–146, 152–155, 157–159, *164–165,* 172–179, 214–215, 227, *250,* 258–259
Shpeter, Adi, S. 217–220
Shuafat-Checkpoint, S. *44,* 222–223, 242, *250–251*
Shuafat-Lager, S. 35–36, *44,* 187, 221–223, 225–227, *250–251*
Stern, Yossi, S. 174–175
sulha (Ritus der Versöhnung), S. 41
Syria, S. 120–121. *Siehe auch* Homs

T

Tamir-Klausel, S. 48–49
Tawam, Radwan, S. 151–152, 155, 179–181
Tekoa (Siedlung), S. 156, *197*
Tel al-Zaatar-Massaker, S. 121
Tel Zion (Siedlung), S. 160, *250*
Tirza, Dany, S. 188–192, 194–196, 199–203, 221–223
„Tod eines Araberkindes, Ha Ha Ha Ha" (Fernsehbeitrag),

S. 281–287
Tsemel, Lea, S. 48–49
Tzur, Saar, S. 171–173, 175–176, 185–188

U
Ultra-orthodoxe Juden *(charedisch)*, S. 55, 166–167

V
Vaknish, Arik, S. 284–285
Vanunu, Beber, S. 209–215, 284

W
Waffenstillstandslinie von 1949, *Siehe* Grüne Linie
Weiss, Arik, S. 281–291
Westjordanland. S. 24–25, *44–45,* 53–54, 73, 105–107, *114, 164–165,* 176–177, 190–192, *197,* 213, *250–251. Siehe auch bestimmte Plätze und Orte*
Wieder, Livnat, S. 253–257

Y
Yariv, Duli, S. 284–285

Z
ZAKA), 166–170
Zone A, S. 195–196, *197,* 201
Zone B, S. 195–196, *197*
Zone C, S. 154, 195–196, *197*
Zweite Intifada (2000–2005), S. 83–85, 135–136, 151–152, 196, 199–201, 217–218
Zypern-Jacht-Morde (1985), S. 122

Über den Autor

Nathan Thrall ist der Verfasser von *The Only Language They Understand: Forcing Compromise in Israel and Palestine.* Seine Essays, Besprechungen und Reportagen erschienen im *New York Times Magazine,* im *Guardian,* der *London Review of Books* und der *New York Review of Books* und wurden in mehr als ein Dutzend Sprachen übersetzt. Ein Jahrzehnt lang wirkte er in der International Crisis Group als Leiter des Arabisch-Israelischen Projekts mit und lehrte am Bard College. Er stammt aus Kalifornien und lebt heute in Jerusalem.

Foto: © Judy Heiblum

Die amerikanische Originalausgabe erschien 2023 unter dem Titel „A Day in the Life of Abed Salama“.

Pendragon Verlag
gegründet 1981
www.pendragon.de

Originalausgabe
Veröffentlicht im Pendragon Verlag
Günther Butkus, Bielefeld 2024

Lektorat: Lea Dunkel, Laura Engel
Umschlag und Herstellung: Uta Zeißler, Bielefeld
Umschlagfoto: han.lei / photocase.de
Satz: Pendragon Verlag auf Macintosh
Gesetzt aus der Adobe Garamond
ISBN 978-3-86532-883-0
Gedruckt in Deutschland